Christoph Rehage
Neuschweinstein

PIPER

Zu diesem Buch

Mit zwölf Chinesen und einem slowenischen Busfahrer begibt sich der China-Kenner Christoph Rehage auf Europareise – immer darauf bedacht, das nationale Ansehen Chinas zu wahren, wie es der Vertrag der Reiseagentur verlangt. Anfangs misstrauisch beäugt, wird er schnell zu einem unentbehrlichen Mitglied der Gruppe, das gern zu Rate gezogen wird, wenn es um Fragen zur europäischen Kultur und Lebensart geht. Er lernt, wie man sich vor Taschendieben schützt, und ist als inoffizieller Internetbeauftragter für die Bestellung von Werkzeugkoffern und Messern verantwortlich.
Während die Gruppe von Sehenswürdigkeit zu Sehenswürdigkeit eilt, Glasbläsern über die Schulter blickt und sich über die gute Luft in deutschen Großstädten oder Schnee in den Schweizer Bergen freut, wird Christoph Rehage mehr und mehr zu einem Vertrauten, dem es am Ende der Reise schwerfällt, sich von seiner Gruppe zu trennen. Kurz entschlossen besucht er seine ehemaligen Reisegefährten in China, um mehr über sie zu erfahren: wie sie leben, was sie denken und wie ihnen Europa gefällt.
Auf diesem außergewöhnlichen und amüsanten Roadtrip zeigt sich die Liebe der Chinesen zu alten Sissi-Filmen, wird fast ausnahmslos in chinesischen Restaurants gespeist und ist Feuerwerkmachen strengstens verboten.

Christoph Rehage, 1981 geboren, studierte in München Sinologie und lebte zwei Jahre in Beijing. Von dort aus begab er sich 2007 auf seine große Wanderung durch China, über die er in seinem bei Malik erschienenen Buch »The longest way«, das auch in China zum Bestseller wurde, berichtet hat. Er wurde dafür mit dem Globetrotter Reisebuchpreis und dem ITB-BuchAward ausgezeichnet. Seinen gleichnamigen YouTube-Film haben mittlerweile über zehn Millionen Menschen gesehen.
www.christophrehage.de, www.thelongestway.com
»Ein Reporter-Naturtalent.« Die *ZEIT*

CHRISTOPH REHAGE

NEUSCHWEINSTEIN

Mit zwölf Chinesen durch Europa

Mit zwei Karten

PIPER

Mehr über unsere Autoren und Bücher:
www.piper.de

Von Christoph Rehage liegen im Piper Verlag vor:
The Longest Way

Diese Geschichte gründet sich auf Erinnerungen, Tagebucheinträge und Mitschriften. Vielleicht gibt es hier und da noch ein paar Unschärfen, und manche Gespräche und Ereignisse habe ich bewusst vertauscht, um alles insgesamt besser lesbar zu machen. Ach, und wegen der vielen Markennamen: Es ging leider nicht ohne sie, dafür waren sie uns Reisenden zu wichtig.

MIX
Papier aus verantwortungsvollen Quellen
FSC® C083411

Ungekürzte Taschenbuchausgabe
ISBN 978-3-492-31310-0
August 2018

Redaktion: Matthias Teiting, Dresden
Umschlaggestaltung: Birgit Kohlhaas
Umschlagabbildung: iStock, Fotolia, privat
Karten: Grazyna Ostrowska-Henschel, Illus – Icons – Infografiken, Köln
Satz: psb, Berlin
Gesetzt aus der Minion Pro
Druck und Bindung: CPI books GmbH, Leck
Printed in the EU

Für China

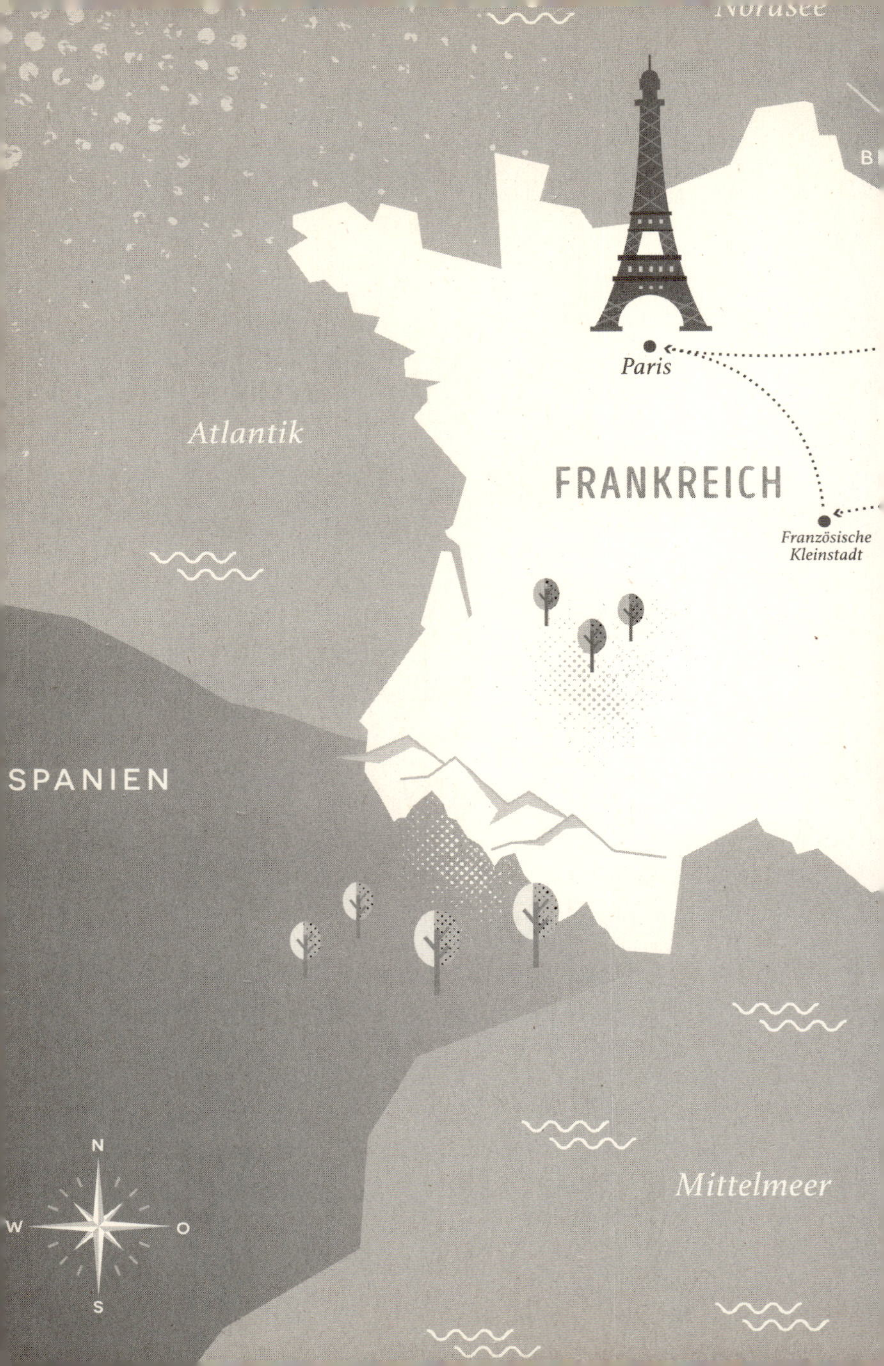

Paris

Atlantik

FRANKREICH

Französische
Kleinstadt

SPANIEN

Mittelmeer

N

W

O

S

NIEDER-
LANDE
DEUTSCHLAND
POLEN
IEN
Frankfurt
TSCHECHIEN
SLOWAK
München
Europäische
Kleinstadt
Neuschwanstein
Luzern
ÖSTERREICH
UNGAR
SCHWEIZ
Schneeberg
SLOWENIEN
ITALIEN
Venedig
Padua
KROATIEN
Imola
Florenz
Pisa
KORSIKA
Rom
SARDINIEN

»Ah!«, machte Tianjiao und atmete tief ein, »die frische Luft!«

Ich blickte mich um: Es war fünf Uhr morgens im Februar, wir standen vor dem Münchner Flughafen, inmitten von Taxis und Bussen, die alle ihre Motoren laufen ließen. Ich sah Abgaswölkchen, die sich über dem Beton in der Kälte auflösten. Die Luft war alles andere als frisch, aber Tianjiao strahlte. Sie kam ja auch aus Beijing.

Ein paar Wochen zuvor war ich in Chinas Hauptstadt geflogen, um eine Reisegruppe zu finden und mit ihr durch Europa zu fahren. Die Idee dazu war in München entstanden, an einem sonnigen Wintertag. Ich spazierte gerade über den Marienplatz, als ich hinter mir Stimmen hörte, die mir vertraut erschienen, ohne vertraut zu sein. Es waren chinesische Stimmen.

»Kleiner Wang, mach ein Foto von mir!«, rief eine Dame.

Ich drehte mich um und erblickte eine Reisegruppe von etwa zwei Dutzend Männern und Frauen mit ein paar Kindern. Sie waren dabei, sich für Schnappschüsse vor dem Rathaus aufzustellen, und riefen einander Kommandos zu: »Einen Schritt nach links! Nein, nicht DEIN Links, sondern MEIN Links!«

»Guck in die Kamera!«

»Lächeln!«

Versonnen blieb ich stehen und schaute zu. Die meisten von ihnen trugen Outdoor-Jacken und Rucksäcke. Ich sah schicke Sonnenbrillen, außerdem die neuesten Smartphones und Digitalkameras. Sie lachten viel, waren ziemlich laut und machten anscheinend gern mit den Fingern das V-Zeichen. Ich fand sie sehr sympathisch.

Und während ich dort stand, während ich ihnen zusah und die anderen Menschen an ihnen vorbeihasteten, ohne sie zu beachten, bemerkte ich zwei Dinge: zum einen, dass ich gern mehr über die Teilnehmer dieser Reisegruppe erfahren hätte. Wie gefiel ihnen München? Welche anderen Orte lagen noch auf ihrer Reiseroute? Was waren ihre Träume und Hoffnungen, woher kamen sie, was machten sie, und was ging in ihnen vor?

Zum anderen: Ich vermisste China.

Und plötzlich war da die Idee.

Ich lief zu meinem Verlag und fragte, ob sie sich vorstellen könnten, dass ich nach Beijing ginge, um mit einer Reisegruppe wiederzukommen.

»Sprich weiter«, sagten die Leute im Verlag, und ich sprach weiter.

Die Idee war, dass ich als normaler Tourist mit meiner Reisegruppe durch Europa fahren würde, um zu gucken, was passierte. Dank meiner Chinesischkenntnisse würde ich mich unerkannt in die Gruppe einschleichen können. Wir würden uns wie wild selbst fotografieren, das war schon mal klar. Wir würden uns durch die Maximilianstraße kaufen und durch die Champs-Élysées. Vielleicht würden wir beklaut werden oder unser Gepäck verlieren, und vielleicht, vielleicht würden auch noch ein paar von uns in den Puff gehen. »Wäre das nicht ein toller Stoff für ein Buch?«

»Hm …«, sagten die Leute im Verlag.

Als ich ein paar Wochen später tatsächlich in Beijing ankam, tat ich erst einmal gar nichts. Ich suchte mir ein Hotel in der Nähe des Viertels, in dem ich einige Jahre zuvor, während meines Studiums an der Filmakademie, gewohnt hatte. Das Hotel war speziell: Es bestand aus einem Geflecht von Fluren und Zimmern direkt über einem Elektromarkt, und wenn ich zum Fenster ging und den Vorhang beiseiteschob, blickte ich auf die Rückseite einer Reklametafel. Aber es war günstig – so günstig, dass viele Leute einfach nur kamen, um hier ein paar Stunden Zeit miteinander zu verbringen. Wenn ich nicht gerade auf dem Bett lag und ihnen beim Zeitverbringen zuhörte, spazierte ich durch die Stadt. Oder zumindest durch einen Teil davon. Beijing war früher schon gigantisch gewesen, und es schien sich mit jedem Tag noch zu vergrößern.

Leider erinnerte ich mich schnell daran, dass ich nicht die beste Zeit für meinen Besuch gewählt hatte: Jedes Jahr im Januar und Februar war die Luft in Beijing nicht nur besonders kalt, sondern auch noch besonders schlecht – ein bisschen wie in einem Kühlhaus mit einem Auspuff darin.

Und doch zog es mich jeden Tag nach draußen. Ich hatte das Gefühl, dass wir ein bisschen Zeit brauchten, um uns wieder kennenzulernen, die Stadt und ich. Manchmal blieb ich dabei auf einer der Fußgängerbrücken stehen und blickte nach unten. Es gab mehr Autos als früher, und der Verkehr war langsamer geworden. Er floss nicht, er bestand nur noch aus einem Ächzen und Wühlen. Aber vielleicht war das auch besser so.

Denn nachts, wenn die Straßen frei waren und die Autos schnell, passierten merkwürdige Dinge. Zwei junge Männer landeten in den Nachrichten, weil sie sich in einem Tunnel ein Rennen geliefert hatten. Das Ergebnis: ein zerstörter Ferrari, ein schrottreifer Lamborghini und eine verletzte Frau. Vor Gericht hieß es dann, es handele sich bei den beiden Fahrern auf keinen Fall um Söhne wichtiger Männer, sondern um aufstrebende Jungunternehmer. China rieb sich die Augen.

Und einmal, als ich nachts selbst in einem Taxi unterwegs war, tauchte vor uns mitten auf der Fahrbahn eine einsame Gestalt auf. Es war eine junge Frau im Nachthemd. Im gelben Licht der Straßenlaternen stand sie in einer Kurve, sehr bleich und sehr klein, die Arme leicht ausgebreitet. Aus irgendeinem Grund fiel mir noch auf, dass sie keine Schuhe anhatte, dann waren wir auch schon an ihr vorbei. Der Fahrer hatte es gerade noch geschafft, ihr auszuweichen.

»Manche Leute wollen einfach sterben«, flüsterte er und schüttelte den Kopf. Seine Hände umklammerten das Lenkrad, die Fingerknöchel waren weiß.

Ich ging lieber zu Fuß, als mit dem Auto zu fahren, besonders wenn ich mit etwas haderte. Und ich haderte oft in diesen Tagen. Mit dem Alltag in Deutschland. Mit dem sich verändernden China. Mit meinem Reisegruppenplan.

Mein größtes Problem waren meine zukünftigen Mitreisenden. Was sollte ich ihnen nur über mich erzählen? Was für einen Grund konnte ich als Deutscher schon haben, mit ihnen eine Gruppenreise durch Europa zu machen? Wenn ich ihnen die Wahrheit über meine Pläne sagte – wenn ich zugab, dass ich ein Buch schreiben wollte –, dann würden sie sich bestimmt beobachtet fühlen. Sie würden sich vielleicht ein bisschen anders geben, als sie in Wirklichkeit waren, und am Ende würde ich ihnen den ganzen Urlaub verderben! Aber belügen mochte ich sie auch nicht. Was also sollte ich sagen? Ich beschloss, diese Frage erst einmal zu ignorieren, bis ich meine Reisegruppe gefunden hatte.

Und dann war da noch die Sache mit meinem »Ruhm«. Über die Jahre hinweg war ich im chinesischen Internet bekannt geworden. Nicht sehr bekannt, aber ein bisschen. Am Anfang stand mein Versuch, nachdem ich mein Studium an der Filmakademie abgeschlossen hatte, zu Fuß von Beijing bis nach Bad Nenndorf zu laufen. Nach einem Jahr und mehreren Tausend Kilometern stand ich irgendwo in der westchinesischen Wüste und gab auf. Ich machte ein Video über die Reise und den dabei entstandenen Bart und stellte es unter dem Namen »The Longest Way« ins Internet. Und da es erstaunlich vielen Leuten zu gefallen schien, folgten darauf ein Buch, ein Bildband und Vorträge, zuerst in Deutschland und dann auch in China.

Meine Bekanntheit hatte jedoch noch mit etwas ganz anderem zu tun: mit Politik. Weil mir China fehlte (und weil ich dort Bücher verkaufen wollte), hatte ich mich auf chinesischen sozialen Medien angemeldet. Es gab dank der Regierung in China kein Google, kein YouTube, kein Twitter und kein Facebook, aber die Leute hatten ihre eigenen Netzwerke. Eins davon hieß Weibo, es war eine Art Twitter-Klon. Dort guckte ich, worüber die Leute redeten, und ab und zu sagte ich selbst auch etwas dazu.

Am Anfang sprach ich vor allem über Themen, die etwas mit Deutschland zu tun hatten, doch nach einer Weile begann ich, immer öfter auch etwas zu chinesischen Angelegenheiten zu sagen. Ich nahm mit dem Smartphone Videos auf, in denen ich mal sarkastisch, mal ernsthaft über Dinge sprach, die mich beschäftigten. Zum Beispiel über Korruption oder über den Umgang mit der eigenen Geschichte. Oder über Straßenverkehr. Nach einer Weile hatte ich ein beachtliches Publikum, Hunderttausende sahen sich regelmäßig meine Kommentare an.

Über eins brauchte ich mir dabei keine Illusionen zu machen: Viele Leute interessierten sich vor allem dafür, dass hier ein Ausländer irgendetwas auf Chinesisch in die Kamera sprach, da war es nicht so wichtig, was genau das war. Doch es gab auch Menschen, denen es wirklich um den Inhalt ging, um das, was Leike erzählte. Leike, das war mein chinesischer Name, er bestand aus den Zeichen für »Donner« und »erobern«. Unter diesem Namen wurde ich in China manchmal sogar auf der Straße angesprochen, was mich vor ein neues Problem stellte: Was sollte ich tun, wenn jemand aus meiner zukünftigen Reisegruppe eines meiner Videos gesehen hatte?

Nach einer Weile ging mir auf, dass ich mir darüber überhaupt keine Sorgen zu machen brauchte. Denn so, wie die Dinge lagen, würde ich sowieso nie eine Reisegruppe finden. Zwei Wochen lang war ich in Beijing spazieren gegangen und hatte meine Videos gedreht, hatte Journalisten getroffen und mich mit Freunden verabredet, und schließlich hatte ich noch einen Medienpreis entgegengenommen (bei einer Veranstaltung, auf der ich es für eine lustige Idee hielt, eine Dankesrede an Marx und den Sozialismus zu halten). Aber hatte ich irgendetwas dafür getan, eine Reisegruppe zu finden? Nein. Ich hatte im Internet ein bisschen herumgesucht, und jedem, der es irgendwie hören wollte, hatte ich erzählt, wie schwierig es war, eine Reisegruppe für einen Trip nach Europa zu finden.

Einmal traf es eine Journalistin, der ich auf einem Rockkonzert zufällig über den Weg lief. Sie sagte, sie interessiere sich für die Idee hinter meinen Videos, ob ich dazu nicht etwas sagen könne. Ich war angetrunken, also sprach ich lieber ausgiebig darüber, dass es mir nicht gelang, eine Europareise zu buchen. Sie lachte: Sie kenne einen Reiseleiter, sagte sie, vielleicht würde der mir helfen können. In welchen Reisebüros ich denn bisher gewesen sei? Ich schluckte: Reisebüros?

Es dauerte ein paar Tage, bis ich endlich meinen Weg in ein Reisebüro fand. »Nordreisen« oder »North Travel International«, wie es auf Englisch hieß, lag zwar nicht weit von meinem Hotel entfernt, aber es war zwischen Imbissbuden und Geschäften derartig gut versteckt, dass man es nur allzu leicht übersehen konnte.

Nachdem ich mich durch einen Eingang gezwängt hatte, der mehr Spalt als Tür war, stand ich vor einem Tresen. An den Wänden glänzten Wasserfälle und Strände, und überall wiesen Werbetafeln darauf hin, dass dies die LETZTE und wirklich ALLERLETZTE Möglichkeit sei, einen BESONDERS GUTEN PREIS zu erhaschen. Die Decke war niedrig und der Raum so eng, dass ich das Bedürfnis verspürte, möglichst schnell einen Urlaub zu buchen, nur um wieder aus diesem Reisebüro herauszukommen.

Ich war nicht der einzige Kunde. Neben mir stand ein Mann mit einer Herrenhandtasche, der in ein Gespräch mit zwei Damen verwickelt war. Eine der beiden lächelte mich entschuldigend an, dann wandte sie sich wieder an den Mann.

»Nur Sie allein?«, wollte sie wissen.

Er nickte: »Fünf Tage.«

»Wissen Sie, das Problem ist, dass wir in die Provinz Yunnan keine einzelnen Herren mitnehmen dürfen. So ist leider die Regelung!«

»Oh«, machte der einzelne Herr und wand sich noch ein bisschen, dann verließ er kleinlaut das Reisebüro.

»Warum dürfen Männer nicht allein nach Yunnan?«, fragte ich und versuchte mir vorzustellen, was alles an Übertretungen stattgefunden haben musste, dass zu solch drastischen Maßnahmen gegriffen wurde.

Die Dame zuckte mit den Schultern: »Männer kaufen nichts.«

»Aber was sollen sie denn kaufen?«

»Alles Mögliche.«

Es stellte sich als rein kaufmännisches Problem heraus: Allein reisende Frauen gaben Geld aus – für Souvenirs, Luxusartikel und Unterhaltungsangebote. Männer, die mit ihren Frauen zusammen verreisten, gaben ebenfalls Geld aus – um die Wünsche ihrer Partnerinnen zu erfüllen. Wenn jedoch Männer allein verreisten, dann guckten sie sich alles an und machten von allem eifrig Fotos, gaben aber fast kein Geld aus. Aus diesem Grund waren sie bei den meisten Veranstaltern, die sich gegenseitig preislich unterboten und ihr Geld dann bei den »Extras« wieder hereinzuholen versuchten, überaus unbeliebt oder gleich ganz verboten.

Als die Dame meinen fragenden Blick bemerkte, winkte sie ab: »Das ist eine ganz allgemeine Regelung, hat überhaupt nichts mit unserer Firma zu tun!«

Dann schien ihr noch etwas einzufallen: »Wohin genau möchten Sie denn eigentlich in Yunnan?«

»Ich? Aber ich will doch gar nicht nach Yunnan!«

»Aber Sie haben doch nach Yunnan gefragt!«

»Ich wollte nur wissen, warum der Herr von vorhin nicht allein dorthin fahren darf.«

»Aber das darf er ja!«

»Nur nicht mit Ihrem Veranstalter?«

»Nur nicht mit unserem Veranstalter.«

»Weil er dort nichts kauft?«

»Weil … wegen der REGELUNG!« Sie überlegte einen Moment. »Was wollen Sie überhaupt hier? Möchten Sie mit uns eine Reise machen?«

»Ja.«

»Und wohin?«

»Nach Europa.«

»Nach … und wo kommen Sie her?«

»Aus Deutschland.«

»Aber Deutschland liegt doch mitten in Europa! Warum will denn bitte schön ein Europäer eine Reise von China aus nach Europa machen?«

Da war sie, die Frage, vor der ich mich gefürchtet hatte. Alle im Raum starrten mich an, während ich versuchte, in meinem Kopf die Ausreden zu sortieren: Ich würde sagen, dass ich mein ganzes Leben lang im Ausland gewohnt hätte und dass es jetzt an der Zeit sei, endlich einmal die Heimat zu sehen. Außerdem fühlte ich mich in China derartig zu Hause, dass ich mir einfach nicht vorstellen könne, ohne Chinesen nach Deutschland zu fahren!

»Also«, fing ich an, »es ist so, dass ich vielleicht ein Buch schreiben will, und …«

»Sie sind Journalist?«

»Nein, ich schreibe Reisebücher, aber für dieses Buch habe ich noch nicht einmal einen Vertrag unterschrieben, es ist quasi nur so eine Idee …«

Ich bekam skeptische Blicke und eine Visitenkarte, dann wurde ich mit dem Versprechen entlassen, dass mich das Team von Nordreisen benachrichtigen werde, sobald eine passende Reisegruppe gefunden sei.

Ich hörte nie wieder etwas von ihnen.

Mit dem Gefühl, bereits unheimlich viel erreicht zu haben, kehrte ich zu meiner Lieblingsbeschäftigung zurück: dem Spazierengehen durch das eisige Grau von Beijing. Ich hatte einen Park nicht weit von meinem Hotel entdeckt, in dem es einen kleinen Kanal und einige Bäume gab, zwischen denen es still war. Das gefiel mir. Stille war Luxus geworden in den Städten Chinas, die unentwegt die Massen aus ihrem Umland in sich aufsogen und auf ihre Straßen hinausspien.

Ich war nicht der einzige Spaziergänger. Außer Rentnergruppen gab es noch viele einzelne Männer, die scheinbar ziellos im

Park herumschlenderten. Einmal blieb ich auf einer Lichtung stehen, und jemand trat zu mir. Er sah aus wie ein Geschäftsmann. Wir standen nebeneinander und blickten ins Leere, ohne einen Ton zu sagen. Irgendwann ging er weiter, und es dauerte einen ganzen Tag, bis ich verstand, was er wahrscheinlich gewollt hatte.

Es war am nächsten Morgen, ich ging wieder in dem kleinen Park spazieren. Diesmal schlenderte ich zwischen den Rentnern am Kanal entlang und dachte über den Inhalt eines neuen Videos nach – als mir ein junger Mann entgegenkam.

»Hello«, sagte er auf Englisch, und ich antwortete mit »Hello«.

Dabei beließ ich es. Ich war mit meinen Gedanken bei dem Text für mein Video. Ich wollte darüber sprechen, dass im chinesischen Internet politische Gedanken gnadenlos zensiert wurden, während man Bilder und Videos von brutaler Gewalt oft einfach stehen ließ.

Nach einer Weile kam mir der junge Mann wieder entgegen, und um nicht unhöflich zu erscheinen, lächelte ich ihm zu. Ah, wir haben uns doch eben schon einmal gesehen!, sagte mein Lächeln.

Er lächelte zurück.

»Excuse me«, fragte er dann, »are you gay?«

Der Park war ein Treffpunkt der Schwulenszene, und jeder wusste es – außer den Rentnern und mir.

Als ich einer Freundin namens Yuanyuan begeistert von dieser Entdeckung erzählte, unterbrach sie mich: »Solltest du dich nicht lieber darum kümmern, eine Reisegruppe zu finden? Dafür bist du doch hergekommen!«

Yuanyuan war chefig. Ich hatte sie bei einem Meet & greet zur Veröffentlichung meines letzten Buches kennengelernt. Sie arbeitete in einem Zeitschriftenverlag, aber viel lieber trieb sie sich im Westen des Landes herum, wo sie von Ort zu Ort driftete. Ich mochte sie, denn sie war klug, witzig und ohne falsche Höflichkeit.

»Was willst du denn überhaupt in einem Reisebüro?«, brummte sie, als ich ihr von meinem Problem erzählte. »Heutzutage bucht doch keiner mehr da, das läuft alles übers Internet!«

Am nächsten Tag bekam ich eine Nachricht von ihr: 13 TAGE EUROPA – 14 000 YUAN (das entsprach etwa eintausendachthundert Euro) – DEUTSCHLAND, ITALIEN, SCHWEIZ, FRANKREICH – AM CHINESISCHEN NEUJAHRSTAG ZURÜCK NACH BEIJING. OKAY?

Ich bat um etwas Bedenkzeit, worauf ich als Antwort ein stirnrunzelndes Smiley erhielt. Dann ging ich in den Park, um zu überlegen. An diesem Tag war es kälter als sonst, und trotzdem waren sie alle da, die Rentnergrüppchen und die diskret herumschlendernden Männer. Eigentlich hatte Yuanyuan ja völlig recht: Es gab nichts zu überlegen. Ich wollte mit einer chinesischen Reisegruppe nach Europa, und da war eine. Warum sollte ich eine andere wollen?

Ich blieb noch eine Weile, bis ich durchgefroren war, dann kehrte ich in die stickige Wärme meines Hotels zurück und schickte ihr eine Nachricht: Ja, ich wollte die Reise.

Gut, kam als Antwort zurück, sie habe schon gebucht. Das Geld könne ich ihr dann bei Gelegenheit wiedergeben. Ich ging zum Fenster, schob den Vorhang beiseite und spähte durch einen Spalt in der Reklametafel hinaus auf die Straße. Ich hatte meine Reisegruppe! Es war kaum zu glauben.

Doch ganz so einfach war es dann doch nicht. Yuanyuan teilte mir mit, jemand vom Reisebüro habe bei ihr angerufen, um noch etwas mit der Anmeldung zu klären. Dabei habe sich herausgestellt, dass ich erkannt worden war.

»Wie denn das?«

»Irgendwer dort hat dein Buch gelesen. Du bist eben berühmt!« Sie lachte, und es hörte sich ein bisschen schadenfroh an und auch ein wenig spöttisch.

»Und was bedeutet das jetzt?«

»Was weiß ich denn? Nichts, glaube ich. Sie wollten nur genauer wissen, was du vorhast.«

Kurz darauf rief die Journalistin an, die ich angetrunken auf dem Rockkonzert kennengelernt hatte. »Stell dir vor, die Welt ist ja so klein!«, gluckste sie, und irgendwie ahnte ich bereits, was sie sagen würde. »Es ist kaum zu glauben, aber der Leiter von deiner Reisegruppe ist genau DER Freund, den ich für dich um Hilfe bitten wollte! Er hat mich gerade angerufen.«

»Ach was!«, sagte ich und versuchte, es nicht zu sehr wie »Scheiße« klingen zu lassen.

»Ja, witzig, oder? Das Problem ist aber: Er hat ein bisschen Angst!«

»Angst? Wovor denn?«

»Na, vor dir! Davor, dass du schlechte Sachen über ihn und seine Firma schreiben könntest.«

»Ach was!«

Ein paar Tage später saß ich in einem Restaurant einem gewissen Reiseleiter Huang gegenüber. Leider hatte ich es irgendwie geschafft, mich zu verlaufen und eine halbe Stunde zu spät zu kommen. Ich war untröstlich.

»Ist schon okay«, sagte er auf Deutsch, wobei er jede Silbe einzeln betonte. Er machte eine einladende Handbewegung über den Tisch hinweg: Es gab Entenscheibchen mit kross gebratener Haut, dazu Lauchzwiebeln und eine dunkle Soße. Das Ganze wurde in hauchdünne Pfannkuchen gerollt.

»Traditionelle Pekingente«, sagte er und lächelte.

Er trug einen Bürstenhaarschnitt und Brille, und es stellte sich heraus, dass er Panzer und Kampfflugzeuge ebenso liebte wie das Wort »korrekt«, welches er sehr korrekt aussprach. Er war mir sofort sympathisch.

»Weißt du«, sagte er, »die chinesische Reisebranche ist ein ganz schön schwieriges Geschäft. Die Leute wollen immer nur das günstigste Angebot haben. Deshalb unterbieten sich die Veranstalter mit den Preisen. Aber irgendwo muss das Geld ja herkommen!«

»Extras«, sagte ich und nickte bedeutungsvoll. Seit meinem Gespräch mit den Leuten von Nordreisen wusste ich ja, wie das Ganze funktionierte.

»Genau, Extras. Du bezahlst einen Preis, um irgendwo hinzufahren, und wenn du dann erst mal da bist, gehst du einkaufen oder beteiligst dich an Aktivitäten wie Bootsfahrten oder Führungen. Und der Reiseveranstalter verdient daran.«

»Und wenn die Leute das nicht wollen?«

»Ach was! Wir Chinesen kaufen unheimlich gern ein, das müsstest du doch wissen! Und was die Aktivitäten angeht: Wir lassen wirklich nur höchst selten eine Gelegenheit aus, um uns an einem interessanten Ort selbst zu fotografieren.« Er lachte: »Ein Selfie machen, das sagt man doch so, oder?«

Fast zehn Jahre war es her, seit Huang nach Deutschland gegangen war, genauer gesagt: nach Köln. Eigentlich wollte er Informatiker werden, doch das Studium langweilte ihn, und ein Praktikum stellte sich als Albtraum heraus. Eines Tages fragte ihn dann ein Freund, ob er eine Reisegruppe aus der Heimat herumführen könnte, gegen Bezahlung natürlich. Informatikstudent Huang hielt sich selbst zwar für eher schüchtern, doch andererseits interessierte er sich für Geschichte, besonders für alles, was mit Militär zu tun hatte, und davon gab es in Europa reichlich. Also nahm er das Angebot an. Er führte seine erste Reisegruppe herum und dann seine zweite und seine dritte. Irgendwann schmiss er das Studium, denn er hatte gemerkt, dass aus Informatikstudent Huang längst Reiseleiter Huang geworden war.

»Und damit bin ich ganz zufrieden!«, sagte er und grinste.

Dann wurde er ernst: »Weißt du, der Grund, warum ich dich gern vor der Reise treffen wollte, liegt darin, dass ich mir ein bisschen Sorgen mache, ob du nicht vielleicht zu negativ über uns schreiben wirst«, sagte er.

»Kein Problem, ich nenne weder dich noch die Firma beim Namen.«

»Ich meine die ganze Branche. Es gibt immer wieder Skandale um Reiseveranstalter, die ihre Kunden ausnehmen, und jedes Mal schädigt das unser Geschäft, selbst wenn wir gar nichts damit zu tun haben. Und außerdem sind wir gar nicht so wie die meisten anderen Veranstalter.«

»Wie seid ihr denn?«

»Das siehst du doch schon am Preis! Für deine Reise zahlst du bei uns vierzehntausend, oder? Die hättest du woanders auch für unter zehn haben können.«

»Weil man die Leute dort mehr Extras machen lässt?«

»Richtig. Bei uns ist das anders. Wir sparen auch nicht bei Bussen oder Hotels, und wir bieten nur Extras an, die fair sind. Wir behandeln unsere Kunden ...« – er suchte nach dem passenden Wort – »korrekt.«

An diesem Abend kehrte ich erst spät in mein Hotel zurück. Als ich dort ankam, hatte der Elektromarkt längst zu, und die Einfahrt war durch ein fahrbares Gitter versperrt. In einer Kammer daneben saßen zwei Wachmänner. Ich konnte sie durch eine Scheibe sehen – sie schliefen, die Mützen tief in die Gesichter gezogen. Draußen war es eisig und still.

Ich stand eine Weile unschlüssig herum, bevor ich schließlich einen Pfiff ausstieß. Einer der beiden wachte auf und schob seine Mütze ein Stück hoch. Ich sah ihn träge nach einem Knopf tasten, und das Gitter begann, mit einem leisen Rumpeln zur Seite zu fahren.

Es hatte eine Zeit gegeben, da wäre ich in Beijing gar nicht auf die Idee gekommen, im Hotel zu wohnen. Ich hätte auf jeden Fall bei Freunden übernachtet, allein schon des Geldes wegen. Doch seit ein paar Jahren wurde wieder eine alte Vorschrift durchgesetzt, die früher niemanden interessiert hatte: Ausländische Gäste mussten innerhalb von vierundzwanzig Stunden bei der Polizei angemeldet werden, in einer Prozedur, die viel Papier und Geduld erforderte.

China war strenger geworden, seit der neue Vorsitzende Xi Jinping an die Macht gekommen war. Obwohl: Eigentlich hatte er sich eher mühsam zur Macht durchgerungen, in einem Vorgang, der für ihn und die Kommunistische Partei unendlich peinlich gewesen war.

Das Problem war, dass jeder Regierungswechsel in China eigentlich harmonisch abzulaufen hatte. Alle zehn Jahre kam eine neue Führungsgeneration an die Macht, gekürt aus den Reihen der Partei. Ohne Wahl. Ohne Presse. Ohne Streit. Auf diese Art waren die Wechsel ziemlich lange ziemlich geschmeidig über die Bühne gegangen, doch im Jahr 2012 geschah plötzlich das Undenkbare: Es gab zwei Kandidaten!

Es kam zu einem Machtkampf, in dessen Verlauf die Partei verzweifelt versuchte, zumindest nach außen den Anschein von Geschlossenheit aufrechtzuerhalten. Erfolglos. Am Ende landete einer der beiden Anwärter hinter Gittern, während der andere zum Chef von China wurde. Er hieß Xi Jinping, und die ganze Sache war für ihn und seine Partei vor allem deshalb so peinlich, weil der Rest der Welt alles mit angesehen hatte. Besonders auf Weibo war die Stimmung wie elektrisiert. Wir, die kleinen Nutzer mit unseren Notebooks und Smartphones, wir hatten das System in einem Moment der Schwäche erlebt, und wir fragten uns: War das nur so etwas wie ein Schnupfen, oder war es doch eher eine schwere Erkrankung?

Der neue Chef Xi reagierte, indem er sich zu einem starken Anführer ausrief. Mit Slogans fing es an. Einmal, es muss kurz nach seinem Machtantritt gewesen sein, kam ich nach Beijing, um Werbung für mein Buch zu machen, und rieb mir die Augen: Das ganze Land war mit neuer Propaganda vollgekleistert. KERNWERTE DES SOZIALISMUS stand da auf Brücken, Mauern und Fahnen und CHINESISCHER TRAUM. Alles in leuchtenden Farben. Es ging darum, dass China wieder zu einer Weltmacht werden sollte, am besten unter der Führung des neuen starken Mannes Xi Jinping.

Die Leute zuckten mit den Schultern.

»Du siehst ja wirklich alles!«, lachte ein Lektor aus meinem chinesischen Verlag spöttisch, als ich ihn auf ein Plakat mit den KERNWERTEN ansprach. Für ihn, wie für so viele andere, war es unsichtbar. »Es ist wie das Ticken einer Uhr – das hörst du auch nicht, wenn du nicht unbedingt willst, oder?«, erklärte er mir.

Xi Jinping erkannte dieses Problem ziemlich schnell und begann, einen Kult um seine Person aufzubauen. Fanclubs entstanden, Buchläden wurden mit Sammelausgaben seiner Reden überschwemmt, in den Nachrichten drehte sich alles um einen Namen: Xi Jinping, Xi Jinping, Xi Jinping.

Einmal ließ er sich beim Teigtaschenessen in einem Imbiss fotografieren – rein zufällig natürlich –, und die Medien begannen zu verbreiten, das Volk würde ihn zärtlich »Xi Dada« nennen, was »Papa Xi« oder »Onkel Xi« bedeuten konnte. Hinter seinem Rücken hatte er jedoch schon einen anderen, nicht ganz so schmeichelhaften Spitznamen: Teigtaschen-Xi.

Egal, wie man ihn nun nannte – Xi Jinping, Vorsitzender Xi, Xi Dada oder Teigtaschen-Xi –, er gab sich strenger als seine Vorgänger. Er begann eine Kampagne gegen Korruption, die das Land erschütterte. Seine harte Hand beschränkte sich jedoch nicht auf die Kontrolle der Staatsbediensteten. In meinem Bekanntenkreis gab es viele Journalisten, und fast alle stöhnten unter der Zensur und beschrieben ihren Job mehr und mehr als pure Propaganda. Auch die zart erblühende Meinungsvielfalt im Internet schien Xi Jinping nicht sehr zu gefallen. Wir auf Weibo waren unter den Ersten, die das zu spüren bekamen, denn es kam zu wahren Zensurorgien. Einträge wurden gelöscht, Nutzer verschwanden.

Außerdem merkte ich, dass es komplizierter wurde, ein Visum zu bekommen. Wo es früher reichte, wenn ich auf dem Antrag zwei oder drei Städte als ungefähre Route angab, wurde ich jetzt schon mal von der Visazentrale angerufen und zu meinen genauen Reiseplänen befragt.

Allgemein hatte ich den Eindruck, dass eine lähmende Stimmung über dem Land lag, eine Stimmung, in der niemand derjenige sein wollte, der zuerst einen Fehler machte.

Für mich bedeutete das, dass ich lieber dreißig Euro pro Nacht für ein Hotelzimmer bezahlte, anstatt umsonst bei Freunden zu wohnen. Ich wollte niemandem Ärger machen.

Es waren noch vier Tage bis zur Abfahrt. Reiseleiter Huang hatte mir erklärt, dass chinesische Gruppen immer mit Koffern verreisten, also stellte ich meinen Rucksack bei Freunden unter und ging in ein verwinkeltes Marktgebäude, um mir einen Koffer zu kaufen. Ich fand einen. Er war schwarz, konnte in alle Richtungen rollen, und er war sehr günstig. Ich bekam sogar noch einen Gepäckgurt dazu.

Dann zog ich mich auf mein Hotelbett zurück und studierte den Katalog des Reiseveranstalters. Zu meiner Überraschung war er voller Schweizer Uhren. Besonders auf den ersten Seiten hätte man meinen können, dass es gar nicht um Reisen in die Welt ging, sondern um Uhren aus der Schweiz: Nicole Kidman mit ernstem Blick und Schweizer Uhr. Es folgte ein Laden für Schweizer Uhren irgendwo in Paris sowie zwei Seiten mit Großaufnahmen von Schweizer Uhren. Dann kam Cameron Diaz mit nachdenklichem Blick und Schweizer Uhr, ein deutscher Uhrenladen, der anscheinend vor allem Schweizer Uhren verkaufte, und schließlich die Pariser Luxuskaufhäuser Printemps und Lafayette.

Ich blieb an den chinesischen Namen der beiden Geschäfte hängen: Das Printemps hieß *Chuntian*, also einfach »Frühling«, eine schöne, naheliegende Übersetzung. Das Lafayette jedoch hatte den Namen *Laofoye* erhalten, drei Zeichen, die »alt«, »Buddha« und »Großvater« bedeuteten, wobei »alt« und »Großvater« auch einfach Respektsbezeichnungen sein konnten. Erhabener Buddha? War das ein guter Name für ein Kaufhaus? Ich schlug den Begriff nach und stellte fest, dass es eine Anrede für Cixi, die mächtigste Frau der letzten Dynastie Chinas, gewesen war. Ein Kaufhaus mit dem Namen einer Fast-Kaiserin, das hörte sich doch wirklich nach Luxus an! Ich vermutete, dass es dort auch Schweizer Uhren zu kaufen gab.

Zur Sicherheit überprüfte ich noch einmal die Etappen meiner Reiseroute: Ja, die Schweiz war dabei. Und Paris mit dem Erhabenen Buddha und dem Frühling auch. Ich fühlte mich erleichtert.

Tatsächlich gab es in dem Katalog zwischen den ganzen Uhren aber auch jede nur erdenkliche Art von Reisen.

Bei ihrer ersten Fahrt ins Ausland, so hatte es mir Reiseleiter Huang erklärt, ging es für chinesische Touristen zumeist nach Korea, Japan oder Südostasien. Das war bezahlbar, und vor allem unterschied sich diese Art von Ausland nicht ganz so sehr von zu Hause. Als nächste Reiseziele kamen dann Amerika, Europa und Australien an die Reihe.

In dem Katalog gab es natürlich all das, aber es gab auch ausgefallenere Dinge: Es gab Fotosafaris nach Afrika und Expeditionen in die Polarmeere, es gab kulinarische Reisen und Fahrradtouren, es gab Kreuzfahrten und Intensivreisen (MEHR ZEIT AM EINZELNEN ORT), es gab Hochzeitsreisen (MEINE HOCHZEIT IN ÜBERSEE), und seit Neuestem gab es auch Bildungsreisen für Eltern mit Kindern (ENTDECKEN SIE IHR KIND, UND IHR KIND ENTDECKT SICH SELBST).

Meine Reise stand auf Seite 300, weit hinter den Uhren und den exklusiveren Angeboten. Die Rubrik hieß »Massenreisen«, was mir vom Klang her sehr gut gefiel. Aber was war das eigentlich genau, eine Massenreise? Unter der Überschrift stand ein erläuternder Satz: »Es gibt doch keine schönere Reise als die, bei der man für das gleiche Geld in der gleichen Zeit mehr zu sehen bekommt.« Mit anderen Worten: Hier gab es mehr fürs Geld. Das klang in der Tat verlockend.

Unsere Reise sollte dreizehn Tage dauern, und wir würden München, Venedig, Florenz, Pisa, Rom, Luzern, Paris, Frankfurt und eine »europäische Kleinstadt« zu sehen bekommen. Inbegriffen waren außerdem ein Direktflug mit einem luxuriösen Flugzeug, tägliche Mahlzeiten, Vier-Sterne-Hotelzimmer und Landschaften, die wie gemalt aussahen.

Luxuriös! Vier Sterne! Wie gemalt!

Ich blickte mich in meinem Zimmer um: Okay, es hatte wirklich keinen besonders guten Ausblick, aber dafür war es sauber, und es gab Internet. Außerdem war es großzügig geschnitten. Wenn ich so darüber nachdachte, dann wäre es in Deutschland wahrscheinlich etwas kleiner ausgefallen. Dort schienen Hotelzimmer allgemein weniger geräumig zu sein als hier, so wie auch die Autos kleiner waren. Wer fuhr schon in Deutschland mit einem Audi A8 in der Langversion durch die Gegend?

Mein Blick fiel auf die Visitenkarten, die vor der Tür auf dem Boden lagen. Jeden Tag fand ich sie dort, wie von Geisterhand durch den Türschlitz geschoben, immer drei oder vier Karten auf einmal. Ich brauchte sie nicht aufzuheben, um zu wissen, was auf ihnen stand, denn es waren sowieso immer die Telefonnummern von Prostituierten.

Wenn ich in China allein in einem Hotel abstieg, passierte das Gleiche, wie wenn ich in Hamburg meinen alten Golf am Straßenrand abstellte: Ich bekam Karten zugesteckt. In Deutschland standen auf den Karten Telefonnummern, unter denen ich mein Auto verkaufen konnte, in China waren es solche, unter denen ich mir Mädchen kommen lassen sollte.

Eigentlich war es ein Zeugnis für das Scheitern von Xi Dadas harter Hand: Egal, wie viele Massagesalons er von der Polizei ausheben ließ, und egal, wie viele Huren dabei verprügelt wurden, er konnte die Visitenkarten nicht verschwinden lassen. Nicht einmal mitten in der Hauptstadt, nur wenige Kilometer von seinem Amtssitz entfernt. Ich hatte das Gefühl, sie waren noch nicht einmal weniger geworden.

Ich fragte mich, wie meine Mitreisenden die Hotelzimmer in Europa finden würden. Zu klein? Zu alt? Zu wenig Unterhaltungsmöglichkeiten? Und ich fragte mich, ob jemand mit mir auf der Reise das Zimmer teilen würde. Bei der Anmeldung hatte es die Wahl gegeben zwischen Einzel- und Doppelzimmern. Yuanyuan hatte kurzerhand für mich entschieden: »Du willst die anderen doch kennenlernen!«, hatte sie gesagt und mich für ein geteiltes Zimmer eingetragen. Preislich hatte sich dadurch komischerweise nichts verändert.

Ich klappte den Reisekatalog zu und starrte auf einen Haufen Blätter, die ich unterschreiben sollte. Auf dem obersten waren noch einmal die Highlights unserer Reise aufgelistet: Da war wieder die Rede von dem »luxuriösen Flugzeug«, was auch immer das bedeuten mochte. Und es sollte ein italienisches Dinner geben, bei dem wir »gleichzeitig die Romantik Italiens und seine einzigartige kulinarische Kultur kennenlernen« würden. Nicht schlecht! Außerdem war die Rede von einem Ort, der sich geradezu fantastisch anhörte: »Unter blauem Himmel und weißen Wolken, von Dunst umhüllt, werfen milchfarbene Mauern güldenes Licht zurück, und graue Spitzen recken sich ins Firmament – dies ist Neuschwanstein, das Vorbild für Disneyland!«

Dann kamen ein paar Hinweise: Busfahrer in Europa seien gesetzlich zu Pausen verpflichtet. Trinkgelder seien allgemein üblich, man solle jedoch den Reiseleiter fragen, wie viel im Einzelfall angemessen sei. Außerdem gebe es fixe Extratrinkgelder für Fahrer und Fremdenführer (vier Euro pro Tag), die vom Reiseleiter eingesammelt würden. Allgemein sei Europa relativ sicher, in gewissen Ländern gebe es jedoch Probleme, man solle daher besonders an Touristenorten und im öffentlichen Verkehr auf seine Wertsachen achtgeben.

Dann kam ein langer Teil über Versicherungen und das Zurückerstatten von Steuern beim Einkaufen. Danach ein Teil über Risiken.

Das erste Risiko hatte erstaunlicherweise mit dem Essen zu tun: »Das Frühstück in italienischen Hotels ist mäßig. Im Vergleich zu anderen europäischen Ländern ist es eher spärlich und einfach. Normalerweise gibt es Brot, Kaffee, Tee und Fruchtsaft. Andere Länder, andere Sitten! Wir danken für Ihr Verständnis.«

Oha.

Und auch beim zweiten Risiko ging es ums Essen: »Das extra angebotene westliche Dinner wird nach ortsüblicher Art zubereitet. Sollte es daher nicht ganz dem Geschmack unserer Gäste entsprechen, bitten wir Sie, dies zu entschuldigen.«

Das dritte Risiko bestand darin, dass in der Hochsaison und zu Messezeiten oft keine Hotels in den Innenstädten zu finden seien, man werde in diesem Fall einfach etwas weiter außerhalb wohnen.

Und der letzte Risikohinweis besagte, dass jeder Reisende selbst auf seine Fitness achten sollte, wenn er sich für Aktivitäten wie Bergwanderungen oder Ballonfahrten entschied.

Ballonfahrten? Ich schlug noch einmal in unserer detaillierten Reisebeschreibung nach, doch von Ballonfahrten war dort keine Rede.

Es folgte ein Abschnitt über Pässe. Der Reiseveranstalter werde sich um die Visabeschaffung kümmern, hieß es, es könne jedoch trotzdem sein, dass jemand zum persönlichen Gespräch eingeladen oder ihm gar das Visum verweigert werde. Während der Reise würden alle Pässe vom Reiseleiter verwahrt werden, und auch nach der Reise bekomme man sie nicht sofort zurück, weil das jeweilige Konsulat, das das Visum ausgestellt habe, zuerst noch anhand der Flugtickets und der Pässe kontrollieren müsse, ob auch alle wieder zurückgekommen seien.

Dann kam der wirklich langweilige Teil: ein mehr als zwanzig Seiten langer Vertrag, der komplett aus Kleingedrucktem bestand. Es ging um die Rechte und Pflichten des Reisenden und die Rechte und Pflichten des Veranstalters. Es war grauenvoll. Ich blätterte darüber hinweg und blieb am Ende an einem Punkt hängen, der »Das nationale Ansehen bewahren« hieß.

»China ist eine alte Zivilisation«, stand da, »bitte seien Sie daher bei Auslandsreisen um höfliches Benehmen bemüht. Machen Sie an öffentlichen Orten bitte keinen Lärm, und rauchen Sie nicht. Bitte spucken Sie nicht auf den Boden, und werfen Sie auch keinen Müll achtlos weg. Bitte beschmieren Sie keine Sehenswürdigkeiten. Eltern werden gebeten, auf ihre Kinder zu achten: An Orten, an denen das Toben nicht gestattet ist, sollte nicht getobt, geschrien oder gerannt werden. Zünden Sie keine Feuerwerkskörper! Verzehren Sie in Bussen oder auf Schiffen bitte kein Obst und keine Melonenkerne, kein Eis und keine Hamburger, denn sonst kann es sein, dass der Fahrer die Fahrt abbricht oder Sie nicht mitfahren lässt.«

Für die Tischetikette war noch ein gesonderter Punkt reserviert: »Machen Sie beim Essen bitte keinen Lärm. Klimpern Sie nicht mit dem Besteck, spielen Sie keine Trinkspiele! Nehmen Sie Rücksicht auf Ihre Umgebung, indem Sie am Büfett Verschwendungen vermeiden: Essen Sie zuerst Ihren Teller leer, und nehmen Sie sich dann nach. Wenn man all die Speisen, die einem zusagen, für sich selbst zurücklegt, dann ist das ein unhöfliches und selbstsüchtiges Verhalten.«

Ich setzte meine Unterschrift darunter: Das nationale Ansehen würde bewahrt werden!

Am Abend der Abreise fuhr ich mit dem Taxi zum Flughafen. Der Fahrer war ein freundlicher Mann, der es genoss, sich zu unterhalten. Als er mich nach meinen Hobbys fragte und ich ihm sagte, dass ich gern zu Fuß durch die Welt ging, sah ich seine Augen im Rückspiegel aufblitzen. Er selbst sei ein begeisterter Radfahrer. Am liebsten gehe er mit seiner Tochter auf Tour, einmal seien sie bereits durch ganz China gefahren, von Beijing bis nach Guangdong! Als Taxifahrer verdiene er nicht viel Geld, aber er wünsche sich, dass sein Kind etwas von der Welt sehe.

Wie alt seine Tochter denn sei, wollte ich wissen.

Dreizehn, sagte er.

Als ich am Flughafen ankam, hatte ich noch zwei Stunden Zeit bis zum Treffen mit der Reisegruppe. Ich war mit Absicht früher gekommen, denn die Staus in Beijing waren unberechenbar, und ich wollte mich auf keinen Fall verspäten.

Außerdem machte es mir nichts aus, am Flughafen zu warten. Mir gefiel es, den umherschwirrenden Menschen zuzuschauen, mir gefiel die Vorstellung, bald irgendwo anders zu sein, und mir gefielen die surrenden Fahrsteige.

Ich setzte mich in ein Café und bestellte eine heiße Schokolade. Dann ein Stück Kuchen. Dann einen Limonentee. Dann klingelte mein Telefon. Reiseleiter Huang war am anderen Ende der Leitung: »Wo bleibst du?«

Ich hatte mich in der Zeit vertan. Alle anderen waren schon am Treffpunkt, nur einer fehlte: ich.

Na toll.

Es waren dreizehn Leute, die da in der Abflughalle unter dem Buchstaben D standen und auf mich warteten. Obwohl, eigentlich schien nur einer von ihnen auf mich zu warten: Reiseleiter Huang.

»Da bist du ja«, raunte er mir erleichtert zu.

Die anderen schienen mich ignorieren zu wollen. Sie blickten in die Luft oder auf ihre Schuhe, während sie einem Mann zuhörten, der noch einmal die Grundregeln der Reise erklärte: Wertsachen nicht im Hotelzimmer lassen, nie den Anschluss an die Gruppe verlieren, immer auf den Reiseleiter hören! Reiseleiter Huang nickte, während er auf einem Zettel unsere Namen abhakte.

Wir waren eine kleine Gruppe. Eigentlich hatte es geheißen, die Reise werde gar nicht erst zustande kommen, wenn wir nicht mindestens zwanzig Leute seien. Doch jetzt waren wir nur ein gutes Dutzend, und wir fuhren trotzdem.

Ich blickte mich um: Da waren ein paar Damen im mittleren Alter und eine, die etwas älter wirkte als die anderen. Es gab einen dicklichen, sehr groß gewachsenen Jungen um die zwanzig und ein paar Mädchen im gleichen Alter. Dann war da noch ein ernst aussehender Mann, der wirkte, als ob er auf Geschäftsreise wäre, und eine Frau mit ihrer kleinen Tochter. Die Tochter sah aus, als wäre sie ungefähr zwölf oder dreizehn Jahre alt, und sie war die Einzige, die verstohlen zu mir herüberlinste. Als ich es mit einem Lächeln versuchte, blickte sie sofort woandershin.

Ich sah mich in der Halle um. In einiger Entfernung, unter dem Buchstaben E, stand noch eine andere Reisegruppe. Sie waren viel mehr als wir, sie machten großen Krach, und sie hatten jemanden dabei, der für sie eine Fahne schwenkte. Eine chinesische Reisegruppenfahne! Ich spürte Neid in mir aufwallen.

Als der Repräsentant unseres Reiseveranstalters mit seiner Ansprache fertig war, klatschte er in die Hände und übergab das

Wort an Reiseleiter Huang. Dann wandte er sich an mich: Ob ich auch eine Erkennungsmarke an meinem Koffer haben wolle? Ich zuckte mit den Schultern und sagte, wenn die anderen welche hätten, dann würde ich natürlich auch eine wollen. Er grinste verschmitzt, als handele es sich um einen geheimen Scherz. Ich bekam meine Erkennungsmarke.

»Das hier ist Leike, er ist Teil unserer Reisegruppe«, sagte Reiseleiter Huang zu den anderen und zeigte auf mich.

Keine Reaktion.

»Er ist aus Deutschland«, versuchte er es noch einmal.

Nichts.

Ich lächelte und hob einen Daumen, um irgendwie mit Freundlichkeit und Optimismus in Verbindung gebracht zu werden. Das kleine Mädchen schielte zu mir herüber, der ernst aussehende Mann schaute mich durchdringend an. Sein Blick war noch eine Spur ernster als vorher.

Reiseleiter Huang checkte uns als Gruppe ein, die Passkontrolle und die Sicherheitschecks danach mussten wir allein bestehen. Die Grenzbeamten waren jung und hatten strenge Gesichter. Ein Schild wies darauf hin, dass es verboten war zu fotografieren. Als die Reihe an mich kam, trat ich an den Schalter und händigte meinen Pass aus. Der Beamte blickte mich flüchtig an und blätterte dann eine Weile durch die Seiten.

»Verzeihung, dass ich nicht das aktuelle Visum aufgeschlagen habe«, sagte ich. Begegnungen mit der Staatsmacht bereiteten mir immer ein unangenehmes Gefühl.

»Moment mal« – er hob den Blick –, »dich kenne ich doch!«

Ich fühlte, wie ich bleich wurde.

»Du bist Leike, oder?«

»Ja, schon…«, stammelte ich.

»Deine Videos gefallen mir gut.« Er drückte mir einen Stempel in meinen Pass und gab ihn mir lächelnd zurück. »Weiter so!«

Als wir durch alle Kontrollen hindurch waren, verstreute sich die Gruppe. Ich hatte das Gefühl, als ob die anderen kreisförmig von mir fortstrebten, wie Wellen in einem Teich, nachdem man einen Stein hineingeworfen hatte. Und ich war der Stein.

Ich suchte mir einen Sitzplatz und begann, Tagebuch zu schreiben. Ich war noch nicht mit dem Wort »Scheißgruppe« fertig, als sich Reiseleiter Huang zu mir setzte.

»Die meisten sind Mütter mit ihren Kindern«, sagte er und zeigte in Richtung der anderen. »Alles Mittelklasse, insgesamt eine kleine, ruhige Gruppe. Wird bestimmt ganz entspannt!«

Ich lächelte und versuchte, mir meine Enttäuschung nicht anmerken zu lassen. Ich wollte keine entspannte Reise. Und schon gar nicht wollte ich eine Reise mit Leuten, die vor mir wegrannten.

»Obwohl« – er lehnte sich zu mir herüber und senkte die Stimme, als hätte er Sorge, dass jemand mithörte –, »hast du das mit der chinesischen Reisegruppe in Frankfurt gehört?«

»Was denn?«

»Ausgeraubt!«

»Du meinst bestohlen?«

»Nein, richtig ausgeraubt, mit vorgehaltener Waffe, wie im Film!«

»Nicht dein Ernst, in Frankfurt?«

»Doch, letzte Woche erst! Und das genau vor dem Hotel, in dem auch wir übernachten werden!«

Ich machte ein erschrockenes Gesicht und versuchte, meine Freude zu verbergen. Ein richtiger Überfall. Super!

Er seufzte: »Ja, für uns war es auch schockierend. Ich meine, in Italien, klar! In Frankreich, auch okay. Aber in Deutschland, im schönen, korrekten Deutschland? Das hätte niemand für möglich gehalten.«

»Schlimm!«

»Erzähl bitte den anderen Teilnehmern nichts davon. Ich möchte nicht, dass sie sich unnötig Sorgen machen!«

Eine Weile saßen wir stumm nebeneinander. Reiseleiter Huang spielte mit seinem Smartphone, während ich überlegte, wie hoch die Wahrscheinlichkeit war, dass auch unsere Gruppe überfallen werden würde.

»Entschuldigung!« Die ältere Dame aus unserer Reisegruppe stand vor uns. Sie trug eine lockige Kurzhaarfrisur und einen Mantel, und sie gewährte mir ein kurzes Lächeln, bevor sie sich an Reiseleiter Huang wandte. Wie lang der Flug denn genau sei? Und wie niedrig oder hoch die Temperaturen in Europa? Außerdem gebe es Gerüchte, dass wir durch das Land Österreich kommen würden, obwohl das nicht ausdrücklich auf dem Programm stand. Ob das stimme?

Reiseleiter Huang beantwortete alle Fragen.

»Eigentlich habe ich noch nie direkt mit einem Ausländer gesprochen«, sagte sie schließlich und deutete verlegen in meine Richtung.

Reiseleiter Huang lachte: »Das ist gar kein Problem, Leike freut sich doch über jedes Gespräch!«

Sie nahm Platz, und dann sprudelte es nur so aus ihr heraus: Sie sei gerade in Rente gegangen und komme aus Taiyuan, einer Industriestadt im Kernland, mehrere Hundert Kilometer von Beijing entfernt. Ob ich Taiyuan kenne? Wahrscheinlich nicht, dort sei ja nicht viel los. Aber einen Besuch sei es doch wert.

Tatsächlich erinnerte ich mich noch gut an die Gegend, denn ich war auf meiner Wanderung durch China dort vorbeigekommen, und sie hatte sich mir ins Gedächtnis eingebrannt, weil sie so lebensfeindlich war. Taiyuan lag in einem Kohleabbaugebiet. Das hieß, dass die Luft dort oft schwarz war vor Staub. Es war einer dieser Orte in China, in denen es absurd wirkte, wenn sich die Leute in Beijing über ihren Smog beschwerten.

Die Dame hieß Ju Ming, und sie wohnte schon fast ihr ganzes Leben in Taiyuan. Zuletzt hatte sie dreizehn Jahre lang ihren Vater gepflegt, nach seinen Schlaganfällen. Einmal war das Fernsehen zu ihr gekommen, um sie als »gute Tochter« zu interviewen, doch sie hatte abgelehnt.

»Er war schließlich mein Vater. Da musste ich mich doch um ihn kümmern!«

Irgendwann war er gestorben. Und jetzt war ihre Mutter alt und brauchte Hilfe. Dies war ihr erster Urlaub seit vielen Jahren, und er war überhaupt nur möglich geworden, weil ihr jüngerer Bruder sich bereit erklärt hatte, in dieser Zeit auf die Mutter aufzupassen. Sie hatte keinen Mann mehr, denn sie war geschieden, aber ihre Tochter lebte in der Nähe. Die Tochter hatte gerade geheiratet und ein Kind bekommen.

»Ich bin jetzt also Großmutter«, sagte sie. »Das heißt, dass auch ich langsam alt werde. Aber ich mache es anders als meine Eltern. Ich habe meiner Tochter gesagt, dass sie mich niemals pflegen soll. Und wenn ich auch einmal einen Schlaganfall habe wie mein Vater, dann will ich auf keinen Fall gerettet werden!« Sie machte eine wegwerfende Handbewegung.

Ich wusste nicht, was ich sagen sollte, und auch Reiseleiter Huang sah etwas verlegen aus.

Sie lachte: »Es ist schön, mit dir als Ausländer so direkt reden zu können! Ich habe ja so viele Fragen!«

»Was denn zum Beispiel?«

»Nun ja, ich glaube, ihr seid in vielem anders als wir. Ihr seid höflicher, steht immer ordentlich in der Schlange und seid nie laut beim Reden. Und ihr haltet einander immer die Türen auf!«

»Nicht immer!«

»Hm ... aber stimmt es denn auch, dass ihr eure Eltern in Pflegeheime steckt, wenn sie alt geworden sind?«

»Ja, das machen wir oft«, gab ich zu.

Sie schüttelte den Kopf: »Aber warum denn? Vermisst ihr sie denn gar nicht?«

Unser Flug war ein Nachtflug. Das bedeutete, wir würden um fünf Uhr morgens in München ankommen und dann sofort mit unserer Reise beginnen.

»Schlaft, so viel ihr könnt! Guckt keine Filme! Macht die Augen zu und versucht, euch auszuruhen!«, hatte Reiseleiter Huang uns empfohlen.

Mein Platz war direkt hinter dem des Riesenjungen. Er saß mit seiner Mutter zusammen.

Ich tippte ihm auf die Schulter.

»Hey, sind wir nicht in einer Gruppe?«, fragte ich.

Er nickte und blickte wieder nach vorn.

Ich sah mich im Flugzeug um. Es war von einer chinesischen Airline, und es schien mir nicht mehr oder weniger »luxuriös« zu sein als jedes andere auch.

Ich widerstand der Verlockung des Filmeguckens. Zum Abendessen gab es Rind mit Reis oder Huhn mit Nudeln. Durch die Lücke in den Sitzen sah ich, wie der Riesenjunge versuchte, seiner Mutter die besten Teile seines Essens zuzuschanzen.

Ich schlief schlecht in dieser Nacht. In meinen Träumen stürzten Flugzeuge auf kleine Inseln nieder, und immer wieder wachte ich auf, um festzustellen, wie eng der Sitz war und wie laut die Maschinen dröhnten und dass wir noch nicht abgestürzt waren.

Wir landeten in tiefster Dunkelheit. Als das Flugzeug zur Ruhe gekommen war, standen alle gleichzeitig schwankend auf und suchten in den Gepäckfächern nach ihren Taschen. Dann zwängten wir uns einer nach dem anderen durch den Gang, blickten in die Gesichter der Stewardessen, nahmen ihr Lächeln zur Kenntnis und taumelten hinaus auf die Passagierbrücke. Hinter dem Fenster war das Rollfeld zu sehen. Es war gelb beleuchtet, hier und da lag etwas Schnee. München.

Ich folgte dem Riesenjungen und seiner Mutter. Einzelne Reisende hasteten vorbei, wir jedoch gingen langsam, denn wir mussten den Rest unserer Gruppe wiederfinden. Reiseleiter Huang wartete am Fuß einer Rolltreppe.

»So«, sagte er, nachdem er die Gruppe abgezählt hatte. »Ich gehe vor, und ihr folgt mir. Auf dem Weg werden manchmal

Stichproben gemacht, das heißt aber nur, dass sich die deutsche Polizei kurz euren Pass angucken will. Alles kein Grund zur Sorge. Ihr tut dann einfach, was sie sagen, okay? Und wenn wir an der eigentlichen Passkontrolle angekommen sind, dann stellt ihr euch bitte mit mir in der Schlange an. Außer dir, Leike!« Er deutete auf mich. »Du kannst dich in die Schlange für Europäer stellen, das geht viel schneller!«

Und tatsächlich, am oberen Ende der Rolltreppe standen Grenzbeamte und kontrollierten die Pässe von mehreren hilflos dreinblickenden Chinesen. Eine Dame trug noch ihr Nackenkissen um den Hals und sah erbärmlich aus. Wir schlichen an ihnen vorbei. Zum Glück schien sich niemand für uns zu interessieren.

Eins der Mädchen aus unserer Gruppe ging neben mir. Sie war ein bisschen fülliger als die anderen, und sie hatte ein sehr gewinnendes Lächeln. Außerdem wirkte sie überhaupt nicht müde, während ich mich fühlte wie nach einer Vollnarkose.

»Bist du unser Fremdenführer?«, fragte sie.

»Nein, ich bin nur ein Teilnehmer, genau wie du.«

»Echt?« Sie lachte, und da war es wieder, dieses komplizenhafte Grinsen, als gäbe es einen Witz, den nur Eingeweihte verstanden.

Vor der Passkontrolle standen zwei Schlangen, genau wie Reiseleiter Huang es vorhergesagt hatte. Über der einen war die Fahne der EU abgebildet, und alles ging sehr flott: einen Moment lang anstehen, einen Schritt zum Schalter, einen Blick in den Pass, guten Morgen!

Über der anderen stand OTHER NATIONALITIES, und alles zog sich bedenklich in die Länge. Die Schlange wuchs und wuchs, die Grenzbeamten stierten minutenlang in Pässe und Gesichter, und manchmal stellten sie dazu noch Fragen. Reiseleiter Huang hatte schon in Beijing darüber geschimpft. Ihm gefielen die deutschen Passkontrollen nicht. »Wenn das das Erste ist, was man als Tourist von Deutschland sieht, warum wird dann nicht versucht, den Vorgang etwas schneller und einfacher zu machen und dabei ein bisschen freundlicher zu sein?«

Auf meinen Einwand, dass ich das letzte Mal bei der Einreise nach Beijing mehr als anderthalb Stunden für die Passkontrolle angestanden hatte, äußerte er sich zufrieden: »Das ist gut! In China ist es doch meistens genau andersherum. Wir sind fast immer überfreundlich zu Ausländern, da ist es nur fair, wenn es für euch auch mal ein bisschen länger dauert!«

Irgendwann waren wir alle durch. Wir stellten uns an einem Gepäckband auf, und Reiseleiter Huang begann, die Reisepässe einzusammeln. Als ich ihm meinen überreichen wollte, wehrte er ab.

»Deinen Pass brauche ich doch überhaupt nicht!«, sagte er auf Deutsch.

»Doch!«

»Aber wozu denn?«

Nach einigem Hin und Her einigten wir uns darauf, dass es für mein Selbstwertgefühl als normaler Teilnehmer sehr wichtig war, meinen Pass bei meinem Reiseleiter aufbewahrt zu wissen.

Er lachte.

Als unser Gepäck kam, stellte ich erleichtert fest, dass mein Billigkoffer den Flug unbeschadet überstanden hatte. Er war schwer – das Gewicht Dutzender Bücher, die ich in Beijing besorgt hatte. Es waren hauptsächlich meine eigenen. Sie waren in Deutschland schwer zu bekommen, deshalb wollte ich sie nach Frankfurt bringen und sie von dort an meinen derzeitigen Wohnort in Hamburg schicken. Es gab einen Moment der Aufregung, als das kleine Mädchen merkte, dass sie den Schlüssel zu ihrem Koffer in Beijing vergessen hatte – nachdem sie ihn abgeschlossen hatte. Ich versuchte, mit einer Büroklammer auszuhelfen, doch er ließ sich nicht öffnen. Reiseleiter Huang schlug vor, dass wir es abends im Hotel noch einmal probierten, jetzt mussten wir erst einmal zum Bus, denn unser erster Reisetag wartete auf uns.

Ratternde Kofferrollen, schlurfende Schritte, Neonlicht. Niemand sagte etwas. Draußen lag Deutschland, der Beginn unserer Reise. Eine Schiebetür, dann noch eine Schiebetür. Ein Schwall kalter Luft. Dann ein durchgehendes Brummen. Wir standen am Ausgang des Münchner Flughafens. Ich sah die Busse und die Taxis. Die Motoren liefen, weil es so kalt war.

»Ah«, machte das gut gelaunte Mädchen und atmete tief ein, »die frische Luft!« Sie hieß Tianjiao, sie hatte sich der Reisegruppe allein angeschlossen, und sie kam aus Beijing, der Hauptstadt Chinas.

Als wir das Zentrum von München erreichten, war es kurz nach sechs. Am Morgen. Am Sonntag. Wir fuhren durch dunkle Leere. Der Bus hielt am Isartor, und ich stolperte hinter den anderen aus der Tür.

»Es schneit!«, jubelte das kleine Mädchen.

Wir zogen Mützen und Schals enger und stapften durch den Schnee, vorbei an schwach erleuchteten Schaufenstern und fest verschlossenen Türen. Ich fing einen Blick von dem Riesenjungen auf. Er hatte Schnee auf den Haaren und hielt den Kopf tief zwischen die Schultern gezogen. Er sah erbärmlich aus.

Reiseleiter Huang versuchte, die Gruppe vorzuwarnen: »Die Deutschen haben gern ihre Ruhe«, sagte er, »so gern, dass sie Gesetze erlassen haben, laut denen jeder nachts und am Sonntag seine Ruhe haben MUSS!« Er lachte in meine Richtung: »So seid ihr eben, ihr Deutschen!«

Ich lachte mit, und die anderen kicherten verhalten. Alle waren bemüht, nicht allzu viel Lärm zu machen, um die Deutschen in den Häusern um uns herum auf keinen Fall zu stören.

Doch trotz aller Warnungen schien niemand vorbereitet auf das Bild, das sich uns wenig später bot.

»München ist bekannt für seinen Fußball und für seine Autos, vor allem aber für sein Oktoberfest«, hatte Reiseleiter Huang im Bus erklärt, als wir gerade an der Allianz Arena vorbeifuhren. Wir hatten wissend genickt, denn wer hatte noch nicht von der

Veranstaltung gehört, die auf Chinesisch schlicht »Münchner Bierfest« genannt wurde? München, das bedeutete eine gewisse großbusige Bierseligkeit, die erfolgreich Fußball spielte und schicke Autos fuhr.

»BMW!«, hatte der Riesenjunge in der Sitzreihe neben mir gesagt und verklärt aus dem Fenster gelächelt.

Und jetzt, nach Tausenden von Kilometern im Flugzeug, einer halben Stunde im Bus und einem Fußmarsch, hatten wir es endlich erreicht, das Zentrum dieser Stadt. Es hieß Marienplatz.

Und es sah aus wie nach der Apokalypse.

Alles war geschlossen, alle Lichter erloschen, keine menschliche Seele war weit und breit zu sehen. Selbst das Rathaus war dunkel. Die Straßenlaternen immerhin, die leuchteten schwach. Schneeflocken fielen aus der Nacht in ihr Licht, glimmten kurz auf und legten sich dann zu einer unberührten Fläche zusammen. Es war bitterkalt.

Ich musste an den Tag denken, als ich auf die Idee mit der Gruppenreise gekommen war. Damals war es sonnig gewesen, der ganze Platz voller Menschen. Jetzt war ich wieder hier, mit meiner eigenen Reisegruppe, doch die meisten von ihnen hatten offenbar keine Lust, mit mir zu reden. Es war finster und kalt, und ich traute mich nicht, sie zu fragen, wie ihnen München gefiel.

Ich fand es ja selbst nicht toll.

Dennoch, es wurde getan, was getan werden musste, selbst wenn es eigentlich zu dunkel dafür war: fotografieren. Diejenigen, die zu zweit reisten, hatten es einfacher, denn sie mussten nicht wie die anderen ihre Telefone auf Armeslänge vor sich halten. Der ernst aussehende Mann kramte einen Selfie-Stick hervor und sah plötzlich nicht mehr ganz so ernst aus. Er lächelte sogar ein bisschen. Tante Ju, die ältere Dame mit den Locken, bat mich, ein Foto von ihr zu machen. Sie stellte sich würdevoll in Positur, und mir fiel auf, dass sie als Einzige eine richtige Kamera benutzte. Die anderen nahmen einfach ihre Smartphones zum Fotografieren.

Es dauerte nicht lange, und ich war durchgefroren. Reiseleiter Huang versprach, uns an einen warmen Ort zu führen, in ein Café oder in eine Bäckerei vielleicht, doch nachdem wir eine Weile herumgelaufen waren, stellte er fest, dass alles geschlossen war.

»Sonntagmorgen ist in Deutschland immer ein bisschen schwierig«, sagte er, »denn hier arbeiten nur sehr wenige Leute am Wochenende, deshalb hat fast alles zu.«

Es klang wie eine Entschuldigung, und auch ich war ein bisschen verlegen.

Einmal sahen wir ein Lebenszeichen. Hinter der Glasscheibe einer Konditorei stand eine Dame, die anscheinend dabei war, ihren Laden zu öffnen. Wir klopften schüchtern an die Scheibe, doch sie winkte uns weg.

Es schneite immer stärker, und der Gesichtsausdruck unseres Reiseleiters sah zunehmend gequält aus. Da kam ihm eine Idee zur allgemeinen Unterhaltung.

»Guckt mal!«, sagte er und zeigte auf meine Beine. »Unser Alter Lei trägt mit Sicherheit keine lange Unterwäsche!«

Alle blieben stehen. Unser Alter Lei, das war ich, und Reiseleiter Huang hatte richtig geraten: Ich trug tatsächlich nur eine Jeans und darunter eben meine Shorts. Die anderen hatten einen Kreis um mich gebildet. Ich hob ein Bein, damit sie besser sehen konnten, dann zog ich die Hose etwas hoch, und mein nacktes Schienbein kam zum Vorschein.

»Oh!«, machten sie anerkennend.

»Ja, die Deutschen sind nicht so kälteempfindlich wie wir!«, erklärte Reiseleiter Huang, und der nicht mehr so ernst aussehende Mann mit dem Selfie-Stick brummte: »Die haben ja auch mehr Haare auf den Beinen!«

Am Ende landeten wir in einem McDonald's. Außer uns waren noch zwei taumelnde Mädchen da. »Die kommen gerade vom Feiern«, sagte ich zu Tianjiao, und es dauerte einen Moment, bis mir dämmerte, wie unglaubwürdig sich das anhören musste in dieser komatösen Stadt.

Wir bildeten eine Schlange vor der Kasse und stellten fest, dass es das Gleiche gab wie bei McDonald's in China. Einige von uns bestellten selbst, andere ließen sich von Reiseleiter Huang helfen. Ich bestellte selbst und nahm einen Orangensaft.

Dann saßen wir herum.

Unser Reiseplan sah vor, dass wir in München zu Mittag aßen und dann weiter nach Füssen fuhren, um Neuschwanstein zu sehen – den Ort »milchfarbener Mauern und grauer Spitzen im güldenen Sonnenlicht«. Für die Zeit vor dem Mittagessen gab es jedoch nichts zu tun.

»BMW-Museum!«, rief der Riesenjunge halblaut, doch Reiseleiter Huang winkte ab. Das Museum sei zu weit weg, und es mache zu spät auf, das würden wir zeitlich nicht schaffen.

Wir mussten also in der Innenstadt bleiben. Doch wie lange sollten wir hier herumsitzen? Oder war es etwa besser, draußen durch den Schnee zu stapfen und in die Dunkelheit zu starren? Ich dachte an Beijing: Dort war zwar die Luft schlecht, aber es war nie völlig still, und es gab immer noch irgendwo etwas zu sehen. Eigentlich war es in den meisten Städten Chinas so. Wenn man unter Neonreklamen entlanglief und den Lärm der Menschen um sich herum hörte, dann wurde die Nacht etwas heller, egal, wie kalt sie auch sein mochte.

Hier war das anders. Wir saßen um Plastiktische herum und tranken Kaffee und Orangensaft, und draußen vor der Tür schlief München. Mein München. Ich hatte mehrere Jahre hier gelebt, und am Anfang hatte ich es gehasst, so wie viele Chinesen Shanghai hassten. Beide Städte waren zu reich, zu eingebildet, zu unecht.

Doch irgendwann hatte ich München mögen gelernt. Ich mochte die alten Leute, die auf den Markt gingen, nicht etwa weil das hip war, sondern einfach nur, um dort ihr Essen zu kaufen. Ich mochte die Landbewohner, die ihre Trachten trugen, weil das nun einmal ihre Kleidung war, auch wenn sie gerade Laub fegten.

Und ich mochte Barbara von Barbaras Blumenladen, die mir einmal eine Yucca-Palme nicht hatte verkaufen wollen, weil ich zugegeben hatte, dass ich sie vor mein Klofenster stellen wollte. »Da geht's dir ja ei!«, hatte sie sich entrüstet. »I ziag doch ned des Pflanzerl hoch, damit du des dann wegsterm lässt!« Das war ungefähr der Moment, in dem ich festgestellt hatte, dass ich München irgendwie doch mochte. Mein München.

Ich blickte mich um und sah ratlose Gesichter. Irgendwie taten wir mir leid. Es war der erste Tag unserer Reise. Wir hatten wenig geschlafen und uns nicht einmal richtig waschen können, und jetzt saßen wir hier herum, rührten in Pappbechern und starrten auf unsere Telefone.

Aber was sollte ich tun?

Meine Rolle in der Gruppe war eigentlich klar. Ich würde bei allem mitmachen, was die anderen taten, und ich würde immer genau hinschauen und mir darüber Notizen machen. Aber nie würde ich den Fremdenführer geben oder sie dazu bringen, etwas Bestimmtes zu tun. Denn das hieße ja, die Geschichte nicht mehr nur zu erzählen, sondern sie auch zu gestalten. Mein Blick fiel auf Tante Ju. Sie hatte die Hände vor sich auf dem Tisch gefaltet und blickte sich traurig im Raum um. Dies war der erste Tag ihrer Reise.

»Habt ihr Lust auf ein Museum?«, hörte ich mich in die Runde fragen. »Ich kenne eins nicht weit von hier.«

Als wir auf dem Platz vor der Residenz ankamen, war es ein bisschen heller geworden, und der Schneefall hatte nachgelassen. Fast alle waren mitgekommen, nur Reiseleiter Huang nicht, der war im Restaurant geblieben, und der ernst aussehende Mann mit dem Selfie-Stick auch nicht, der hatte sich allein zu einem Spaziergang aufgemacht. Sonst waren wir vollzählig, und die Stimmung war erstaunlich gut. Wir redeten und lachten, ich hatte das Gefühl, dass unsere Zurückhaltung einer Art freundlicher Neugier gewichen war.

»Ich liebe Schnee!«, rief das kleine Mädchen und wirbelte mit dem Fuß eine Wolke davon auf. »Europa in Weiß, das ist wie im Märchen. Mein Lieblingsmärchen ist ›Die Schneekönigin‹. In Beijing fällt jedes Jahr weniger Schnee, das ist total langweilig!«

Der Riesenjunge warf ihr einen gequälten Blick zu und zog den Kopf noch ein bisschen tiefer zwischen die Schultern.

»Eins kann ich aber kaum glauben«, sagte jemand. »Die Leute haben hier wirklich das ganze Wochenende lang frei?«

»Die meisten schon«, antwortete ich und blickte in überraschte Gesichter.

Vor dem Eingang der Residenz stand eine Gruppe Polizisten mit Einsatzfahrzeugen.

»Was machen die da?«, fragte das kleine Mädchen, doch bevor ich antworten konnte, dass sie wahrscheinlich den Schnee bewachten, hörten wir schon eine Sirene aufheulen, und ein Polizeikonvoi mit einer Limousine in der Mitte schoss über den Platz. Blaulichter blitzten, die Sirene verstummte, dann war der Konvoi fort, genauso schnell, wie er erschienen war.

Beeindruckt blickte ich zu meinen Mitreisenden. Doch ich erntete nur ein Achselzucken.

»Ein Politiker, oder?«, fragte der Riesenjunge, und plötzlich wurde mir klar, warum das Schauspiel für meine Reisegruppe so alltäglich war. Zu Hause in China pflegten selbst kleinere Beamte gern den pompösen Auftritt mit Sirene und rotem Teppich.

Wir waren nicht beeindruckt.

Als wir an den Polizeiwagen vorbeikamen, entschied ich mich dennoch zu fragen, was eigentlich los war.

»Sicherheitskonferenz«, brummte der Beamte unter seinem Schnurrbart hervor. »Das eben wird der slowakische Präsident gewesen sein.« Er besann sich kurz: »Oder der slowenische.«

Ich übersetzte und erntete dafür anerkennende Ohs und Ahs.

Der Polizist warf sich in Positur. »Der Biden ist auch da, der Vizepräsident von Amerika«, verkündete er, dann schwang er sich in seinen Wagen und fuhr aus unersichtlichem Grund so rasant davon, dass sein Fahrzeug seitlich über den Schnee schlitterte.

Ich blickte in die Runde. JETZT waren wir beeindruckt!

In der Residenz bekamen wir einen Gruppenrabatt, obwohl wir eigentlich nicht genug Leute dafür waren. Wir bedankten uns überschwänglich, dann hasteten wir an den Schätzen der bayerischen Könige vorbei, denn wir hatten nur etwas über eine Stunde Zeit.

Am längsten blieben wir vor einem Regal mit Porzellan stehen. Es gab dort Teller aus Jingdezhen, dem Ort, der vor Hunderten von Jahren für die chinesischen Kaiser gefertigt hatte. Porzellan, erklärte ich den anderen, hieß auf Englisch auch »China«, so eng war es mit ihrem Land verbunden. Sie nickten höflich. Ich hatte ihnen anscheinend nichts Neues gesagt.

Bei genauerem Hinsehen entdeckten wir, dass einige der in Jingdezhen gefertigten Teller ein blauweißes Muster hatten. Es war das Wappen der Bayern.

»Merkwürdig«, sagte Tianjiao.

Ich fand ein Hinweisschild, auf dem stand, dass die Bayern damals als einziges Königshaus Europas nicht nur in Jingdezhen gekauft, sondern dort auf Bestellung auch hatten herstellen lassen. So gut waren sie also gewesen, die bayerisch-chinesischen Beziehungen! Wir sahen einander erstaunt an.

Als wir nach unserem Museumsbesuch mit den anderen zum Bus zurückgingen, trafen wir dort auf drei normalgewichtige Frauen, die sich als dicke Kühe verkleidet hatten. Oder vielleicht waren es auch drei dicke Frauen, die sich als normalgewichtige Kühe verkleidet hatten, ganz klar war das nicht. Verwirrt machten wir Fotos.

Die Frauen lachten und riefen: »Fasching!«

»Feiertag der tollen Freude«, übersetzte Reiseleiter Huang, »dieser Tag wird vor allem von katholischen Menschen begangen, zum Beispiel in Brasilien oder in Venedig, aber auch in Deutschland. Ihr habt das bestimmt schon einmal im Fernsehen gesehen.«

Wir nickten, und während die Kuhfrauen glücklich von dannen walzten, versuchte ich vergeblich, sie mir auf dem Karneval in Rio vorzustellen. Oder in Venedig.

Mittlerweile war es fast Mittag, und die Stadt war dabei, aus ihrem Tiefschlaf zu erwachen. Autos fuhren vereinzelt auf der Straße herum. Von Bier oder Fußball hatten wir nichts gesehen. Schnee, ja, und Polizei auch, außerdem einen Limousinenkonvoi und bayerisches Porzellan aus China. Und natürlich die Kuhfrauen.

»München ist eine schöne Stadt!«, sagte der Riesenjunge zu mir und hob einen Daumen. Er sah aus, als ob ihm sehr kalt wäre.

Bei Tageslicht betrachtet war unser Bus viel zu groß. Wir waren einfach zu wenige Leute. Jeder von uns hätte noch drei Freunde mitbringen können, und es wären trotzdem noch Plätze frei geblieben. Das Ergebnis war, dass wir alle ziemlich weit vorn saßen, nur der Mann mit dem Selfie-Stick und dem nicht mehr ganz so ernsten Gesicht hatte sich zwei Reihen weiter hinten hingesetzt.

Reiseleiter Huang stand neben dem Fahrersitz. Er hielt ein Mikrofon in der Hand. »Jetzt ist Zeit für unser Mittagessen!«, verkündete er, während wir durch die Innenstadt rollten. »Ich habe schon etwas für uns reserviert.«

Es würde ein chinesisches Restaurant sein, das wusste ich bereits. Reisegruppen aus China aßen fast immer Chinesisch, egal, wohin sie fuhren. Das hatte mir Reiseleiter Huang bei unserem Essen in Beijing eröffnet.

»Aber warum?«, hatte ich gefragt, und er hatte gelacht.

»Das weiß ich auch nicht. Ich glaube, die Leute wollen im Urlaub einfach keine Experimente machen.«

»Aber ist das nicht gerade der Sinn einer Reise, dass man neue Sachen sieht und ausprobiert?«

»Schon, aber was, wenn es nicht schmeckt? Oder wenn man es nicht verträgt? Chinesische Speisen sind ölig, während europäisches Essen oft aus Teig und Käse besteht. Außerdem bieten wir dafür doch extra das italienische Dinner an!«

Als wir aus dem Bus stiegen, stellte ich erfreut fest, dass ich das Restaurant bereits kannte. Ich war einmal mit einer Gruppe von Beijinger Geschäftsmännern dort gewesen und hatte es in bester Erinnerung: Essen lecker, Service freundlich, Alkohol in Strömen. Ich lächelte Reiseleiter Huang zu. Das hast du gut gemacht!, wollte ich damit sagen.

Zehn Minuten später lächelte ich nicht mehr. Eigentlich lächelte niemand. Wir, die Teilnehmer, saßen um einen Tisch, der mit einer dünnen Plastikfolie bedeckt war. Reiseleiter Huang und der Busfahrer hatten ihre Plätze etwas abseits. Das gehörte sich bei einer Gruppenreise so, hatte er mir erklärt: Reiseführer, Fahrer und Übersetzer nahmen ihre Speisen immer von den Teilnehmern getrennt ein.

Wir sahen der Chefin des Restaurants dabei zu, wie sie Schüsseln mit Reis, Fleisch, Gemüse und Suppe brachte. Es wirkte wie Mensafraß. Und zwar wie deutscher Mensafraß, und schlechter noch dazu. Aus China war ich anderes gewohnt, denn während meiner Studienzeit an der Filmakademie in Beijing hatte ich jeden Tag aus einem Dutzend verschiedener Regionalküchen wählen können, und es hatte einen eigenen Koch gegeben, der nur damit beschäftigt war, aus Teig Nudeln zu formen. Mit der Hand. Am ersten Tag hatten wir Austauschstudenten ihn dabei voller Begeisterung fotografiert, während unsere chinesischen Mitschüler nur irritiert gelächelt hatten. China war plötzlich sehr weit weg. Der Chefin war anzusehen, dass sie genau wusste, wie schlecht ihr Essen war. Sie stampfte auf und ab und würdigte uns keines Blickes. Ich hatte sie von dem Geschäftsessen als herzliche Person in Erinnerung, doch jetzt bellte sie lediglich ab und zu ein paar kurze Worte durch den Raum, und in dem Moment, in dem alle Speisen aufgetragen waren, verschwand sie in einem Hinterzimmer. Wir aßen schweigend.

Ich musste an eine Regel denken, die ich glaubte erkannt zu haben: Wenn Chinesen sich an ihrem Essen erfreuten, dann konnte man das meist daran erkennen, dass sie sich lebhaft unterhielten. Und zwar über anderes Essen.

Wie oft war es passiert, dass ich etwa mit Freunden über einem Feuertopf zusammensaß und plötzlich jemand anfing, von einem Fisch zu schwärmen, den man am Wochenende zuvor gegessen hatte. Und alle fielen in das Gespräch mit ein: Der Fisch, ja, der Fisch! Aber was war mit den Nudeln von neulich? Die waren auch lecker! Die Nudeln, ach, die Nudeln! Zusammen mit etwas Alkohol war das in etwa die Vorstellung von einem gelungenen Abend.

In China, das betonten alle immer wieder, war Essen unglaublich wichtig. Ich fand es bezeichnend, dass das Wort *chihuo*, das eigentlich eher »Vielfraß« als »Leckermäulchen« bedeutete, sich von einer Beleidigung zu einer Art Ehrentitel gewandelt hatte. »Ich bin ein *chihuo*«, hatte sich mir zum Beispiel Tianjiao am Münchner Flughafen vorgestellt und dabei gegrinst. Es war, als müsste einfach davon ausgegangen werden, dass in jedem vernünftigen Menschen ein Fresssack steckte.

Und jetzt das.

Der Reis schmeckte von allem noch am wenigsten schauerlich. Ich blickte zu dem kleinen Mädchen hinüber. Sie stocherte mit den Stäbchen in ihrer Schüssel herum, und als sie meinen Blick bemerkte, grinste sie verstohlen. Tianjiao fischte in einer Schüssel nach ein paar Kohlblättern.

Es dauerte zwanzig Minuten, dann wurden wir erlöst. »Wer noch einmal auf die Toilette muss, bitte jetzt gehen!«, rief Reiseleiter Huang, und damit war unser Essen zu Ende. Er brauchte nicht danach zu fragen, wie es uns geschmeckt hatte.

Zumindest gab es heißes Wasser. Seit meiner Zeit in Beijing hatte ich mir angewöhnt, fast immer Teeblätter und einen Thermosbehälter dabeizuhaben, zumindest in China, denn es schien dort ein ungeschriebenes Gesetz zu geben: Jeder Ort musste heißes Wasser bereithalten, jeder Flughafen, jeder Zug, jedes Büro.

So war es auch hier, denn schließlich befanden wir uns in einem chinesischen Restaurant. Beim Hereinkommen hatten wir unsere Teebehälter auf dem Tresen abgestellt, auch Reiseleiter Huang und selbst unser Busfahrer, ein bäriger Slowene namens

Boris. Jetzt waren die Behälter gefüllt, und von einigen stieg in kaum sichtbaren Schwaden Dampf auf.

Ich griff nach meinem Tee, und während wir hinausgingen, nahm ich einen Schluck, um den Geschmack des Essens loszuwerden. Mit verbrannter Zunge stieg ich in den Bus.

Als ich aufwachte, hörte ich Laute der Begeisterung. Ich blickte zum Fenster hinaus und sah kleine bayerische Ortschaften vorbeiziehen. Über allem lag Schnee, und im Hintergrund thronten die Alpen. Es sah wirklich ziemlich hübsch aus.

Neuschwanstein war zunächst nur ein Busparkplatz. Er war voller Eis und Schnee, und wir rutschten etwas hilflos darauf herum. Der Riesenjunge stützte seine Mutter. Ich fragte mich, ob sie an einer Krankheit litt. Vielleicht war diese Reise zu ihrer Erholung gedacht, als eine Art private Kurfahrt? Als wir uns zum Ticket-Center vorgekämpft hatten, half uns Reiseleiter Huang beim Kartenkauf, dann waren wir auf uns allein gestellt.

Wir verteilten uns in kleinen Gruppen und sahen uns Souvenirs an. Einige interessierten sich für Postkarten. Der Riesenjunge kaufte sich eine Mütze. Sie war blau-lila und hatte zwei Bommeln, die vor seinen Schultern herunterbaumelten. Oben drauf war noch ein großer Bommel.

»Es gab keine andere«, sagte er und sah etwas verschämt aus.

Der Weg hinauf zum Schloss war lang und steil, und er war voller Menschen. Die meisten schienen Japaner und Chinesen zu sein. Außerdem gab es Pferde, die Kutschen zogen und überall ihre Haufen hinterließen. Als wir die Pferde bei einer Pause erwischten, machten wir Fotos mit ihnen. Sie wirkten furchtbar gelangweilt.

Ich hatte mich einem Mädchen und ihrer Mutter angeschlossen. Das Mädchen war um die zwanzig, trug bunte Kleidung und leicht bläulich gefärbte Haare. Sie hatte eine Zahnklammer, hieß Yumeng und studierte Kunst in Chongqing, einer bergigen Stadt im Süden. Ihre Mutter lächelte still. Sie schien eigentlich immer zu lächeln, selbst während unseres Mittagessens.

»Ist euch aufgefallen, dass die Japaner hier viel lauter sind als die Chinesen?«, fragte ich.

Beide schüttelten den Kopf. Doch es stimmte: Da war besonders eine Gruppe japanischer Jugendlicher, die ihre Freude über den Schnee, den Wald, die Pferde, die Pferdeäpfel und schließlich das Schloss lautstark zum Ausdruck brachte. »Ooohh«, machten sie und »hihihihi«, wann immer es irgendetwas zu sehen gab. Wahrscheinlich hatten sie keine Klausel darüber unterschrieben, dass sie das Ansehen ihrer Nation zu bewahren hatten. Ich fand, dass sie sehr gut zu diesem Ort passten.

Als wir das Schloss erreichten, stellten wir fest, dass unsere Führung auf Englisch war, was bedeutete, dass die meisten von uns nicht viel verstehen würden. Ich versuchte, das Wichtigste zu übersetzen. Neuschwanstein war über hundert Jahre alt. Der Erbauer war ein bayerischer König und Exzentriker. Er steckte viel Geld in die Wissenschaft, denn er wollte immer den neusten Technikschnickschnack haben. Ein Telefon zum Beispiel oder einen elektrischen Aufzug. Für die Errichtung von Neuschwanstein machte er eine alte Burgruine platt und bediente sich mit Unsummen aus der Staatskasse. Irgendwann wurde er schließlich abgesetzt und starb kurz darauf unter mysteriösen Umständen. Ich sprach und sprach, und je länger ich dabei in die Gesichter meiner Mitreisenden blickte, desto mehr hörte es sich für mich an, als würde ich nicht über Bayern im neunzehnten Jahrhundert reden, sondern über eine Korruptionsaffäre im heutigen China. Die anderen nickten nach jedem Satz. Im Großen und Ganzen fanden wir das Schloss gut.

Beim Abendessen wiederholte sich das Mittagessen. Wir hatten Neuschwanstein gerade erst hinter uns gelassen, als unser Busfahrer Boris an einer Straßenecke hielt und die Türen öffnete. Wir betraten ein chinesisches Restaurant. Es war sehr voll, und ich hatte den Eindruck, dass außer Reisegruppen keine anderen Gäste da waren.

Wir fanden zwei Tische, bekamen ein paar Schüsseln in die Mitte gestellt, schaufelten irgendein Zeug in uns hinein, füllten unsere Teebehälter auf und gingen zurück zum Bus. Der einzige Unterschied bestand darin, erklärte mir Reiseleiter Huang, dass diesmal der Besitzer des Restaurants kein Chinese war, sondern ein Vietnamese. Wir waren uns einig, dass das Essen noch ein bisschen schlechter geschmeckt hatte als das in München.

»Warum ist das so?«, fragte ich.

»Du meinst das Essen?«

»Genau, warum muss das so schlecht sein? Das Restaurant von heute Mittag zum Beispiel, das ist doch normalerweise ganz gut!«

Als Antwort kam nur ein Wort: »*Tuancan* – Gruppenessen.«

Mir grauste vor der Nacht. Wenn wir schon so aßen, fragte ich mich, wie würden wir dann erst schlafen?

Als wir in der »europäischen Kleinstadt« ankamen, die für den Abend auf dem Programm stand, wurde ich angenehm überrascht. Zischend und dampfend entlud uns der Bus, wir traten in einen Lichtkegel, der vor einer Tür in den Schnee fiel. Um uns herum war Dunkelheit, und von einem Hausdach konnte ich Eiszapfen herunterhängen sehen. Ich blickte mich um: ein Landgasthof in den Bergen!

»Ist das schön!«, jubelte Tianjiao und atmete tief ein, und diesmal hatte sie absolut recht. Die Luft war so klar, dass wir in der Ferne die Silhouetten der Berge sehen konnten und darüber die Sterne. Aus dem Inneren des Gasthofes leuchtete es warm hervor. Ich brach einen Eiszapfen ab und ließ ihn auf den Boden fallen. Er zersprang mit einem leisen Klirren.

Der Gasthof war voller Familien. Im Eingangsbereich gab es eine Spielecke, und während wir auf unsere Zimmerschlüssel warteten, schoss auf Kniehöhe ein kleiner Junge auf einem Bobby-Car an uns vorbei. Er mochte etwa drei Jahre alt sein und hatte goldene Locken.

»Süß!«, riefen Tianjiao und das kleine Mädchen, und ihre Mutter und die Kunststudentin fielen in den Ruf mit ein: »Süüüß!« Der Junge beachtete uns nicht. Er war viel zu sehr damit beschäftigt, auf seinem Bobby-Car herumzufahren. Hinter ihm schritt sein Vater einher, ein bärtiger Mann im Holzfällerhemd. Wir waren entzückt.

Als Reiseleiter Huang die Schlüssel verteilte, bekam ich ein Einzelzimmer.

»Ich weiß, du hattest im Vertrag angegeben, dass du lieber ein Doppelzimmer hättest«, sagte er auf Deutsch, »es hat sich aber leider niemand gefunden, der ein Zimmer mit dir teilen könnte.«

Er lächelte entschuldigend.

An diesem Abend tranken wir im Hotelrestaurant Bier. Der Vorschlag war von Tianjiao ausgegangen. Tante Ju war mitgekommen, weil sich die beiden ein Zimmer teilten. Das kleine Mädchen und ihre Mutter waren ebenfalls dabei, denn sie hatten es schließlich doch noch irgendwie geschafft, den verschlossenen Koffer zu öffnen, und das wollten sie feiern. Und auch Reiseleiter Huang war gekommen. Er trank zwar kein Bier, aber dabei sein wollte er trotzdem. Die anderen waren in ihren Zimmern verschwunden.

Das Hotelrestaurant sah nach Berg- und Jagdromantik aus: viel Holz und Stein, von einer Wand hing ein Geweih.

»Toll«, gluckste Tianjiao, und wieder musste ich ihr recht geben. Es war ein würdiger Ort, um unseren ersten Reisetag ausklingen zu lassen.

Eine Kellnerin erschien. Sie war adrett, blond und trug eine Schürze, und da sie scheinbar davon ausging, dass ich an unserem Tisch derjenige war, der das Wort führte, sprach sie mich an.

»Was darf ich den Herrschaften bringen?«

Ich fragte nach einer chinesischen Getränkekarte, worauf sie lachte: Nein, so etwas gebe es leider nicht. Vielleicht irgendwann einmal, aber jetzt nicht. Ich fragte nach einer englischen Karte, und sie begann, sich zu winden. Es gebe eine, das schon, aber sie müsse sie erst suchen.

Fasziniert sahen meine Mitreisenden mir dabei zu, wie ich sie in Verlegenheit brachte. Reiseleiter Huang grinste nur still in sich hinein. Da kam Tianjiao auf eine Idee: Wir würden einfach mehrere verschiedene Biersorten bestellen, für alle zum Probieren!

Der Vorschlag wurde akzeptiert. Ich bestellte ein Helles, ein Dunkles, ein Bock und ein Weizen, außerdem eine Limo für das kleine Mädchen und einen Saft für Reiseleiter Huang. Die Bedienung nickte erleichtert mit dem Kopf und verschwand.

Wir saßen um unseren Tisch und blickten einander an. Eigentlich ging ich davon aus, dass spätestens jetzt die Frage kommen würde, vor der ich mich fürchtete. Doch nichts dergleichen geschah. Wir begannen, uns über die Dinge zu unterhalten, die wir heute erlebt hatten, über unseren weiteren Reiseplan und darüber, dass es in China gerade ungefähr drei oder vier Uhr morgens war. Außerdem stellten wir erfreut fest, dass wir alle entweder aus Beijing kamen (Tianjiao, Reiseleiter Huang und das kleine Mädchen mit ihrer Mutter) oder zumindest schon einmal dort gewohnt hatten (Tante Ju und ich). Doch die Frage, warum ich, der Deutsche, mit ihnen, den Chinesen, in Europa unterwegs war – diese Frage tauchte zum Glück nicht auf. Ich war halt bei der Gruppe dabei, das war einfach so.

Als das Bier kam, probierten wir reihum, und auch das kleine Mädchen durfte von jedem Glas ein Schlückchen nehmen. Dabei erfuhr ich, dass sie nur äußerst ungern für klein gehalten wurde.

Unser Streit, wenn man es denn so nennen konnte, entzündete sich an dem Ausdruck *xiaopengyou* – »Kleiner Freund«. So wurden in China oft Kinder genannt, wenn man sie nicht gut kannte.

»Wie hat dir das Schloss Neuschwanstein gefallen, Kleiner Freund?«, fragte ich sie also.

»Nenn mich nicht Kleiner Freund!«, fauchte sie, die Hand am Bierglas, ein Blitzen in den Augen.

Ihre Mutter grinste, Tianjiao grinste, und Reiseleiter Huang grinste auch. Nur Tante Ju nicht. Sie sah ein bisschen missbilligend aus.

Ich überlegte einen Moment.

»Wie wäre es statt *xiaopengyou* mit *dapengyou* – ›Großer Freund‹?«

Als Antwort erntete ich ein huldvolles Nicken.

Der neu ernannte Große Freund nahm einen Schluck Bier, verzog kaum merklich das Gesicht und wischte sich mit dem Handrücken etwas Schaum von der Oberlippe.

»Ja, das Schloss hat mir sehr gut gefallen«, urteilte sie schließlich. »Davon hatte ich vorher schon gehört. Es ist schließlich das Vorbild für Disney.« Sie überlegte einen Moment: »Wie wird der Name eigentlich auf Deutsch ausgesprochen?«

»Was für ein Name?«

»Na, der von dem Schloss!«

»Neuschwanstein«, sagte ich, »Neu-schwan-stein.«

Es war wie ein Déjà-vu. Vor Jahren hatte ich einmal versucht, einer chinesischen Freundin die Aussprache von Neuschwanstein beizubringen. »Neuschweinstein«, hatte sie immer wieder gesagt, und ich hatte sie immer wieder verbessert, bis mir irgendwann aufgegangen war, dass sie es mit Absicht falsch aussprach. Sie konnte Deutsch, und den Unterschied zwischen einem Schwan und einem Schwein kannte sie sehr gut.

Wenn eine Chinesin dich mag, so hatte es mir damals jemand erklärt, dann ärgert sie dich. Neuschweinstein.

»Es heißt Neuschwanstein«, wiederholte ich, und der Große Freund formte die Laute mit dem Mund nach. Ihre Mutter und Tianjiao taten es ihr gleich.

»Du musst es laut aussprechen, sonst lernst du es nicht«, riet ich ihr, bereute es jedoch sofort, als ich sah, dass sie rot wurde.

Ich verstand sie gut, denn ich selbst mochte es auch nicht, vor anderen Leuten etwas hersagen zu müssen. Um das Thema zu wechseln und mir den Großen Freund vielleicht etwas gewogener zu machen, rief ich die Kellnerin herbei und bestellte noch etwas: einen Eisbecher mit Schokoladensoße, für alle zum Probieren.

Am nächsten Morgen fuhren wir vor Tagesanbruch los. Niemand von uns hatte etwas von der »europäischen Kleinstadt« gesehen. Das lag auch daran, dass Reiseleiter Huang uns bereits auf der Fahrt dorthin erklärt hatte, dass es auf jeden Fall besser sei, wenn wir nach Einbruch der Dunkelheit nicht draußen herumliefen. Der Sicherheit wegen.

»In Italien und in Frankreich ist das ein noch größeres Problem als in Deutschland«, hatte er gesagt. Dort gebe es Diebe, Räuber und Zigeuner. Aber er hatte einen Tipp für uns: »Wenn wir unterwegs sind, bitte immer zusammenbleiben, und sollte jemand kommen und die Hände nach euch ausstrecken, einfach wegdrehen und die Taschen festhalten!« Für mich hörte es sich an, als planten wir eine Reise durchs wilde Kurdistan.

Jetzt saßen wir im Bus nach Süden, vor uns lagen die Alpen, und links von uns ging die Sonne auf. Wir hatten mehrere Stunden Fahrt vor uns, das wussten wir, denn mittags wollten wir in Venedig sein.

Reiseleiter Huang ließ einen Zettel zum Ankreuzen herumgehen. Es ging um Extra-Aktivitäten, also um Dinge, die wir machen konnten, aber nicht machen mussten, und die zusätzlich Geld kosteten. Ich überlegte einen Moment, dann entschied ich mich, mein Kreuz überall dorthin zu setzen, wo die anderen bereits ihre gemacht hatten. Danach gab ich den Zettel weiter, ohne genau zu wissen, was darauf stand.

Mir gegenüber, auf der anderen Seite des Busses, saß der Riesenjunge mit seiner Mutter. Sie schlief, und er guckte auf seinem Tablet eine Sendung über Autos. Tianjiao saß vor mir. Sie lehnte am Fenster und blickte hinaus. Ganz vorn sprach Reiseleiter Huang in sein Mikrofon. Er war ein guter Erzähler. Anders als viele andere Reiseführer, die ich in China erlebt hatte, trug er keinen auswendig gelernten Text vor, sondern sprach frei und verständlich.

Er erzählte uns von der deutsch-österreichischen Geschichte, holte weit aus, sprach vom Haus der Habsburger, von Bismarck und davon, dass Hitler eigentlich Österreicher gewesen war.

Aber er unterhielt uns auch mit amüsanten Beobachtungen: Wenn manche Chinesen mit offenem Mund aßen, erklärte er uns etwa, dann ärgere das die Europäer. Wenn andererseits manche Europäer sehr laut niesten oder sich die Nase putzten, dann irritierte das natürlich viele Chinesen. »Besonders die Deutschen lieben das Naseputzen«, sagte er, »da darf man sich nicht erschrecken, wenn es sich plötzlich anhört, als sei ein Elefant im Raum!« Wir lachten. Eine ganze Weile erzählte er uns Wissenswertes aus dem Alltag. Zum Beispiel, dass Europäer sich gern kleinere Autos kauften als Chinesen, weil die Städte hier enger waren und der Sprit teurer. Es gebe aber noch einen anderen Grund dafür, fügte er hinzu, nämlich, dass Autos für viele Europäer einfach kein Statussymbol mehr seien, jedenfalls nicht so wie für die meisten Chinesen.

»Bei uns muss immer alles größer und noch größer sein«, seufzte er, und einen Moment lang war Stille im Bus. Tianjiao war eingeschlafen, hinter mir schnarchte der nicht mehr ganz so ernst aussehende Mann, und auf dem Bildschirm des Riesenjungen rasten Männer in Sportwagen die Côte d'Azur auf und ab. Reiseleiter Huang blickte sich nach hinten zu uns um, fing meinen Blick auf und lächelte verschmitzt.

»Als Reiseleiter muss ich die Leute natürlich vor allem unterhalten«, hatte er mir bei unserem Abendessen in Beijing erklärt, »das ist mein Job. Aber ich versuche eigentlich immer, nicht nur Geschichten und Witze zu erzählen, sondern auch ein paar der Werte zu vermitteln, die ich an Europa schätze.«

In Österreich stiegen wir an einer Autobahnraststätte aus dem Bus.

»Ist das jetzt wirklich Österreich?«, fragte Tante Ju und zeigte um sich, und als Reiseleiter Huang nickte, machte sie zufrieden ein Foto.

»Wir werden hier jetzt eine halbe Stunde verbringen, bis Boris weiterfahren kann«, erklärte er.

Wir nickten, denn wir wussten, das musste so sein. Boris war als unser Fahrer dazu verpflichtet, seine Pausen einzuhalten, das stand so in unserem Vertrag. Und dabei könne auch nicht geschummelt werden, hatte Reiseleiter Huang uns versichert, denn es gebe im Bus einen Fahrtenschreiber, und wenn am Ende der Reise herauskäme, dass wir die vorgeschriebenen Pausen nicht eingehalten hätten, dann würden Boris und sein Arbeitgeber großen Ärger bekommen.

»So läuft das in Europa«, hatte er gesagt, »die Gesetze sind streng, und sie werden auch durchgesetzt. Deshalb funktionieren hier manche Dinge etwas langsamer als bei uns. Aber dafür ist eben auch alles ein bisschen sicherer.«

Für uns bedeutete das, dass wir immer mal wieder eine halbe Stunde lang irgendwo auf Boris warten mussten. Meistens auf Autobahnraststätten. Wir konnten dann in der Sonne stehen und uns unterhalten. Wir konnten einen Kaffee oder etwas zu essen kaufen. Toiletten kosteten fast überall Geld, das hatte Reiseleiter Huang uns gleich zu Anfang mitgeteilt.

»Wie? Auf die Toilette zu gehen ist nicht umsonst?«, hatte zwar jemand irritiert gefragt, aber die Frage war nicht weiter erörtert worden. Man kam ja doch nicht darum herum.

Diesmal, bei unserer ersten Pause, vertrieben wir uns die Zeit in einem Geschäft, das an die Raststätte angeschlossen war. Es war voller Souvenirs, Süßigkeiten und Zeitschriften. Ich fand ein Wirtschaftsmagazin mit einem Drachen darauf, der die Erdkugel umklammert hielt und einen furchtbar finsteren Blick hatte. CHINA GREIFT NACH EUROPA stand daneben, und ich fragte mich, wie der Drache denn nach einem einzelnen Kontinent greifen konnte, wenn er sowieso schon den ganzen Planeten umklammert hielt.

Ich blickte mich um. Der Riesenjunge stand vor den Autozeitschriften. Er hatte die Hände hinter dem Rücken verschränkt, so wie es die alten Herren im Norden Chinas taten, wenn sie spazieren gingen. Die Kunststudentin stand bei den Souvenirs und zeigte ihrer Mutter einen Plüschteddy. Beide lachten entzückt, denn er hatte einen Tirolerhut auf. Der Große Freund stand vor einem Regal mit Schokoladensorten.

Ich nahm das Magazin mit dem Drachen und ging damit zur Kasse.

»Reiseführer ist ein spannender Job, oder?«, fragte die Kassiererin und blinzelte mich gutmütig an.

»Weiß nicht, ich bin nur Teilnehmer.«

Sie kicherte, als hätte ich einen besonders guten Witz gemacht. Ich legte drei Euro fünfzig auf den Tisch. Der Große Freund kam strahlend mit einer Tafel Schokolade zur Kasse, die Kunststudentin kam ohne Teddy, und der Riesenjunge hatte ein paar Flaschen Wasser in der Hand. Er beugte sich interessiert über meinen Kauf.

»Das ist ein Magazin, in dem es um China geht«, erklärte ich.

»Ja, das dachte ich mir«, sagte er. »Leute aus dem Westen wollen irgendwie immer Drachen oder Pandas sehen, wenn von unserem Land die Rede ist, kann das sein?«

Ich wusste nicht genau, was ich darauf antworten sollte.

Außer der Autobahnraststätte sahen wir fast nichts von Österreich. Als wir in einem Vorort von Venedig aus dem Bus stiegen, war es deutlich wärmer als noch am Tag zuvor.

»Das ist gut, dann brauche ich die Mütze nicht mehr«, sagte der Riesenjunge.

»Aber die hast du doch gestern erst gekauft?«

»Meine Mutter sagt, die sieht zu kindlich aus.« Er zögerte einen Moment. »In Europa ist das vielleicht okay, aber in China wäre das albern.«

Wir bekamen einen Ortsführer zugeteilt. Das Ganze lief nach einem einfachen Prinzip ab: Reiseleiter Huang begleitete uns auf der gesamten Länge unserer Reise, doch an bestimmten Stellen übergab er uns an Leute, die mehr über den jeweiligen Ort wussten als er. Das waren dann unsere Ortsführer.

Der für Venedig zuständige Mann kam aus Fujian, einer Küstenprovinz im Süden. Das hieß, er war etwas zierlicher als wir, denn wir kamen alle aus dem Norden, und er sprach Chinesisch mit einem starken Dialekt – dort, wo wir nuschelten und Silben verschluckten, lispelte er, und manchmal benutzte er einfach ganz andere Wörter. Mir machte es keinen Spaß, ihm zuzuhören, da er einfach einen auswendig gelernten Text herunterleierte und nicht besonders humorvoll war, ganz anders als Reiseleiter Huang.

Wir folgten ihm an einer Reihe von Souvenirständen vorbei bis hin zu einem Steg. Dort lag ein leuchtend pinkes Schiff vertäut, und wir freuten uns, doch es war nicht unser Schiff. Unser Schiff lag genau daneben, klein, braun und unscheinbar. Zwei Männer lungerten darauf herum. Als sie uns sahen, grinsten sie und machten Gesten, mit denen sie auf die Körpergrößen von dem Riesenjungen und von mir anspielten. Sie bestanden darauf, dass wir auf verschiedenen Seiten des Schiffes sitzen sollten. Damit es nicht kenterte, übersetzte unser Ortsführer. Alle lachten. Es war wohl eher ein Boot als ein Schiff.

Dann legten wir ab, um zum Stadtzentrum hinüberzusetzen.

Das Boot hüpfte auf den Wellen, und der Ortsführer spulte seinen Text über die Geschichte der Stadt ab, während wir aus den Fenstern schauten. Hinter uns verschwand der Anlegesteg mit dem Industriehafen, und allmählich erschienen vor uns alt aussehende Häuser.

»Bootfahren ist wie Busfahren, nur wackeliger«, sagte der Große Freund.

Ich sah zu Tante Ju hinüber. Sie wirkte leicht mitgenommen.

Dann kamen wir in den Kanal von Giudecca. Auf beiden Seiten erhoben sich mächtige Fassaden, und hier und da leuchtete eine Kirchenkuppel dazwischen hervor. Wir zückten unsere Smartphones. Es war mittlerweile egal, was der Ortsführer erzählte, wir waren mit Fotografieren beschäftigt. Nur Reiseführer Huang nicht. Er war zwar mitgekommen, um uns zu begleiten, doch innerlich schien er weit weg zu sein. Und Tante Ju fotografierte ebenfalls nicht. Sie saß klein und zusammengesunken auf ihrem Platz, und es gab keinen Zweifel: Sie fühlte sich hundeelend.

Irgendwann wichen die Fassaden zur Seite, und wir konnten den Dogenpalast sehen. Das Wasser davor war türkis, der Himmel darüber blau. Die Gebäude strahlten in der Sonne. Fast wollte es scheinen, als wüchsen sie direkt aus der Lagune empor. »Oh!«, machten wir, mich eingeschlossen. Ich hatte Venedig einmal gesehen, an einem Oktobertag, und meine Erinnerungen daran waren grau und verwaschen. Neben mir klebte der Große Freund an der Scheibe.

»Oh!« Wir waren wirklich in Venedig.

Als wir am Pier landeten, fanden wir uns in einer Masse von Touristen wieder, die selbst für uns überwältigend war. Der Ortsführer schrie uns etwas zu, das mehr oder weniger darauf hinauslief, dass wir ihn auf keinen Fall aus den Augen verlieren sollten. Dann verschluckte uns der Menschenstrom. Reiseleiter Huang bildete mit Tante Ju das Schlusslicht, ich blieb bei ihnen.

Tante Ju ärgerte sich über ihren Zustand. Früher sei ihr nie schlecht geworden, schimpfte sie. Doch seit sie einmal als Busfahrerin die Serpentinen von Liupanshan hinauf- und wieder hinabgefahren sei, werde ihr schnell übel, egal, ob nun auf einem Schiff oder im Bus.

»Liupanshan kenne ich«, rief ich. Es war ein Berg im Nordwesten Chinas. »Dort habe ich mich einmal verlaufen!«

Tante Ju lachte: »Was hast du denn da gemacht?«

»Na, mich verlaufen!«

»Und, ist dir dabei auch schlecht geworden?«

Ich lachte mit. Dann fiel mir etwas auf: »Tante Ju, warst du wirklich einmal Busfahrerin?«

»Na, was glaubst du denn?«, fragte sie und schürzte die Lippen. Die Sonne spiegelte sich in ihrer Sonnenbrille. Um uns herum wälzten sich die Menschenmassen, und dahinter lagen die Fassaden von Venedig. China mit all seinen Bergen und Buslinien war Tausende von Kilometern entfernt. »Natürlich war ich Busfahrerin«, sagte Tante Ju, »ich hatte schon alle möglichen Berufe, auch Taxifahren habe ich schon gemacht!«

Wir wurden von dem Touristenstrom vorangeschoben. Gelegentlich teilte er sich, und Personen in wallenden Gewändern und Gesichtsmasken kamen zum Vorschein. Es war Karneval. Die Verkleideten schritten bedächtig umher, drehten Sonnenschirme in ihren Händen und blieben für Fotos mit Touristen stehen. Sie sahen sehr elegant aus. Ich musste an die Kuhfrauen von München denken.

Für uns blieb kaum Zeit für Fotos, denn wir durften ja den Anschluss an die Gruppe nicht verlieren. »Wäre es nicht besser, eine Gruppenfahne zu haben?«, fragte ich Reiseleiter Huang.

Er blickte mich entgeistert an: »Aber wir sind doch hier in Venedig und nicht auf einer Billigreise nach Yunnan!«

Da war es wieder: Yunnan. Ich fragte mich, ob der einsame Mann mit der Herrenhandtasche schließlich doch noch einen Reiseveranstalter gefunden hatte, der bereit war, ihn mitzunehmen. Vielleicht war er jetzt gerade irgendwo im Süden Chinas und lief einer Gruppenfahne hinterher?

Wir blieben in einer Gasse stehen. BITTE NICHT KLINGELN stand auf einem Schild neben einer Tür, und es dauerte einen Moment, bis mir klar wurde, dass es auf Chinesisch dort stand. Und nur auf Chinesisch.

Unser Ortsführer rief etwas in den Hauseingang hinein. Es hörte sich an wie eine Art italienischer Dialekt. Eine Antwort scholl aus dem Inneren zurück, worauf er mit den Achseln zuckte und uns bedeutete, noch einen Moment zu warten. Wir standen herum.

Reiseführer Huang ergriff die Gelegenheit, um uns über den Espressotrick aufzuklären: Anstatt eine der öffentlichen Toiletten für einen Euro fünfzig zu benutzen, konnte man auch einfach in ein Café gehen und dort einen Espresso für einen Euro bestellen. Dann durfte man in dem Café umsonst auf die Toilette gehen, hatte einen Espresso bekommen und obendrein noch fünfzig Cent gespart. Diese Idee gefiel uns.

»Aber was macht man, wenn man Espresso nicht mag?«, warf Tante Ju ein.

»Wir sind ja nicht verpflichtet, ihn zu trinken«, antwortete Reiseführer Huang.

Alle nickten.

Zehn Minuten später standen wir wieder vor der Tür mit dem Schild und warteten. Auf dem Tresen eines Cafés um die Ecke befand sich ein Dutzend kleiner Tässchen mit Espresso. Alle ungetrunken. Die Bedienung hatte keine Miene verzogen.

Eine bettelnde Alte erschien und streckte die Hände nach uns aus.

»Zigeuner«, raunte Reiseleiter Huang.

Das war es also. Uns drohte eine große Gefahr!

Eilig stellten wir uns zusammen und drehten uns von der Bettlerin weg, so wie wir es gelernt hatten. Dabei hielten wir unsere Taschen fest. Sie eierte jammernd um uns herum, und obwohl Reiseleiter Huang mehrmals versuchte, sie zu verscheuchen, blieb sie erstaunlich hartnäckig. Sie ließ erst von uns ab, als der Hauseingang eine andere chinesische Reisegruppe ausspuckte und wir aufgefordert wurden einzutreten.

Im Inneren leitete uns der Ortsführer in einen sehr warmen Raum mit einer Tribüne. Wir nahmen darauf Platz und blickten auf einen Ofen. Zwei Männer standen davor, einer langhaarig und einer alt. Der mit den langen Haaren war dabei, einen Stab mit einem Klumpen Glas in dem Ofen hin und her zu drehen. Der Alte lächelte und begann, einen Text aufzusagen, den der Ortsführer für uns übersetzte.

Wir erfuhren, dass wir uns in einem altehrwürdigen Glasbläserbetrieb befanden. Das venezianische Glashandwerk war an sich schon sehr alt und sehr ehrwürdig, aber dieser von uns besuchte Familienbetrieb war es in einem derartigen Maße, dass sogar Xi Jinping ein Gläserset von hier besaß. Xi Jinping persönlich! »Oh!«, machten wir, Xi Dada! Er hatte es bei einem offiziellen Besuch von der Stadtverwaltung geschenkt bekommen. Ob er damals schon Chef von China oder nur ein Provinzbeamter gewesen war, blieb in dem Vortrag allerdings unklar.

Während der Alte über das Glashandwerk sprach und unser Ortsführer für uns übersetzte, sahen wir dem Langhaarigen dabei zu, wie er den Glasklumpen in dem Ofen erhitzte, bis er zu einem glühenden Blob geworden war. Dann nahm er ihn heraus und fing an, ihm mittels einer Zange durch Drehen und Zupfen eine Form zu geben. Das Ganze lief sehr routiniert ab. Zuerst war nur ein bauchiger Körper zu sehen, dann wuchs ein nach oben gereckter Hals daraus empor, am Ende vier Beine und ein Schweif. Wir lachten entzückt, und der Große Freund sprach das aus, was wir alle sahen: »Ein Pferd!«

Und was für ein schönes Pferd! Es hatte lange, schlanke Gliedmaßen, und es war im Aufbäumen begriffen. Ich fand, dass es stolz wirkte und irgendwie auch ein bisschen chinesisch.

»Erinnert an die Tang-Dynastie, findest du nicht?«, flüsterte ich Tianjiao zu.

Sie kicherte, und ich kam mir vor wie ein Streber.

Der Alte war am Ende seines Vortrages angelangt. »*Xiexie*«, bedankte er sich auf Chinesisch, und der Langhaarige wiederholte: »*Xiexie.*«

Wir klatschten erfreut. Reiseleiter Huang trumpfte auf, indem er den beiden mit »Grazie« antwortete. »Grazie«, wiederholten wir. Dann winkte uns der Ortsleiter zur Tür hinaus in den Verkaufsraum.

Tante Ju und ich gingen als Letzte. Sie bat mich, noch ein Foto von ihr mit den Glasbläsern zu machen. Die beiden stellten sich lächelnd mit ihr in Positur. Ich drückte auf den Auslöser, sie sagten »*Xiexie*«, und Tante Ju strahlte.

»Genau, wie ich es immer gehört habe«, fasste sie zusammen, »Europäer sind einfach höflich!« Sie sah sehr zufrieden aus.

Beim Hinausgehen sah ich, wie der Langhaarige das schöne, stolze, sich aufbäumende Pferd nahm und es an seinem Stab in den Ofen zurücksteckte, wo es zu einem Klumpen zusammenschmolz.

Der Verkaufsraum sah aus wie eine zweckentfremdete Altbauwohnung. Die Luft roch ein bisschen muffig, und in den Zimmerecken waren dunkle Flecke. Überall standen Regale mit Figuren, Schüsseln, Gläsern und Schmuck. Ein Glaspferd wie das aus dem Ofen suchte ich vergeblich.

Die meisten der Verkäuferinnen kamen aus China. Eine von ihnen redete ununterbrochen auf uns ein. Sie bestand darauf, uns das Set zu zeigen, das Xi Jinping als Geschenk bekommen hatte. Es war vollständig: kleine Gläser, große Gläser, alles da.

Ich stand neben der Kunststudentin vor einem Regal mit Glasfiguren. Vögel, Bären, Frösche, Fische. Lauter bunte Sachen.

»Du studierst doch Kunst«, sagte ich. »Wie gefällt dir das alles hier?«

Sie lächelte etwas verschämt. »Na ja, manche Sachen sind schon ganz schön«, sagte sie leise, »aber es wirkt ein bisschen, als wäre das alles nur für uns da.« Sie machte eine Pause. »Für uns Touristen aus China.«

Als die Verkäuferin zu Ende gesprochen hatte, wollte niemand ein Gläserset wie das von Xi Jinping haben. Oder eine Schüssel. Nur Tante Ju entschloss sich, eine Kristallkette zu kaufen. Dann verließen wir den Ort des Lebens und Sterbens der Glaspferde, um unsere erste Extra-Aktivität dieser Reise in Anspruch zu nehmen: eine echte Venezianische Gondelfahrt!

Der Anlegebereich war voller Touristen, die meisten davon aus China. Ich war mir meiner Körpergröße peinlich bewusst, während uns die Gondolieri mit ausgestreckten Händen in die Boote halfen.

»*Yige yige lai*«, sagten sie dabei auf Chinesisch, »einer nach dem anderen.«

Unter ihren Jacken trugen sie schwarz-weiß gestreifte Pullover, und sie lächelten sehr charmant. Wir waren entzückt.

Ich landete in einer Gondel mit Tianjiao, Tante Ju, dem Großen Freund, der Mutter des Großen Freundes und dem nicht mehr ganz so ernst aussehenden Mann. Sein Nachname war Hou, was in etwa so viel wie »Herzog« bedeutete. Ich hatte beschlossen, ihn *Hou Ge* zu nennen, also »Großer Bruder Herzog«. Damit wollte ich andeuten, dass ich ihn für nur unwesentlich älter hielt als mich selbst. Es war Teil meines Versuchs, mich bei ihm beliebt zu machen.

»Jetzt geht's los, Bruder Hou«, sagte ich also zu ihm, als wir in der Gondel saßen.

Er lachte, und Tianjiao zuckte zusammen.

»Bruder Hou!«, wiederholte sie und kicherte nervös.

»Habe ich jetzt etwas Falsches gesagt?«, flüsterte ich.

»Na ja, Sun Wukong kennst du, oder?«

Alle lachten, und ich brauchte einen Moment, bis ich verstand, was sie meinte. Das Problem lag in einer der Tücken der chinesischen Sprache: viele Zeichen teilten sich die gleiche Betonung. Das Wort *Hou* zum Beispiel konnte, je nachdem, wie es geschrieben wurde, sowohl »Herzog« heißen als auch »Kehle«. Die meisten Leute dachten aber wohl zuerst an »Affe«.

Ich hatte ihn Bruder Affe genannt.

Doch es war noch ein bisschen komplizierter. Der Name Bruder Affe war nämlich bereits vergeben. Er gehörte zu Sun Wukong, einem der beliebtesten Romanhelden Chinas. Jeder in China kannte ihn, er war ein listenreicher Affengeist, gewandt und frech, ein Rebell, der gern andere verulkte, aber irgendwie doch auf der Seite des Guten war.

Es war, als hätte ich den armen, nicht mehr ganz so ernst aussehenden Mann in einem Atemzug als Affe und Eulenspiegel bezeichnet.

Er lachte und breitete versöhnlich die Arme aus: »Alles kein Problem, Alter Lei, ich bin gern Bruder Hou, wir sind hier doch im Urlaub!«

Unsere Gondelfahrt dauerte etwa eine halbe Stunde. Reiseführer Huang war mit dem Ortsführer an Land geblieben, und der Gondoliere konnte auf Chinesisch nur »*Xiexie*« und »*Yige yige lai*« sagen, also gab es niemanden, um uns während der Fahrt etwas zu erzählen. Wir kompensierten den Mangel an Information, indem wir unendlich viele Fotos machten: von den Kanälen und Brücken, vom Wasser, vom spöttisch-brutalen Mafiadarstellergesichtsausdruck unseres Gondoliere und vor allem von uns selbst.

Bruder Hou war mit seinem Selfie-Stick am besten ausgerüstet. Er machte so viele Fotos von sich und sah dabei so zufrieden aus, dass ich mich wunderte, wie ich ihn jemals für eine besonders ernste Person hatte halten können.

»Ist es in den Häusern hier eigentlich nicht feucht?«, fragte Tante Ju einmal und zeigte auf eine Mauer, die aus dem Wasser emporwuchs. Ich dachte an die Schimmelflecken in den Verkaufsräumen der Glasbläserei.

»Wahrscheinlich schon.«

Als wir wieder an Land waren, fragte ich den Ortsführer danach. Er nickte: »Ja, aber Genaueres kann ich darüber auch nicht sagen.«

Er wohnte außerhalb der Stadt. Venedig war zu teuer und zu unpraktisch.

Alles war sehr schnell vorbei. Gerade hatten wir den Markusplatz gefunden und schüchtern um Fotos mit einigen maskierten Karnevalisten gebeten, als plötzlich der Ortsführer vor uns stand und rief: »Schnell, sonst ist unser Boot weg!«

Er klatschte in die Hände, und ein bisschen wirkte es, als wollte er eine Schar Hühner aufscheuchen. Wir hasteten zum Anlegesteg zurück.

Es war allerdings nicht unser Boot, das dort auf uns wartete, sondern ein Schiff mit zwei Decks und vielen Dutzend Plätzen. Es füllte sich mit chinesischen Reisegruppen. Ich nahm im Unterdeck neben dem Riesenjungen Platz und sah dem Treiben zu. Die anderen Reisegruppen riefen laut durcheinander, machten Fotos und lachten. Manche Leute hatten kleine Kinder dabei, die über die Sitze kletterten, um besser aus den Fenstern sehen zu können. Es war ein einziges Durcheinander. Als das Schiff endlich ablegte und in den Giudecca-Kanal hineinfuhr, war der Himmel dabei, sich im Abendrot zu verfärben. Am Horizont loderte es wie Flammen empor.

»Oh!«, machten wir wie in dem Moment, als wir Venedig zum ersten Mal gesehen hatten. »Oh!«

Der Riesenjunge stieß mich in die Seite und zeigte um uns herum: »Alles Chinesen, außer dir.« Er lächelte amüsiert.

Das Abendessen war ein neuer Tiefpunkt. Es fand in einem neonbeleuchteten Saal statt, der voller Reisegruppen war. Während wir dasaßen und auf unser Essen warteten, sahen wir den Bedienungen zu, wie sie neben uns einen Tisch abräumten. Sie gingen dabei nach einer eigenwilligen Methode vor. Jeder Tisch war mit mehreren Lagen Plastikfolie bedeckt, wovon die oberste die Rolle der Tischdecke zu spielen hatte. Wenn nach dem Essen noch Reste übrig geblieben waren, dann wurden diese einfach aus den Tellern und Schüsseln in die Mitte des Tisches gekippt, und die »Tischdecke« wurde an den Rändern hochgezogen, zusammengeknotet und als Mülltüte fortgetragen.

Wir blickten einander entsetzt an. Dann kam unser Essen, und wenn uns bis jetzt noch nicht der Appetit vergangen war, dann gab uns sein Anblick den Rest. Ich sah entsetzt zu Reiseleiter Huang hinüber, der mit Boris an einem anderen, kleineren Tisch saß. Er bemerkte meinen Blick nicht. Wir aßen schweigend.

An diesem Abend fuhren wir bis nach Padua. Unser Hotel war randvoll mit chinesischen Reisegruppen, die viel größer und lauter waren als unsere. Immerhin, niemand von ihnen schien eine

Fahne dabeizuhaben. Etwas schüchtern zwängten wir uns an den anderen vorbei in die Eingangshalle.

Die Dame an der Rezeption sprach Englisch, und Reiseleiter Huang übersetzte ein paar der wichtigeren Informationen für uns. Internet sollte drei Euro kosten. Pro Stunde. Wir lachten verwirrt. Außerdem war es verboten, auf den Zimmern Wasser zu kochen. Wir nickten. Es hatte ja sowieso niemand einen Wasserkocher dabei. Wenn wir uns Tee machen wollten, hieß es, dann konnten wir heißes Wasser an der Rezeption bekommen. Wir lächelten. Für einen Euro pro Tasse. Unser Lächeln erstarrte. Ich sah, wie Tianjiao die Mutter des Großen Freundes ansah und ungläubig die Augenbrauen hochzog.

Die Rezeptionistin war zufrieden: »You are such a great group! So polite and so quiet!«, lobte sie uns, und der Riesenjunge drehte sich strahlend zu mir um. Er hatte ihr Englisch verstanden!

Dann wollte sie noch wissen, ob ich der Busfahrer sei. Ich schüttelte den Kopf, und sie blickte verwirrt zu Reiseleiter Huang hinüber.

»He is a tour member, just like the others«, erklärte er und zeigte auf die Namensliste, die er ihr gegeben hatte. Einen Moment lang studierte sie das Papier, dann blickte sie mich an, grinste und gab mir einen Daumen nach oben. Da war er wieder, der verschwörerische Witz, den alle immer zu verstehen glaubten.

Am nächsten Morgen gab es schlechte Nachrichten. Wir waren im Dunkeln aufgestanden, hatten im Frühstücksraum mit Croissants, Käsescheiben und Marmelade experimentiert und uns in den Bus gesetzt, um nach Florenz zu fahren. So weit war alles normal, und das italienische Frühstück war noch nicht einmal besonders schlecht gewesen.

Doch nach etwa einer Stunde Fahrt entwickelte sich zwischen Reiseleiter Huang und Boris ein Gespräch, in dem sich offenbarte, dass Boris anscheinend seinen Reisepass verloren hatte. Sie sprachen auf Deutsch.

»Oh nein, das ist nicht gut, das ist nicht gut!«, jammerte Reiseleiter Huang, holte sein Telefon hervor und rief das Hotel in Padua an. Tatsächlich stellte sich heraus, dass der Pass dort gefunden worden war. Das war zunächst einmal eine gute Nachricht. Doch auf seine Bitte, ihn per Express in unser nächstes Hotel zu schicken, kam als Antwort ein entschiedenes NO zurück.

Er verfiel ins Betteln. Ob sie ihn wirklich den ganzen Weg zurückkommen lassen wollten, mit dem Bus und der ganzen Gruppe?

Ja, das wollten sie. Oder vielmehr: Es war ihnen völlig egal, dass wir umkehren mussten.

Reiseleiter Huang legte auf und ließ den Kopf in seine Hände sinken. Dann erhob er sich und drehte sich zu uns um. Er atmete tief ein und setzte das Mikro an die Lippen: »Es tut mir leid, ich habe schlechte Nachrichten für euch«, begann er.

Mein Blick traf sich mit dem von Tianjiao. Sie sah überrascht aus. Offenbar hatte sie bisher nicht zugehört oder aber Reiseleiter Huangs englisches Telefonat nicht verstanden.

»Also, es ist folgendermaßen«, sagte Reiseleiter Huang und erklärte das Problem. Als er fertig war, blickte er verständnisheischend in die Runde.

Und es geschah etwas, was ich kaum glauben konnte.

Alle blieben vollkommen ruhig.

»Wenn wir zurückfahren müssen, müssen wir eben zurückfahren«, brummte Bruder Hou von seinem hinteren Platz, und Tante Ju fügte hinzu: »Der Pass ist doch das Wichtigste, den muss man immer dabeihaben!«

Und damit war die Sache erledigt.

Kein Murren. Kein Seufzen. Kein Hände-über-dem-Kopf-Zusammenschlagen. Noch nicht einmal verdrehte Augen.

Gegenüber von mir saß der Riesenjunge und guckte weiter auf dem Tablet seine Autosendung, vor mir lehnte Tianjiao am

Fenster und schaute nach draußen, und hinter mir saß Bruder Hou und machte die Augen wieder zu.

Nichts hatte sich verändert. Wir würden ein bisschen länger im Bus sitzen, das war alles.

Tianjiao drehte sich zu mir um: »Ich verliere auch dauernd meine Sachen«, flüsterte sie und grinste. »Gut, dass unsere Pässe bei Reiseleiter Huang sind!«

Während Boris unter wiederholten »Sorry«-Bekundungen an einer Autobahnabfahrt abfuhr und sich Reiseleiter Huang für unsere Nachsicht bedankte, versuchte ich mir vorzustellen, wie wir als deutsche Reisegruppe mit dieser Art von Nachricht umgegangen wären. Im Urlaub extrafrüh aufzustehen! Nur, um dann eine Stunde lang SINNLOS in die eine Richtung zu fahren! Und dann wieder genauso SINNLOS in die andere Richtung zurückzueiern! Nur, weil unser Busfahrer nicht auf seine Sachen aufpassen konnte!

»Die sind alle ganz schön cool«, sagte ich auf Deutsch zu Reiseleiter Huang.

Er nickte: »Ich bin auch beeindruckt.«

Als wir Florenz schließlich doch noch erreichten, war bereits Zeit für das Mittagessen. Es war abscheulich wie immer, aber wir hatten mit nichts anderem mehr gerechnet.

»Heute Abend gibt es dann unser italienisches Dinner!«, kündigte Reiseleiter Huang an, als wir aufstanden und unsere gefüllten Teebehälter entgegennahmen. Ich musste an die Beschreibung in unserem Reisekatalog denken. Was hatte da noch gestanden? Die Romantik Italiens! Die kulinarische Kultur! Vielleicht war das ja ein Grund, um optimistisch zu bleiben. Außerdem: Was sollte bei einem italienischen Essen in Italien schon schiefgehen?

Ein Ortsführer erschien, und wir folgten ihm durch ein Labyrinth enger Gassen. Er sprach nicht viel. Ab und zu begegneten wir anderen chinesischen Reisegruppen mit ihren eigenen Ortsführern, aber wir nahmen sie kaum wahr. Sie hatten ihren Plan, wir hatten unseren.

Wir stellten fest, dass die Häuser genauso dicht standen und die Autos genauso klein waren, wie Reiseleiter Huang es uns vorhergesagt hatte.

»Die Straßen sind hier so schmal wie in Taiyuan in den Siebzigern«, bemerkte Tante Ju, »nur die Häuser sind viel schöner. Aber eins verstehe ich nicht.« Sie deutete auf ein Graffiti: »Warum lässt man es zu, dass die Leute alles vollmalen?«

Darauf wussten weder Reiseleiter Huang noch der Ortsführer eine Antwort. Sie blickten zu mir, dem Europäer, doch auch ich konnte nur mit den Schultern zucken.

»Das wird wahrscheinlich gemacht, damit man den Weg besser erkennt«, lachte Tianjiao, »bei den ganzen Abzweigungen wird einem ja schwindelig!«

Alle lachten, sogar der Ortsführer.

Nach einem kurzen Marsch um Dutzende von Ecken fanden wir uns am Fuß einer Kathedrale wieder. Sie war hübsch, und sie war riesig, ein verzierter Klotz aus Marmor, der alles um sich herum zwergenhaft aussehen ließ.

Der Riesenjunge stand neben mir. Während wir mit in die Nacken gelegten Köpfen nach oben starrten, hörte ich ihn leise vor sich hin murmeln: »Bei uns sind die neuen Gebäude hoch, hier die alten.«

Auf eine gewisse Weise hatte er recht. Ich musste an Beijing denken, wo überall Wolkenkratzer und Wohnblocks emporschossen und ihre Schatten auf die Vergangenheit unter sich warfen.

Wir bekamen zwanzig Minuten Freizeit. Das bedeutete, dass Reiseleiter Huang mit dem Ortsführer an einer Stelle stehen blieb, während wir über den Platz schwärmten und nach dem besten Ort für ein Foto suchten. Bruder Hou zückte lächelnd seinen Selfie-Stick.

Ich sah den Riesenjungen mit seiner Mutter auf den Eingang der Kathedrale zusteuern. Vor ihnen gingen noch zwei Teilnehmerinnen aus unserer Gruppe, eine Dame und ihre Tochter. Ich hatte mit beiden bisher kaum ein Wort gewechselt, und innerlich hatte ich sie einfach »die Schicken« genannt, weil sie irgendwie modebewusst wirkten. Die Tochter schien mir ungefähr so alt wie Tianjiao, die Kunststudentin, und der Riesenjunge zu sein. Sie hatte langes Haar und war meistens still, ihre Mutter trug eine Kurzhaarfrisur und sprach viel. Nur eben bisher nicht mit mir.

Bevor wir die Kirche betraten, fragte mich der Riesenjunge, ob wir darin etwas Besonderes beachten müssten. In chinesischen Tempeln gebe es zum Beispiel die Regel, dass man nicht auf die Türschwellen treten durfte. Sei das hier auch so?

Ich erklärte, solange wir anständig gekleidet seien, keine Mützen aufhätten und uns leise verhielten, sei alles okay.

Er nickte ernst.

»Und was ist mit Fotos?«

Ich überlegte einen Moment. »Ohne Blitz müsste es gehen, es sei denn, da ist irgendwo ein Schild.«

Eifriges Nicken. Wir wollten auf keinen Fall irgendjemanden verärgern.

Im Inneren der Kirche schlichen die andern hinter mir her, während ich flüsternd Taufbecken, Kniebänke und Beichtstühle erläuterte. Ich wusste nicht, was »beichten« auf Chinesisch hieß, deshalb erklärte ich, dass man die Schränke an der Wand betreten konnte, um dort böse Sachen, die man gemacht hatte, einem Priester mitzuteilen.

Die anderen blickten mich verwundert an. »Wozu das denn?«

»Damit Gott einem vergibt.«

»Aha.« Sie sahen nicht sehr überzeugt aus.

»Sag mal«, flüsterte der Riesenjunge, »woran kann ich eigentlich erkennen, ob das jetzt eine katholische oder eine reformierte Kirche ist? Da gibt es doch Unterschiede, oder?«

Ich überlegte kurz und deutete dann auf die Kniebänke und die Beichtstühle: »Das ist katholisch. Außerdem haben wir immer ein paar Bilder von der Jungfrau Maria in unseren Kirchen.«

Er nickte zufrieden, als ob er sich innerlich Notizen gemacht hätte: Kniebänke, Beichtstühle, Marienbilder. Katholische Kirche. Check.

Als wir an einem Stapel Opferlichter vorbeikamen, warf ich ein paar Münzen in einen Kasten, zündete zwei Kerzen an und stellte sie auf einem Halter ab. Die anderen waren diskret in ein paar Schritten Entfernung stehen geblieben.

»Kontrolliert das denn niemand, ob du da jetzt auch wirklich etwas hineingeworfen hast?«, wollte die Schicke Mutter wissen, als ich zu ihnen zurückkehrte.

»Nein.«

»Dann könnte man auch einfach eine Kerze anzünden, ohne zu bezahlen?«

»Klar, aber das würde der da oben doch merken!« Ich deutete zur Decke. Die anderen hoben unwillkürlich den Blick.

Sie unterdrückte ein Lachen: »Und was kostet so eine Kerze?«

»Einen Euro.«

»Nur einen Euro? Aber es ist doch eine so große Kirche!«

»Ja, und?«

»In einem chinesischen Tempel kosten Räucherstäbchen schnell mal mehrere Hundert Yuan, je nachdem, was es für ein Tempel ist!«

Ich überlegte einen Moment, was ich darauf antworten sollte.

»Dafür ist dann bei uns eben das Internet in den Hotels ein bisschen teurer«, sagte ich schließlich und erntete ein schiefes Lächeln.

Nach der Kathedrale kam der Medici-Palast an die Reihe. Wieder folgten wir dem Ortsführer durch das Gassenlabyrinth.

»Guck mal, der Renault!« Der Riesenjunge zeigte strahlend auf ein Auto, das so winzig war, dass es vielleicht die Hälfte eines Parkplatzes einnahm. »Davon habe ich ein Modell zu Hause!«

Ich konnte seine Begeisterung verstehen, das Auto sah aus wie ein Sitzei auf Rädern.

Wir machten ein Foto und fielen dabei ein Stück hinter die anderen zurück.

»Sag mal, die Kerzen, die du in der Kirche angezündet hast«, fragte er, »waren die für einen Wunsch?«

»Nein, für zwei mir nahestehende Leute.«

Er blickte mich erschrocken an: »Tut mir leid, das hätte ich nicht fragen sollen!«

»Nicht so schlimm.«

Einen Moment lang gingen wir schweigend nebeneinander.

»Wir verbrennen Räucherstäbchen«, sagte er schließlich, »und einmal im Jahr fahren wir zum Friedhof. Dann reinigen meine Eltern das Grab von meinem Opa. Sie lassen mich aber nicht mitkommen, ich warte dann meistens im Auto.«

»Warum?«

»Ich weiß auch nicht. Vielleicht sind Friedhöfe schlecht? Wir haben da nie drüber geredet.«

»Glaubst du an etwas?«

»Weiß nicht. Mein Opa ist gestorben, als ich zehn war. Da wurde mir gesagt, der hellste Stern am Himmel sei mein Opa. An dem Abend ist mein Papa mit mir rausgegangen, und wir haben zusammen hochgeschaut und nach ihm gesucht. Ich weiß aber nicht, ob ich das glauben soll mit dem Stern. Man kann so etwas ja nicht wissenschaftlich nachweisen.«

»Muss man ja auch nicht.«

»Das stimmt.« Er lächelte verlegen.

Die anderen waren vor uns stehen geblieben, um eine Statue zu betrachten. Der Ortsführer erzählte irgendetwas.

»Was ist eigentlich mit deiner Mutter?«, fragte ich den Riesenjungen. »Entschuldige, wenn ich so direkt frage, aber geht es ihr gut?«

»Ja, natürlich, warum nicht?«

»Mir ist aufgefallen, dass du sie oft stützt.«

»Ach, ich möchte mich einfach nur als Sohn gut um sie kümmern«, sagte er, »so eine Reise ins Ausland ist doch für jeden anstrengend, und hier hat sie außer mir niemanden!«

Als wir den Palast erreicht hatten, tauchte eine Dame mit Ansteckmikrofon und einer Tasche voller Kopfhörer auf. Sie stellte sich als unsere Palastführerin vor. Für mich war es verwirrend, dass sich so viele verschiedene Leute auf einmal um uns kümmern sollten, doch Reiseleiter Huang und der Ortsführer kamen nicht mit in den Palast. Sie nahmen am Eingang Platz, um dort auf uns zu warten. Das vereinfachte die unübersichtliche Betreuungssituation ein bisschen.

Die Palastführerin begann, ihre Kopfhörer an uns zu verteilen. Als die Reihe an mich kam, stutzte sie und blickte mit einem Ausdruck der Verwirrung zu Reiseleiter Huang hinüber. Er nickte, und ich bekam zögernd meinen Kopfhörer ausgehändigt. Die anderen kicherten.

Einen Moment später hatte ich ihre Stimme im Ohr.

»Willkommen«, hauchte sie, legte die Hände ineinander und lächelte. »Willkommen im Haus der Medici!« Dann bedeutete sie uns mit einer eleganten Bewegung, ihr zu folgen.

Sie ging schnell. Wir eilten ihr hinterher, an Kunstwerken und an Reisegruppen vorbei, durch Säle und durch Treppenhäuser. Dabei zeigte sie hierhin und dorthin und plapperte ohne Unterlass in ihr Mikrofon. Und je länger sie redete, desto mehr fand ich, dass sie sich anhörte, als ob sie uns alle für ein bisschen dumm hielt.

Vielleicht lag es an ihrer Aussprache. Sie hatte einen Taiwaner Akzent: sanfte Stimmlage, gezischelte S-Laute, überdeutlich betonte Silben. Taiwan war das andere China – eine Insel vor der südlichen Küste, die selbstständig war, auch wenn sie von kaum einem anderen Land der Welt diplomatisch anerkannt wurde, schon gar nicht von China. Dennoch existierte Taiwan, und fast alle wussten: Es war demokratisch, und wenn man einen Pass von dort hatte, dann konnte man ohne Visum in viele andere Länder reisen. Deshalb und weil viele Showstars aus Taiwan kamen, galt der gezierte Taiwaner Akzent bei einigen Leuten als schick.

Außerdem hatte die Dame die Angewohnheit, jedem Satz am Ende ein »ha« hinzuzufügen, einen Laut, der bestätigen sollte, dass die Information an dieser Stelle zu Ende war und wir irgendetwas verstanden haben sollten. »Diese Statue ist von Michelangelo, ha!«, säuselte sie etwa, oder: »Bitte hier nicht mit dem Blitz fotografieren, ha!«

Ich beugte mich zu Tianjiao hinüber und raunte: »Wir essen gleich ein Eis, ha!«

Sie grinste: »Gute Idee … ha!«

An diesem Tag wurde viel gekichert im Haus der Medici.

Als wir mit der Palastführung fertig waren und uns am Eingang wiederfanden, kam Reiseleiter Huang auf mich zu.

»Du siehst aber froh aus«, sagte er auf Deutsch, unserer Geheimsprache. »Hat es dir so gut gefallen?«

»Klar, besonders die Erzählweise der Dame fand ich super!«

»Stimmt! Und weißt du, was am besten ist?«

»Was denn?«

Er lachte: »Sie kommt eigentlich aus dem tiefsten Nordosten von China!«

Wieder bekamen wir eine halbe Stunde frei. Ich lief mit Tianjiao, dem Großen Freund und ihrer Mutter los, um eine Eisdiele zu suchen. Wir wurden in einer Nebengasse fündig, in einem Gelato-Laden, in dem niemand war bis auf eine einsame Verkäuferin. Sie lächelte, und wir lächelten zurück. Dann begannen wir, auf Eissorten und Waffeln zu zeigen und dabei auf Englisch Zahlen in den Raum zu rufen. Als wir merkten, dass das nicht ausreichte, um uns verständlich zu machen, nahmen wir noch unsere Finger dazu, und nach einigem Hin und Her hatte endlich jeder von uns ein paar Euromünzen abgezählt und ein Eis in Empfang genommen. »Grazie«, sagten wir und waren zufrieden.

Dann sahen wir uns Modegeschäfte an. Zuerst blieben wir vor den Schaufenstern stehen, und dann, als wir mit dem Eisessen fertig waren, gingen wir hinein. Es gab überraschend viele chinesische Verkäuferinnen. Sie behandelten uns mit einer merkwürdigen Mischung aus Hochnäsigkeit und Schmeichelei.

»Schauen Sie doch einmal hier«, hauchten sie etwa träge und zeigten auf Schals, die von Stangen baumelten: »Echte Seide!«

Wir guckten kurz und gingen wieder hinaus.

»Sehen Sie, feinste italienische Designerware!«, sagten sie im nächsten Laden und deuteten gelangweilt auf ein paar Handtaschen in einem Regal.

Wir nahmen zwei der Taschen, hielten sie prüfend hoch und stellten sie wieder zurück.

»Ich finde es gut, dass man hier nicht über den Preis verhandeln muss«, sagte die Mutter des Großen Freundes, als wir auf dem Bürgersteig standen.

»Warum?«, fragte ich. »Mir gefällt es, ein bisschen herumzufeilschen.«

»Ein bisschen ist in Ordnung, aber bei uns in China ist es oft übertrieben. Da kostet etwas fünf Yuan, und dann wird es für fünfzig angeboten!«

Der Große Freund dachte über etwas anderes nach: »Warum gibt es hier eigentlich so viele Chinesen?«, fragte sie.

»Vielleicht ist das hier eine Art Chinatown?«, schlug ich vor.

Skeptisch kniff sie die Augenbrauen zusammen.

Als unsere Freizeit um war und wir wieder zu den anderen zurückkehrten, hatten wir viel angesehen, aber nichts gekauft.

Ich fragte Tianjiao nach dem Grund dafür, und sie blickte mich an, als wäre das eine der dümmsten Fragen der Welt.

»Alter Lei, man macht doch seine Einkäufe grundsätzlich immer erst am Ende einer Reise!«

»Warum denn das?«

Sie lachte: »Dann musst du unterwegs weniger schleppen, und dir kann auch nicht so viel verloren gehen!«

Ich musste an meinen günstigen, schwarzen, büchergefüllten Koffer denken. Die anderen hatten schon ein paarmal über mich gelacht, als sie gesehen hatten, wie ich mich mit dem schweren Ding abschleppte.

Wenig später saßen wir in einem Lederwarengeschäft. Es war ähnlich wie in der Venezianer Glasbläserei: Unser Ortsführer hatte uns durch die Stadt zu einem unauffälligen Hauseingang geführt, wo wir warten mussten, bis eine andere chinesische Reisegruppe herauskam. Dann wurden wir in einen Raum mit einer Tribüne gebeten, und ein Moderator erschien.

Diesmal war es allerdings kein Italiener, sondern ein Chinese. Er trug seine Haare in einem Pottschnitt, und seine Mundwinkel zeigten derart tief nach unten, dass er aussah wie eine beleidigte Marionette. Oder ein Nussknacker. Ich fand ihn super.

»Kauft auf keinen Fall Gucci oder Armani!«, mahnte er und hielt uns ein Stück Leder entgegen. »Die kommen zwar auch von hier, aber sie sind mittlerweile so groß, dass sie irgendwo anders fertigen. In Fabriken!« Er machte eine Pause, um zu sehen, wie die schändlichen Worte auf uns wirken würden. Dann wiederholte er sie noch einmal: »WOANDERS! IN FABRIKEN!«

Ich begann zu verstehen, dass wir uns in einem Lederwarengeschäft befanden, in dem alles ausschließlich vor Ort hergestellt wurde. Und per Hand.

Der Moderator redete und redete, und dazu zeigte er uns einen Film. Es ging um die verschiedenen Aspekte der Herstellung von Lederwaren. Mir war das alles egal. Ich blickte zu den anderen hinüber und sah Gesichter, die mich an meine Schulzeit erinnerten: äußerlich anwesend und innerlich weg. Weit, weit weg.

Die Kunststudentin starrte ins Leere. Der Schicken Tochter fielen immer wieder die Augen zu. Der Große Freund blickte sich im Raum um. Als sich unsere Blicke trafen und ich die Mundwinkel nach unten zog, um den Gesichtsausdruck des Verkäufers nachzumachen, grinste sie.

Die Vorstellung dauerte vielleicht eine halbe Stunde. Als wir so gut wie alles gelernt hatten, was es auf der Welt über Leder zu wissen gab, atmeten wir auf und wurden in die Verkaufshalle entlassen, um Kleidung, Handtaschen und Portemonnaies anzugucken. Es fühlte sich an wie Feierabend nach einer langen Schicht.

»Ist es denn überhaupt sinnvoll, die Leute jetzt hierherzubringen?«, fragte ich Reiseleiter Huang, als wir uns in der Verkaufshalle verteilten. »Ich meine, wenn doch sowieso alle erst am Ende der Reise einkaufen gehen wollen?«

Er seufzte: »Ich muss das so machen, ist vom Veranstalter so vorgeschrieben. Außerdem kann man ja nie wissen, ob nicht doch jemand etwas haben will!«

Und tatsächlich: Am Ende kam ausgerechnet Tianjiao mit einem Paar Handschuhe angelaufen.

»Für meine beste Freundin«, sagte sie entschuldigend. »Die hat mir zum Geburtstag etwas von Tiffany geschenkt, da muss ich mich doch irgendwie revanchieren!«

Die Handschuhe waren hübsch, elegant und schmalgliedrig, und was mir am wichtigsten erschien: Sie waren nicht etwa in irgendeiner Fabrik von Gucci oder Armani gefertigt worden, sondern hier in Florenz – von Hand!

Ich drehte mich zu dem Moderator um, doch er war längst wieder im Vorführungsraum verschwunden, um die nächste Gruppe über die Mysterien der Lederherstellung aufzuklären.

Als wir das italienische Restaurant für unser italienisches Dinner betraten, lief ein italienischer Schlager im Radio. Ich erkannte ihn nicht, aber ich glaubte, ausschließen zu können, dass er von Ramazzotti war. Das war schon einmal beruhigend.

Alles sah sehr italienisch aus: rot-weiß karierte Tischdecken, Kachelfußboden, abwesend dreinblickende Kellner in weißen Schürzen. Fast erwartete man, dass jeden Moment ein Mann im Anzug aus der Toilette kam, um seine Tischnachbarn niederzuschießen. Zum Glück war es noch früh am Abend, und wir waren die einzigen Gäste.

Wir verteilten uns um zwei Tische. Der Ortsführer hatte sich bereits von uns verabschiedet, und Boris war draußen beim Bus geblieben, aber Reiseleiter Huang war bei uns, und diesmal saß er mit uns zusammen am Tisch.

»Dies ist jetzt also unser italienisches Dinner«, verkündete er, »das heißt, wir lernen heute Abend die italienische Küche kennen. Das Essen wird in mehreren Gängen nacheinander serviert – zuerst Pasta, dann Pizza und zum Schluss noch ein echt italienisches Steak!«

»Ein echt italienisches Steak!«, hörte ich Tante Ju flüstern.

Gespannt blickten wir uns zu den beiden Kellern um. Der eine gähnte hinter vorgehaltener Hand.

In der Mitte der Tische standen Körbe mit Brot und Karaffen mit Wasser und Wein. Als Reiseleiter Huang vormachte, dass man sich von dem Wasser einschenken konnte, taten wir es ihm nach. Den Wein ließen wir stehen.

Ich griff nach einem Stück Brot. Es war zwiebackartig, doch das musste ja nichts heißen. Wenn es um Essen ging, konnten Italiener in einem italienischen Ristorante in Italien eigentlich nicht viel falsch machen, dachte ich.

Ich hatte ja keine Ahnung.

Unser Dinner begann damit, dass die Kellner im Raum auf und ab schlurften und jedem von uns einen Teller vor die Nase knallten. Nudeln lagen darauf, große Haufen rötlicher Nudeln. Spaghetti. Sie sahen aus, als hätte sie jemand für ein paar Sekunden durch Tomatensoße gezogen und dann abtropfen lassen. Ich probierte eine Gabel voll, sie waren al dente, doch sie schmeckten nach nichts. Mein Versuch, sie mit Parmesan zu verbessern, brachte mir skeptische Blicke der anderen ein. Der Große Freund nahm ein Bröckchen in den Mund und schüttelte sich. Italienischer Würzkäse war anscheinend nicht ihr Fall.

Dann kam die Pizza.

Die Art ihrer Anrichtung sagte eigentlich schon alles: Jeder Tisch bekam eine Platte mit Pizzastücken, die übereinander gestapelt lagen. Auf diese Art hätten sie eigentlich zusammenkleben müssen, aber aus irgendeinem Grund schienen sie das nicht zu tun. Warum war das so? Ich hatte einen schrecklichen Verdacht, der sich bestätigte, als ich nach einem Stück griff und vorsichtig daran nagte: Es war trocken wie Pappe.

Aber wir hatten ja noch unsere Spaghetti. Da wir das Nudelessen ohne Stäbchen etwas umständlich fanden, zog es sich in die Länge. Nudeln hingen aus Mundwinkeln, Nudeln fielen von Gabeln, Nudeln klammerten sich an andere Nudeln. Einige von uns fingen an, mit dem Messer an den Spaghetti herumzuschneiden.

Ich zeigte dem Großen Freund, wie man die langen Fäden auf der Gabel aufwickeln konnte. Kurz darauf wurden überall Gabeln in Löffeln gedreht, erst an unserem Tisch und dann auch an dem anderen. Gelächter brandete auf, und es hörte sich an, als ob das Aufwickeln der Nudeln mehr Spaß bereitete als das Essen.

Dann kam das Steak.

Unsere Nudelteller verschwanden, die meisten noch halb voll, und vor uns erschienen neue Teller mit jeweils einem Stück Fleisch und zwei Salatblättern. Es gab keine Soße dazu. Wir begannen, an unseren Fleischstücken herumzusäbeln, und fanden heraus, dass sie verwandt waren mit dem Stück Leder, das uns der Nussknackermann in der Manufaktur entgegengehalten hatte. Ich aß eins meiner Salatblätter, und dann, weil ich Hunger hatte, aß ich auch noch das andere. Tante Ju blickte mich interessiert an.

»Ihr Europäer mögt rohe Sachen, oder?«, fragte sie.

Ich nickte, und während ich noch überlegte, welchen Teil von mir diese Frage gerade peinlich berührt hatte, hörte ich ein Kichern von der anderen Seite des Tisches. Tianjiao hatte eine Tüte *paocai* hervorgeholt – knackiges, eingelegtes Gemüse – und war dabei, es an die anderen zu verteilen. Auch ich bekam etwas ab. Es hatte einen säuerlich-scharfen Geschmack, der in der Lage war, selbst das armseligste Essen noch irgendwie interessant erscheinen zu lassen.

Tianjiao triumphierte: »Ich bin halt ein *chihuo*!«

Wir lachten, und plötzlich geschah das, was ich bisher bei unseren Mahlzeiten vermisst hatte: Wir redeten miteinander, und nicht nur ein paar Worte – es war eine richtige Unterhaltung!

Ich vermutete, dass es am *paocai* lag. Oder an der netten Einrichtung des Ristorante. Auf jeden Fall saßen wir nicht wie sonst da und schaufelten stumpf unsere Nahrung in uns hinein, sondern wir sprachen dabei miteinander. Okay, wir redeten nicht über weit entfernte Köstlichkeiten, so weit waren wir noch nicht. Aber immerhin, es war eine Unterhaltung.

»Kannst du als Ausländer eigentlich einfach so nach China reisen?«, wollte Tante Ju von mir wissen.

»Nein, ich brauche ein Visum, genau wie ihr, wenn ihr nach Europa kommt.«

»Oh« – sie überlegte einen Moment –, »und ist das einfach zu kriegen?«

»Es geht, aber seit dem Machtantritt von Xi wird es irgendwie immer komplizierter. Du verstehst: der Chinesische Traum!«

Sie blickte mich überrascht an. Dann meldete sich die Mutter des Großen Freundes zu Wort: »Also, wir wollten ja eigentlich in die USA fahren!«

»In die USA? Aber warum seid ihr denn dann hierhergekommen?«

»Unser Visum wurde abgelehnt.«

»Warum?«

»Das teilen die einem nicht mit! Ich vermute aber, es hat etwas mit meinem Alter zu tun und damit, dass uns mein Mann nicht begleiten konnte. Dabei hat er einfach nur nicht freibekommen!«

Ich erfuhr, dass jeder aus unserer Gruppe vor der Reise dreißigtausend Yuan hatte hinterlegen müssen, also etwa viertausend Euro.

»Als Sicherheit«, sagte die Schicke Mutter.

»Sicherheit? Für was denn?«

Sie lachte: »Na, damit niemand auf die Idee kommt, sich hier aus dem Staub zu machen!«

Ich sah Reiseleiter Huang an. Er zuckte mit den Achseln: »Damit haben wir als Veranstalter nichts zu tun, das ist eine Vorschrift der Konsulate!«

»Ist ja auch nicht so schlimm«, sagte sie, »das Geld ist schließlich nicht weg!«

Am Ende der Reise würden sie die gesamten dreißigtausend Yuan zurückbekommen, allerdings nicht gleich nach der Ankunft in Beijing, sondern erst ein paar Monate später. Warum das so war, wusste keiner so genau.

»Behörden«, sagte Reiseleiter Huang.

Tianjiao erzählte, dass sie eine Sondervereinbarung hatte unterschreiben müssen: »Einhunderttausend Yuan Strafe, wenn ich mich unterwegs von der Gruppe entferne!«

»Einhunderttausend? Nur du und niemand sonst?« Ich blickte mich zu den anderen um. Sie schüttelten die Köpfe. Von einer derartigen Vereinbarung hatte noch niemand etwas gehört.

»Tianjiao ist jung und reist allein«, erklärte Reiseleiter Huang, »da werden die Konsulate vorsichtig, und wir müssen solche Extraregelungen einbauen, um uns abzusichern.«

Tianjiao grinste. »Lustig, oder? Dabei habe ich doch schon einen Studienplatz in Kanada! Warum sollte ich jetzt hier untertauchen wollen, wenn ich im Sommer dahin gehen kann?«

Wir lachten über die Ängstlichkeit der Konsulate. Ich erzählte, dass mich chinesische Visabearbeiter gelegentlich anriefen, um mit mir über meine Reisepläne in China zu plaudern.

»Ach, das ist doch noch gar nichts!«, rief die Schicke Mutter. »Bei uns haben die Leute vom Konsulat nicht nur mich angerufen, sondern auch noch meine Tochter. Und meine Tante!«

»Deine Tante? Aber woher hatten die denn ihre Nummer?«

»Die war bei uns zu Hause und ist ans Telefon gegangen, als wir gerade nicht da waren. Und dann haben sie sie gleich ausgefragt. Was wir so machen und warum wir nach Europa fahren wollen und so weiter.«

»Und dann?«

»Ich war gerade draußen unterwegs, als ich auf dem Telefon ihre Nachricht bekam, dass sie jetzt in diesem Moment mit dem Konsulat telefoniere. Da erschrickt man sich natürlich erst mal!«

»Und irgendwie hofft man, dass die arme Tante denen keinen Unsinn erzählt«, fügte ihre Tochter lachend hinzu, »dabei geht es doch nur um einen Urlaub!«

Der Riesenjunge, der bislang nur zugehört hatte, sah mich fragend an: »Sag mal, Alter Lei, kann es sein, dass ihr in Europa ein bisschen Angst habt vor uns Chinesen? Also nicht du, aber viele andere Leute?«

Ich musste an das österreichische Magazincover mit dem Drachen und der Weltkugel denken. An die roten Stellen in meinen Buchmanuskripten, an die Zensoren auf Weibo. Einmal hatte ich in Beijing eine befreundete Journalistin weinen sehen, weil ihre Arbeitsbedingungen so unerträglich geworden waren. Und hier saßen wir in Florenz, erfreuten uns an ledrigen Steaks mit *paocai* und hörten italienische Schlager.

»Ach«, sagte ich schließlich, »da kann man nichts machen.«

Verständnisvolles Nicken. Während meiner Zeit in China war mir irgendwann aufgegangen, dass es eine allseits beliebte Erklärung für alles Unerklärliche gab, nämlich dass man nichts machen konnte.

»*Mei banfa* – da kann man nichts machen.«

Warum besaß China ein Mondprogramm und einen der schnellsten Supercomputer der Welt, glaubte aber, immer noch nicht bereit zu sein für einen richtigen Rechtsstaat? – Da konnte man nichts machen.

Warum wurde das Land von Leuten regiert, die sich Kommunisten nannten, obwohl sie selbst beträchtliche Privatvermögen angehäuft hatten? – Auch da konnte man nichts machen.

Warum gab es in den Städten am Meer Hochhäuser, die über einen halben Kilometer hoch waren, während manche Dörfer in den Bergen erst jetzt Zugang zum Stromnetz bekamen? – Ach, da konnte man nun wirklich nichts machen.

Als Reiseleiter Huang irgendwann aufstand und fragte, ob noch jemand zur Toilette gehen wollte, war klar, dass unser italienisches Dinner zu seinem Ende gekommen war. Mittlerweile hatten sich die Tische um uns herum mit anderen chinesischen Reisegruppen gefüllt. Sie waren lebhaft und laut, die meisten hatten ihr Essen noch vor sich. Wir schlängelten uns an ihnen vorbei in Richtung Tür.

Die Schicke Mutter ging neben mir. »Na«, fragte sie und blickte mich neugierig an, »war das lecker für dich?«

Schockiert drehte ich mich zu ihr um, doch bevor ich noch etwas erwidern konnte, antwortete die Mutter des Riesenjungen an meiner statt: »Das war doch bestimmt schön, mal wieder etwas aus der Heimat zu essen, oder, Alter Lei?«

Ich sah Mitleid in ihrem Blick.

Für diese Nacht bezogen wir ein Hotel irgendwo in einem Gewerbegebiet. Es lag direkt gegenüber von einem gigantischen Supermarkt, in dem es alles zu kaufen gab, was man sich nur vorstellen konnte: von Gurken über Jeans bis hin zu Waschmaschinen. Ein bisschen fühlte es sich an wie in Beijing. Das gefiel uns.

Wir schlossen uns zu kleinen Gruppen zusammen und erkundeten die Regalreihen. Bruder Hou, der Riesenjunge und ich interessierten uns hauptsächlich für Snacks, genauer gesagt für Kartoffelchips und Getränke. An der Käsetheke begegneten wir Tianjiao, der Kunststudentin und Tante Ju. Die Auswahl an unterschiedlichen Käsesorten fanden wir faszinierend, aber es reichte uns zu gucken. Kaufen wollten wir nichts davon.

Als wir an der Fleischtheke vorbeikamen, wählte ich mir zwei italienische Salamis aus, die sehr verheißungsvoll aussahen. Am Süßigkeitenregal nahm ich vorsichtshalber auch noch eine Tüte Lakritzschnecken mit. Es gab nicht viele europäische Nahrungsmittel, mit denen man Chinesen schockieren konnte. Pizza und Pasta mochten sie öde finden und die deutsche Besessenheit mit Brot schlichtweg erbärmlich, aber wirklich angewidert waren sie nur von wenigen Dingen. Schimmelkäse gehörte dazu. Mettbrötchen auch. Aber wer einmal das verzerrte Gesicht eines Chinesen beim Verkosten von Lakritze gesehen hatte, der durfte sich wirklich gerächt fühlen. Gerächt für jeden Hühnerfuß, für jedes Entengedärm und für jedes Fischauge, mit dem er in China gequält worden war. Ich beschloss, die Lakritztüte für eine passende Gelegenheit aufzuheben.

Am Abend saß ich mit dem Riesenjungen in Bruder Hous Zimmer. Wir aßen Kartoffelchips und Salami und tranken italienisches Bier. Der Riesenjunge hatte sich Orangensaft gekauft, denn er trank aus Prinzip keinen Alkohol.

»So war ich früher auch«, sagte ich.

»Und dann?«

»Dann …« Ich dachte an Neuschweinstein. »Dann wurde ich siebenundzwanzig.«

Er blickte mich verwirrt an.

»Ach, es ist kompliziert«, sagte ich und winkte ab.

Bruder Hou grinste: »Frauen!«

Wir prosteten einander zu, und dann stellte Bruder Hou die Frage, die ich beinahe vergessen hatte, obwohl sie mich so sehr beängstigte: »Sag mal, Alter Lei«, begann er und legte den Kopf etwas schief, »warum bist du eigentlich bei unserer Gruppe?«

Ich überlegte. Was hatte ich den Leuten in dem Beijinger Reisebüro noch einmal erzählt?

»Ich möchte erleben«, fing ich an und suchte nach den passenden Worten, »wie es für euch als Chinesen ist, wenn ihr so durch Europa reist. Mich interessiert, wer ihr seid und wie ihr meine Heimat wahrnehmt.«

»Und dann? Wirst du einen Artikel schreiben?«

»So ähnlich. Ein Buch vielleicht. Ich bin ja kein Journalist, aber manchmal schreibe ich Bücher.«

»Und darin erklärst du dann den Europäern, wie wir Chinesen so sind?«

»Nein. Ich erzähle einfach gern Geschichten.«

Er nickte und nahm einen Schluck aus seiner Flasche. Mit unserem Bier und der Salami waren wir einem »italienischen Dinner« nähergekommen als bei unserem Abendessen. Vor allem geschmacklich war es besser, insbesondere das Bier. Bei der Salami waren wir uns noch nicht ganz sicher. Sie sah zwar verheißungsvoll aus und schmeckte auch ganz gut, aber sie roch ein bisschen nach Fuß.

Der Riesenjunge hieß Yuming. Er studierte Automatisierungstechnik an einer Uni im Westen Beijings. Unter der Woche schlief er in einem Mehrbettzimmer in einem Wohnheim, und am Wochenende fuhr er nach Hause. Es waren hundertfünfzig Kilometer bis dorthin.

»Ein Sohn sollte bei seinen Eltern sein«, erklärte er, und es klang wie ein in Stein gemeißeltes Gebot. »Außerdem ist die Zugverbindung mittlerweile sehr gut.«

»Aber eigentlich würdest du lieber mit dem Auto fahren, oder?«

Seine Augen leuchteten auf: »Na klar!«

»Und wirst du später einmal beruflich etwas damit machen, mit Autos, meine ich?«

»Früher war das mein Traum. Doch jetzt möchte ich einfach nur noch einen Job mit einem halbwegs guten Einkommen finden.«

»Und die Autos?«

Ein Seufzen. »Weißt du, in China ist ein Traum eine Sache, die sehr weit entfernt ist.«

Bruder Hou nickte.

Yuming wohnte nicht gern im Wohnheim. Er war das Leben zu Hause gewöhnt, als Einzelkind mit seinen Eltern. Er hatte fünf Mitbewohner in einem kleinen Zimmer. Drei von ihnen rauchten, und sie spielten oft bis spät in die Nacht am Computer. Er verbrachte viel Zeit in der Bibliothek.

»Ich streite nicht gern«, sagte er, »ich finde, wenn man einen Konflikt hat, sollte man ihn durch vernünftige Argumente lösen.«

»Und hast du ihn lösen können?«

Er lächelte schief: »Halbwegs. Wir haben uns irgendwann darauf geeinigt, um elf Uhr abends das Licht auszumachen. Um Mitternacht schaltet sich sowieso der Strom ab. Das Gute ist nur«, sagte er listig, »dass sie nicht mehr rauchen, wenn sie erst einmal eingeschlafen sind!«

Wir lachten.

»Mein Job ist im Grunde so ähnlich wie der vom Alten Lei«, sagte Bruder Hou.

Wir sahen ihn überrascht an.

»Also, wenn ich es richtig verstanden habe, dann schreibst du Bücher, oder?«, fragte er.

Ich nickte.

»Okay, und dabei hoffst du jedes Mal, dass das Buch, an dem du gerade arbeitest, ein Erfolg sein wird, richtig?«

»So ungefähr.«

»Bei mir ist es genauso.« Er grinste. »Ich bin nämlich Investmentbanker. Das heißt, ich mache meine Investments, und jedes Mal hoffe ich, dass das, an dem ich gerade arbeite, irgendwie erfolgreich sein wird.«

Als wir mit dem Bier fertig waren, verabschiedete sich der Riesenjunge, um schlafen zu gehen.

Bruder Hou und ich blieben zurück, die leeren Flaschen in der Hand.

»Na, das war doch mal ganz lecker«, befand er und betrachtete das Etikett, auf dem ein forsch aussehender Mann mit Bierkrug und Hut abgebildet war. Der Mann trug einen Schnauzbart.

»Der sieht deutsch aus, oder?«, fragte er.

»Ja, irgendwie schon.«

»Weil jeder das Wort Bier sofort mit Deutschland verbindet?«

Ich musste an den Drachen mit der Erdkugel denken: »Vielleicht tun viele Leute das, ja.«

»Aber das deutsche Bier ist auch wirklich sehr gut!«

»Kann sein.«

»Findest du etwa nicht?«

»Ich verstehe nicht viel von Bier.«

Er lachte: »Ist bei mir auch so! Ich vertrage nicht viel.«

»Ich auch nicht.«

»Wollen wir noch eins aufmachen?«

»Unbedingt.«

Bruder Hou lebte in Shanghai, doch eigentlich kam er aus Tianjin, einer Hafenstadt in der Nähe von Beijing. Er hatte einen kleinen Sohn, der ungefähr im gleichen Alter war wie der Große Freund, das Kind in unserer Gruppe. Von der Mutter des Jungen war er geschieden. Als der Job ihn vor einigen Jahren nach Shanghai geführt hatte, war sie mit dem Kind in Tianjin geblieben.

Mir fiel auf, dass er, wenn er von seinem Sohn sprach, das Wort *xiaobudian* benutzte – die Winzigkeit.

Das Problem war: Zwischen Bruder Hou und seiner Winzigkeit lagen nicht nur tausend Kilometer, sondern auch ein vollgepackter Terminkalender. Vater und Sohn konnten einander nur einmal alle paar Wochen sehen, und jetzt war Bruder Hou allein auf Europareise gegangen.

Als ich ihn fragte, warum das so war, seufzte er: »Die Winzigkeit ist gerade mit seiner Mutter im Urlaub in den USA.«

»Und deshalb bist du allein nach Europa gefahren?«

»Ja. Das macht mir nichts aus.«

Er machte eine Pause, dann fügte er hinzu: »Weißt du, ich habe einmal darüber nachgedacht, wie lange ich mich wohl durchschnittlich pro Woche einsam fühlen mag. Zwei Stunden, drei? Den Rest der Zeit bin ich ja meistens beschäftigt.«

»Und was bedeutet das?«

»Na ja, jetzt frage ich mich, ob es sich für diese zwei Stunden überhaupt lohnen würde, eine neue Beziehung mit jemandem anzufangen.«

»Das ist eine gute Frage.«

»Manchmal fürchte ich, diese Art zu denken kommt vielleicht ganz einfach von meiner Arbeit. Ich muss bei meinen Investitionen ja dauernd versuchen, Unwägbarkeiten zu eliminieren. Das hat irgendwann Einfluss auf das Privatleben.« Er grinste. »Vielleicht fange ich ja später doch noch einmal eine Beziehung an, wenn ich alt bin. Aber auch da gibt es ein Problem!«

»Was denn?«

»Na ja, ab wann ist man denn heutzutage alt? Die Leute werden doch immer älter, man weiß gar nicht, wann das eigentliche Alter beginnt!«

Als wir mit unserem Bier fertig waren und ich bereits in der Tür stand, um mich zu verabschieden, fiel ihm noch etwas ein: »Neulich habe ich mich mit ein paar Freunden aus der Schulzeit getroffen, und wir haben etwas bemerkt.«

»Was denn?«

»Nun, wir haben einmal nachgezählt. Aus unserem Jahrgang sind neun von zehn Leuten geschieden. Neun von zehn! Und weißt du, wie viele es aus dem Jahrgang unserer Väter sind?« Er hielt einen Finger in die Höhe: »Ein Einziger.«

Er lächelte mit geschlossenem Mund und Grübchen in den Wangen, dazu zog er die Augenbrauen hoch – ein Ausdruck freundlicher Verblüffung. Ich kannte dieses Lächeln. Er setzte es jedes Mal auf, wenn er mit seinem Selfie-Stick ein Foto von sich machte.

»Irgendetwas läuft schief in der Welt«, murmelte er.

»Sag mal, Bruder Hou«, fragte ich, »die Fotos, die du immer machst, die sind für deinen Sohn, oder?«

Am nächsten Morgen standen wir früh auf, fuhren früh los und kamen früh in Pisa an. Boris, der gleich beim Einsteigen darauf hingewiesen hatte, dass er seinen Reisepass heute ganz sicher nicht vergessen hatte, ließ uns in der Nähe der Altstadt aus dem Bus.

Wir glitten in einen Strom aus Schirmmützen, Fahnen und vertrauten Dialekten – chinesische Touristen, wohin man blickte.

»Zusammenbleiben!«, warnte Reiseleiter Huang, dann folgten wir den anderen Gruppen durch die Gassen der Altstadt.

Ich lief neben ihm.

»Eigentlich nervt Italien jedes Mal ein bisschen«, sagte er auf Deutsch.

»Wie, warum denn das? Es ist doch so schön hier!«

Er lachte: »Ja, schön finde ich es auch, aber so unfreundlich zu Touristen! Wusstest du, dass die meisten italienischen Städte eine Gebühr für Reisebusse nehmen?«

»Nein, wusste ich nicht.«

»Ach komm, heute Morgen haben wir doch auch wieder vor der Stadt angehalten, ist dir das nicht aufgefallen?«

»Doch, schon. Und das war für die Gebühr?«

»Genau! Das war der Checkpoint, an dem ich bezahlen musste, damit wir mit unserem Bus nach Pisa hineinfahren durften.«

»Und ist so etwas teuer?«

»Ein paar Hundert Euro, je nach Ort und Saison.«

»Oha!«

»Ja, das ist doch völlig unverständlich, oder? Da kommt man von sehr weit her, um Tourismus zu machen und Geld auszugeben, und dann wird man dafür von den Leuten auch noch extra zur Kasse gebeten. Ist das nicht unsinnig?«

»Irgendwie schon.«

»Und guck, was die mit dem Geld machen!«

»Was denn?«

»Na, anscheinend nicht viel!« Er deutete auf eine bröckelige Stelle im Straßenpflaster und auf eine Mauer, an der sich jemand mit der Spraydose verewigt hatte. Dann drehte er sich zu mir um und machte eine wedelnde Handbewegung, das typische Spottbild eines Italieners.

Als wir den Turm schließlich erreichten, war die Überraschung groß.

»Der ist ja wirklich ganz schief!«, rief die Schicke Mutter aus, nur, um von ihrer Tochter mit gedämpfter Stimme belehrt zu werden: »Mama, warum sollte der denn sonst auch SCHIEFER TURM heißen?«

Überall waren Touristen. Sie wuselten herum und fotografierten einander in den verschiedensten Posen. Besonders beliebt war es dabei anscheinend, es so aussehen zu lassen, als ob man den Turm in den Händen oder zwischen den Fingern hielt oder ihn durch Dagegenlehnen am Umfallen hinderte. Alle waren kreativ, und alle taten das Gleiche.

Der Riesenjunge war von der Kathedrale neben dem Turm beeindruckt.

»Die ist ja riesig«, sagte er, »ich wusste nicht einmal, dass es sie überhaupt gibt!«

»Wie meinst du das?«

»Na ja, die Leute reden immer nur von dem Schiefen Turm von Pisa, als ob der da einsam in der Gegend herumstehen würde. Darüber habe ich mich schon lange gewundert. Aber jetzt weiß ich, dass der Turm natürlich zu einer Kirche gehört. So ist es in Europa doch meistens: Die tollsten Gebäude sind Kirchen.«

»Ihr könnt jetzt auf den Turm steigen oder spazieren gehen«, rief Reiseleiter Huang, »wir treffen uns in einer Stunde wieder hier!«

Begeistert zückten wir unsere Smartphones und schwärmten aus.

Ich sah Tianjiao einen kleinen Freudenhüpfer machen und Bruder Hou seinen Selfie-Stick vorbereiten. Tante Ju, von plötzlichem Mut erfasst, sprang auf einen Poller und streckte die Arme in die Höhe.

»Foto!«, rief sie.

Ich nahm meine Kamera hervor und blickte durch den Sucher. Zuerst konnte ich nur den Himmel sehen, dann zog ich etwas nach unten und erblickte den Turm und Tante Ju. Da sie auf dem Poller etwas höher stand als alle anderen, wirkte es im Dunkel des Suchers, als wäre sie ganz allein.

Ich stellte auf ihr Gesicht scharf und sah sie strahlen. Sie hatte Urlaub von zu Hause, von ihrer Mutter, von allem. Früher hatte sie Busse gefahren und Taxis, und jetzt stand sie hier, vor dem Schiefen Turm von Pisa, und sie trug ihre Sonnenbrille, weil der Himmel so klar war und die Sonne so hell.

Tante Ju sah glücklich aus.

Wenig später saß ich auf der höchsten Ebene des Turms und blickte über die Dächer der Stadt. Ziemlich genau ein Jahr zuvor war ich schon einmal hier gewesen. Damals war ich für einen Vortrag gekommen und hatte zwei Tage lang die Gassen von Pisa erkundet. Ich hatte Pasta gegessen, Grappa getrunken und Musik gehört. Auf den Gedanken, den Turm zu besteigen, war ich überhaupt nicht gekommen. Stattdessen hatte ich ihn von einem Hoteldach auf der anderen Seite des Platzes fotografiert. Lange hatte ich von dort oben hinuntergeblickt, und die Touristen waren mir ameisenhaft erschienen, wie sie auf dem Platz herumschwirrten und sich in endlosen Kolonnen den Turm hinauf- und wieder herabmühten.

Und jetzt war ich einer von ihnen.

»Alter Lei!«

Ich drehte mich um und sah die anderen vor einer Glasscheibe stehen, die ein Loch in der Mitte des Turmes überdeckte. »Guck mal, man kann bis nach ganz unten sehen!«

»Das ist wirklich total schief!«

»Kannst du ein Foto von uns machen?«

Wir blieben nicht lange in Pisa. Reiseleiter Huang hatte auf einen Ortsführer verzichtet, weil es eigentlich nur darum ging, einmal den Turm und den Platz darum herum zu besichtigen. Wir warfen noch kurz einen Blick in die Kathedrale, dann eilten wir zurück zum Bus, denn wir wussten, dass heute noch ein wichtiger Punkt auf dem Programm stand: Rom.

Während Boris den Bus über die Autobahn rollen ließ, erzählte Reiseleiter Huang uns von der Geschichte Europas. Er fing bei Romulus und Remus an. Einige von uns hörten interessiert zu, andere schliefen, und draußen vor dem Fenster zog Italien vorbei.

Viele der Ortschaften wirkten auf mich, als ob sie schon bessere Zeiten gesehen hätten. Ich musste an einen Satz denken, den ich einige Wochen zuvor in Hamburg gehört hatte.

»Spanien und Italien sind schon fertig«, hatte ein chinesischer Mann zu mir gesagt, und dabei hatte er eine Geste gemacht, als würde er sich etwas von den Händen wischen. Ich war bei der Visazentrale zufällig mit ihm ins Gespräch gekommen. Er hatte sich als Mitarbeiter einer chinesischen Kulturorganisation vorgestellt, auf meine Frage nach seinem Namen jedoch nur ausweichend gelächelt und gesagt, er wolle diskret bleiben. Im Nachhinein war es ein etwas seltsames Gespräch gewesen.

Jetzt, während Reiseleiter Huang vorn erzählte und ich aus dem Fenster blickte, fielen mir die Worte des diskret bleibenden Mannes wieder ein: »Spanien und Italien sind schon fertig.«

Fertig zu sein, das hörte sich nicht gut an. Außerdem, was bedeutete das Wort »schon« in diesem Zusammenhang? Dass da noch andere Länder an die Reihe kommen würden, die dann auch irgendwann fertig wären? Dass am Ende doch diejenigen recht behielten, die Drachen auf Weltkugeln malten, um uns vor China zu warnen?

Ich beschloss, Europa gleich hier und jetzt zu verteidigen.

Ein Griff über mir in die Gepäckablage, und ich hatte meinen Rucksack in der Hand. Ich machte ihn auf und wühlte mit der Hand darin herum. Enttäuschung. Ich wollte ihn bereits zurücklegen, da fiel mir die Innentasche ein. Ein Reißverschluss, ein kurzes Herumtasten zwischen Stiften, Batterien und Ladekabeln, dann hatte ich etwas in der Hand. Es war das, was ich suchte.

Nachdem wir eine Weile gefahren waren, mussten wir einen Zwischenstopp einlegen. Es war das Gleiche wie sonst auch: ein Parkplatz, ein Rasthof, alle raus aus dem Bus, eine halbe Stunde lang auf Boris warten, der wiederum darauf wartete, dass die halbe Stunde vorbei war und er weiterfahren durfte.

Die anderen hatten mittlerweile ihren Lakritzschock überwunden. »Das essen KINDER?«, hatte der Große Freund entsetzt gefragt, und Tianjiao hatte sich vor Ekel und vor Lachen geschüttelt. Nach einigem Hin und Her waren wir uns darüber einig geworden, dass Lakritze nach einem bestimmten Bestandteil der chinesischen Medizin schmeckte. Und, dass es eklig war. Widerlich. Schauderhaft.

Aber das lag hinter uns. Jetzt standen wir auf dem Parkplatz in der Sonne und hatten nichts anderes zu tun, als zu warten. In der Ferne konnte ich ein kleines Dorf sehen. Es sah hübsch aus, ein braves Grüppchen Häuser mit einem Kirchturm in der Mitte, und ich fragte mich, wie es den anderen wohl gefallen hätte, dort anstatt hier unsere Rast zu machen.

Mir waren inzwischen zwei Dinge aufgefallen. Zum einen steuerten wir immer nur Rasthöfe an, die zu einer bestimmten Kette gehörten und einander bisweilen zum Verwechseln ähnlich sahen. Einmal hatte der Große Freund vor mir gestanden und mich mit dem Ausdruck tiefster Verwirrung gefragt, ob wir an diesem bestimmten Rasthof nicht schon einmal gewesen seien. Und das andere, was mir aufgefallen war, war ein Phänomen, das ich mir noch schwerer erklären konnte. Wir hielten einander ständig die Türen auf. Wenn wir zum Beispiel einen Rasthof betraten, sprintete fast immer einer von uns vor und griff nach der Tür. Dann beeilten sich die anderen, möglichst schnell und unter wiederholten Dankesbezeigungen durch die Tür zu gehen, was von dem Türaufhalter mit einem gönnerhaften »Nicht der Rede wert« quittiert wurde.

Meistens fand sich dann in der Mitte der Gruppe jemand, der versuchte, dem Aufhalter die Tür zu entreißen, was nicht selten darin endete, dass beide sie an unterschiedlichen Stellen festhielten, während der Rest vorbeieilte und sich bereits nach der nächsten Tür umsah, um sie vor den anderen zu erwischen.

Gebäude mit automatischen Schiebetüren mochten wir nicht besonders.

»Ist es eigentlich normal, dass Reisegruppen einander ständig die Türen aufhalten, sobald sie im Ausland sind?«, fragte ich Reiseleiter Huang.

Er stand neben mir in der Sonne auf dem Parkplatz, es roch ein bisschen nach Benzin, und wir sahen dem Großen Freund

und der Schicken Mutter dabei zu, wie sie ein Hüpfspiel spielten. Bei dem Spiel ging es anscheinend darum, wer weiter springen konnte. Bruder Hou stand neben uns und rauchte.

»Die meisten Teilnehmer von unseren Reisen sind sehr höflich«, sagte Reiseleiter Huang, »das sind bescheidene Leute aus der Mittelschicht, die einfach ein bisschen Europa entdecken wollen.« Er senkte die Stimme und sprach auf Deutsch weiter: »Wenn man jedoch Geschäftsreisende oder Beamte mitnimmt, ist das etwas ganz anderes, wenn du verstehst, was ich meine!«

Ich verstand. Ich hatte in China genug Abende miterlebt, die mit Geschäftsessen angefangen und mit Kampftrinken und Nuttenkaraoke geendet hatten. Und das Seltsame war: Ich hatte nicht einmal den Eindruck gehabt, dass es den Leuten besonders gut gefiel. Vielleicht stimmte, was ein englischer Journalist darüber geschrieben hatte: dass es den Leuten weniger um Spaß ging als darum, durch gemeinsam erlebte Abenteuer eine Art Vertrauensbasis zwischen den Beteiligten herzustellen. Auf jeden Fall hatte es zu einer gewissen Verrohung chinesischer Geschäftsreisen geführt.

»Das mit dem *fapiao* kennst du, oder?«, fragte Reiseleiter Huang.

»Die Nutten in Amsterdam?«

»Genau!«

Ja, auch davon hatte ich gehört. Es gehörte seit Jahren zum Allgemeinwissen in China, dass die Prostituierten in Amsterdam und in anderen Städten das chinesische Wort *fapiao* gelernt hatten – Rechnung. Das bedeutete, dass sie Beamten oder Geschäftsreisenden aus China einen Zettel mitgaben, auf dem sie irgendeine Fantasieausgabe notiert hatten. Mit diesem *fapiao* ging er dann fröhlich nach Hause, um sie sich als Spesen erstatten zu lassen.

»Das ist aber in den letzten Jahren weniger geworden«, sagte Reiseleiter Huang, »vor allem die Beamten trauen sich nicht mehr so viel. Aber sag mal«, er grinste, »hast du das von den Millionären im Hofbräuhaus gehört?«

Hatte ich nicht.

Was folgte, war eine immer wieder von Lachen unterbrochene Geschichte, die sich in seiner Branche scheinbar einer gewissen Beliebtheit erfreute. Einmal gab es angeblich eine Gruppe reicher Chinesen, die mit ihrem Reiseleiter im Hofbräuhaus bei Bier und Hax'n zusammensaßen. »Wir wollen auf Erden glücklich sein«, sprachen sie, und alles war gut, bis sie plötzlich gewahr wurden, dass ihnen etwas zu ihrem Glück fehlte, und zwar etwas ganz Entscheidendes, nämlich Maotai. Das war ein chinesischer Getreideschnaps für hundertfünfzig Euro die Flasche. Was war zu tun? Sie überlegten hin und her, und schließlich wurde der Reiseleiter losgeschickt (zum Glück nicht Reiseleiter Huang, er hatte die Geschichte ja nur gehört), um etwas Maotai aus dem Hotel zu holen. Er eilte geschwind davon und kam mit einem ganzen Kasten zurück, und da erst waren die Millionäre wieder froh, und das war dann auch das Ende der Geschichte.

»Moment mal, einen ganzen Kasten?«, fragte ich.

»Einen ganzen Kasten.«

»Aber … die lassen doch im Hofbräuhaus niemanden seinen eigenen Schnaps mitbringen, geschweige denn ihn dort trinken!«

Er grinste: »Korkengeld!«

»Was?«

»Korkengeld. Das heißt, du sagst denen vom Restaurant, du willst soundsoviele Flaschen von deinem eigenen Zeug mitbringen, und dann gibst du ihnen eine bestimmte Summe Geld, damit sie es dir erlauben. Das ist das Korkengeld.«

Plötzlich ging ein Lachen durch unsere Gruppe. Der Große Freund hatte es geschafft, bei dem Hüpfspiel ihre Gegnerin am Fuß zu berühren, dabei jedoch das Gleichgewicht verloren und als Folge davon das Spiel verloren.

»Das will ich auch probieren!«, rief Reiseleiter Huang und ließ mich mit meiner Vorstellung von Schnaps trinkenden Millionären und *fapiao* schreienden Huren zurück. Er schnellte auf dem Parkplatz durch die Luft, angefeuert von den Rufen der anderen. Wir staunten nicht schlecht, denn wie sich herausstellte, war Reiseleiter Huang jemand, der nicht nur gern sprang, sondern auch ziemlich weit springen konnte.

Bruder Hou stand neben mir, die Zigarette fast ganz heruntergebrannt. »Ich glaube, wir Chinesen sind höflicher, als häufig behauptet wird«, sagte er. Er hatte den Anfang unseres Gesprächs mitgehört. »Außerdem ist das hier natürlich nur eine sehr kleine Gruppe, da nehmen alle mehr Rücksicht aufeinander. Und eins darfst du auch nicht vergessen«, er lächelte und deutete mit dem Finger auf mich, »du bist schließlich auch noch dabei!«

Wir erreichten Rom am Mittag. Während Boris den Bus wie einen Frachter durch ein Meer aus Autos und Motorrollern steuerte, klebten wir an den Fenstern. Diese Stadt war etwas Besonderes, das wussten wir spätestens seit Reiseleiter Huangs Vortrag. Er hatte uns von Philosophen und Cäsaren erzählt, von Legionären und Barbaren, und schließlich hatte er es in einem hübschen Satz zusammengefasst: »Rom mit seinem Kolosseum und seinem Petersdom ist das alte Herz von Europa, so wie Xi'an mit seiner Terrakotta-Armee das alte Herz von China ist.« Ja, das war einleuchtend.

Wir sahen Stadthäuser, Cafés und Kreisverkehre. Irgendwann steuerte Boris den Bus in eine baumbestandene Straße und ließ uns aussteigen. Ich blickte mich um. Auf der anderen Seite lag der Palatin. Einst hatten Paläste dort gestanden, doch jetzt war er nur noch ein grüner Hügel mit ein paar Pinien und Ruinen darauf. Touristen liefen dazwischen herum. Wir beachteten sie nicht, denn wir standen vor einem Kiosk, der von oben bis unten vollgestopft war mit Souvenirs.

»Das ist der Papst, oder?«, fragte der Riesenjunge und zeigte auf eine Postkarte.

»Genau«, Reiseleiter Huang nickte. »Er vertritt Jesus auf Erden. Zumindest glauben die Katholiken das. Und wenn er tot ist, kommt der nächste.«

»Aber lebt nicht der Papst noch, der vor diesem hier an der Reihe war?«

»Ja, aber das war eine Ausnahme. Der Papst, den du meinst, kam aus Deutschland, und weil er irgendwann keine Lust mehr hatte, setzte er sich einfach zur Ruhe.« Er hielt einen Moment lang inne, dann hob er strahlend einen Zeigefinger, als wäre ihm erst jetzt eine entscheidende Erkenntnis gekommen. »Eigentlich war das eine sehr vernünftige, eine sehr deutsche Entscheidung von ihm, oder?«

»Reiseleiter Huang, ich habe auch eine Frage«, sagte Tante Ju kleinlaut.

»Was denn?«

»Na ja« – sie deutete um uns herum –, »warum sind wir eigentlich hier ausgestiegen?«

Wir standen auf dem Bürgersteig im Schatten der Bäume, auf der anderen Straßenseite der Palatin, vor uns der Kiosk. Der Kioskbesitzer sah aus, als ob er aus Indien sein könnte. Er lächelte freundlich, wahrscheinlich in der Hoffnung, dass wir eine der Papstpostkarten kaufen würden. Oder einen Kühlschrankmagneten.

»Oh, das habe ich ganz vergessen, euch mitzuteilen!«, rief Reiseleiter Huang und wies mit der Hand durch die Bäume. »Wir sind hier ausgestiegen, um das da zu sehen!«

Mit »das da« meinte er das Kolosseum. Wir gingen durch die Bäume hindurch und kamen zu einer Anhöhe, von der aus wir das alte Bauwerk und den Platz davor überblicken konnten. Wir sahen Touristen, die auf den Einlass warteten. Wir sahen Männer in Legionärsrüstung, die herumliefen und sich für Fotos feilboten. Und wir sahen das Kolosseum selbst, das schon so lange an diesem Ort stand, sahen seinen pockennarbigen Stein und seine zarten Rundbögen. Reiseleiter Huang erzählte uns, dass es fast zwei Jahrtausende alt war, und dass sich darin unzählige Leute zum Vergnügen anderer gegenseitig massakriert hatten.

»Stellt euch vor, die Geste, dass man den Daumen hoch- oder runterhält, kommt von hier!«, behauptete er begeistert. »Wenn am Ende eines Kampfes entschieden werden sollte, ob der Verlierer sterben musste oder nicht, dann gab der Kaiser einfach ein

Zeichen mit der Hand. Daumen hoch: Leben. Daumen runter: Tod!«

»Das Ding sieht aus, als ob es jeden Moment zusammenfallen könnte«, bemerkte der Große Freund trocken.

Wie immer aßen wir in einem chinesischen Restaurant zu Mittag. Es lag etwas versteckt in einer kleinen Gasse. Die Chefin war jung und gut gelaunt, und während sie uns unser Essen brachte, äußerte sie sich entzückt darüber, was für ein herzliches Verhältnis unsere Gruppe doch zu ihrem Busfahrer hatte. Es dauerte einen Moment, bis wir verstanden, dass ich gemeint war. Boris war schließlich draußen beim Bus geblieben.

Das Essen schmeckte besser, als wir es gewohnt waren. Es bestand aus den üblichen Gerichten, doch diesmal war es schärfer gewürzt und auch ein bisschen weniger labbrig als sonst.

Draußen schien die Sonne. Es war eine angenehme Mittagspause. Der Große Freund verteidigte mich gegen die Unterstellung, unser Busfahrer zu sein: »Das ist unser Alter Lei«, erklärte sie der verdutzten Chefin, »er ist ein Teilnehmer wie wir anderen auch!«

Ich nagte an einem Stück Kohl und versuchte, mir meine Rührung nicht anmerken zu lassen.

Kurz darauf saßen wir wieder im Bus. Er war warm, er brummte und schaukelte sanft. Ich überlegte mir, dass ich einfach kurz die Augen schließen könnte, nur zur Entspannung, ohne dabei einzuschlafen.

Als mich jemand am Ärmel zupfte, wachte ich wieder auf. Es war Tianjiao.

»Los, schnell!«, rief sie. »Die anderen sind schon ausgestiegen!«

Draußen war es dunkel. Ich war entsetzt. Wie konnte ich nur so lange geschlafen haben? Erst bei näherem Hinsehen erkannte ich, dass wir uns in einer Tiefgarage befanden. Sie war voller Reisebusse.

Ich nahm meine Sachen und stolperte den anderen hinterher. Unser Weg führte durch schummrig beleuchtete Gänge, und irgendwann kamen wir zu einer Rolltreppe, die nicht nach oben führte, sondern nach unten, also tiefer in die Garage hinein. Verwirrt folgte ich der Gruppe. Es gab ja sowieso keinen anderen Weg.

Nach der Rolltreppe kam eine Tür, und plötzlich standen wir in gleißendem Tageslicht. Ich kniff die Augen zusammen und blickte mich um: Wir befanden uns am Fuß eines Hügels. Jemand musste ihn ausgehöhlt und zu einer Busgarage umfunktioniert haben. Das ist ja mal clever, dachte ich, doch es war keine Zeit zu verlieren, die anderen liefen bereits weiter.

Fünf Minuten später standen wir vor dem Petersdom, dem Zentrum der katholischen Christenheit.

»Dies ist der Petersdom, das Zentrum der katholischen Christenheit«, verkündete Reiseleiter Huang.

Es war ein großflächiger Platz, von Säulen umgeben und mit einer Kathedrale am Ende. Eine lange Schlange zog sich über den Platz. Sie war wirklich sehr lang, diese Schlange, geradezu beängstigend lang. Vor der Kathedrale waren Männer damit beschäftigt, Stühle aufzustellen.

»Für wen sind die Stühle?«, fragte der Große Freund.

»Für irgendwelche wichtigen Leute«, antwortete Reiseleiter Huang, »das ist wie bei den Veranstaltungen bei uns in China: Die wichtigen Leute bekommen Sitzplätze, die anderen stehen drum herum!«

Wir lachten.

»Und wie ist es für dich, an diesem Ort zu sein, Alter Lei?«, fragte er mich. »Als Katholik warst du bestimmt schon einmal hier?«

Alle blickten mich erwartungsvoll an.

Ich musste an einen Sommertag vor fast zwanzig Jahren denken. Damals war ich für einen Tagesausflug nach Rom gekommen und hatte mir von einem Bekannten eine Jogginghose geliehen, weil es hieß, dass man in kurzen Hosen nicht in den

Petersdom gelassen wurde. Das Problem war, dass die Jogginghose keinen Bund zum Schnüren hatte und außerdem ein paar Nummern zu groß war.

Ich hatte also den Dom in meiner zu weiten Hose betreten und sie mit den Händen festgehalten. Kichernd. Ich war vierzehn, und die Vorstellung, dass mir an einem so ehrwürdigen Ort die Hose herunterrutschen könnte, war unglaublich witzig. Irgendwann geschah es tatsächlich, und ich wurde mit der Hose um die Knöchel von einem entnervten Sicherheitsmann nach draußen befördert. Damals war ich stolz auf meinen Auftritt gewesen. Heute war mir die Geschichte eher peinlich.

»Ja, ich war schon einmal hier«, sagte ich, »ist aber schon länger her.« Und dann, weil mich die anderen noch immer fragend anblickten, fügte ich hinzu: »Natürlich ist es jedes Mal wieder schön!«

Unsere Ortsführerin erschien. Ihre Aufgabe bestand anscheinend darin, uns zu zeigen, wie wir zur Besichtigung in den Petersdom gelangen konnten. Sie wies auf das Ende der Schlange. Es war ein paar Dutzend Meter von uns entfernt.

»Dort anstellen!«, rief sie, und wir gingen zum Ende der Schlange und stellten uns an. Sie musste es ja wissen. Sie war ja die Ortsführerin.

Hinter uns kam noch eine andere chinesische Reisegruppe. Wie immer waren die anderen lauter und zahlreicher als wir. Zu meinem Trost hatten jedoch auch sie keine Fahne dabei.

Der Riesenjunge stand neben mir.

»Sag mal, woher haben die Kirchen eigentlich ihr ganzes Geld?«, fragte er. »Die nehmen irgendwie alle keinen Eintritt, und der Kerzenverkauf kann ja auch nicht sehr viel bringen.«

»Steuern«, sagte ich.

Er sah mich erstaunt an: »Das heißt, alle Bürger müssen zahlen?«

»Nur die Gläubigen. Es ist wie eine Art Mitgliedsgebühr. So, wie wenn du in China Parteimitglied bist.«

»Ich bin Parteimitglied«, kam Bruder Hous Stimme laut von hinten.

Ich wirbelte herum: »Ha, ich wusste es!«

Er grinste: »Was wusstest du? Dass ich in der VFD bin?«

»In der was?«

»VFD: Vereinigung zur Förderung der Demokratie. Das ist eine chinesische Partei!«

»Im Ernst?«

»Na klar!«

»Ich dachte, diese kleinen Parteien seien alle nur Feigenblätter, damit die Kommunistische Partei ein bisschen demokratischer aussieht?«

»Auf jeden Fall bin ich in der VFD!«

»Aber ich bin in der KP«, warf Tianjiao dazwischen.

Ich war perplex: »Du?«

»Ja, warum denn nicht?«

»Weil ...« Mir wollte kein guter Grund einfallen, warum ausgerechnet Tianjiao nicht in der Kommunistischen Partei sein sollte. War sie zu aufgeweckt? Zu vergnügt? Zu sympathisch? Kannte ich nicht auch andere nette Leute, die einen Parteiausweis hatten? Die Schlange schob sich stetig voran. Mittlerweile konnten wir die Sicherheitskontrolle vor dem Eingang zur Kirche sehen.

»Und bist du aus Überzeugung in der Partei?«, fragte ich. »Oder eher, weil dir das Vorteile bietet?«

Ich hatte die Frage kaum ausgesprochen, da bereute ich sie schon. Ein Schatten fiel über Tianjiaos Gesicht, und ich sah, dass ich aus Tianjiao, der Vergnügten, Tianjiao, die Entrüstete, gemacht hatte.

Doch der Moment währte nur kurz.

»Ach, ich bin halt einfach irgendwie da drin«, lachte sie, »das hat sich so ergeben!«

Sie lachte. Ich lachte. Bruder Hou lachte. Der Riesenjunge lachte. Wir wurden in der Schlange vorangeschoben, auf die Sicherheitskontrolle zu.

»Wisst ihr, ich habe gelesen, dass es im Petersdom eine Statue gibt mit einem Fuß, den man berühren muss«, sagte der Riesenjunge und strahlte, »das bringt Glück!«

Wir fanden weder den Fuß noch die Statue. Dafür zeigte uns die Ortsführerin die Heilige Pforte, eine hübsch verzierte Tür neben dem Eingang zur Kirche. Die Pforte bleibe fast immer verschlossen, erklärte sie uns, das sei wie bei einigen Toren in der Verbotenen Stadt, die früher nur für den Kaiser aufgemacht wurden.

Wir nickten: Papst, Kaiser, alles klar.

Als wir den Petersdom betreten hatten, bemerkten wir eine Gruppe Nonnen, die in einer Art Prozession auf und ab schritten und dabei sangen. Es hörte sich schön an, nur leider konnte weder unsere Ortsführerin noch Reiseleiter Huang oder ich darüber Auskunft geben, wer sie waren oder was genau sie da sangen.

»Irgendetwas über Gott«, flüsterte Reiseleiter Huang, und wieder nickten wir, denn damit hatte er wahrscheinlich recht.

Der Dom war gigantisch.

»Hier ist es genau wie in den anderen Kirchen, nur alles noch größer«, wisperte die Kunststudentin.

Wir liefen eine Weile ziellos herum, bis uns schließlich ein Besucherstrom aufsog und eine Treppe hinunterspülte. Wir fanden uns in der Krypta wieder.

»Hier unten liegen viele Päpste begraben, vor allem aber ist hier das Grab von Petrus«, sagte die Ortsführerin. Wieder nickten wir, denn Reiseleiter Huang hatte uns im Bus bereits viel davon erzählt: von Adam, von Eva, von Jesus, von Petrus. Wir gingen an Nischen mit Sarkophagen vorbei.

»Das sind aber viele«, stöhnte Tianjiao.

Nach wie vor beschäftigten wir uns intensiv mit dem Aufhalten von Türen. Im Inneren der Krypta gelang es mir, eine schöne Tür zu erwischen. Ich wehrte einen Übernahmeversuch des Riesenjungen ab, also blieb den anderen nichts anderes übrig, als dankbar lächelnd an mir vorbeizueilen. Gerade wollte ich triumphieren, als ich bemerkte, dass direkt hinter uns noch eine Gruppe italienischer Schüler kam. Sie trugen farbige Halstücher, sie gingen sehr langsam, und es waren ihrer sehr viele. »Grazie«, zirpten sie einer nach dem anderen, während ich ihnen die Tür aufhielt und meiner Gruppe hinterherblickte, bis ich sie irgendwann nicht mehr sehen konnte.

Am Ende unseres Rundgangs, als wir den Dom bereits wieder verlassen hatten, sahen wir dann noch etwas Besonderes: die Schweizer Garden. Sie waren knallbunt gekleidet, trugen schräg sitzende Hüte und hielten Hellebarden in den Händen. So standen sie vor einem Tor herum, mit dessen Bewachung sie offensichtlich betraut worden waren.

Der Große Freund kniff die Augen zusammen und schien einen Moment lang zu überlegen. Dann zeigte sie mit dem Finger in die Richtung der Garden und fragte: »Karneval?«

Tianjiao und die Kunststudentin waren begeistert. »*Shuai!*«, riefen sie immer wieder, ein Wort, das männliche Attraktivität und Coolheit beschrieb.

Als wir die Garden zum ersten Mal sahen: *shuai!*

Als sie eine Ablösung durchführten und mit knallenden Hacken vor ihrem Wachhäuschen herumhüpften: *shuai!*

Als eine hutzelige Oma mit einem Brief in der Hand erschien und von den Garden mit großer Theatralik eingelassen wurde: *shuai!*

Nur der Riesenjunge schien sich nicht daran zu erfreuen. Ich fragte ihn, was los war.

»Na ja, ich finde es schade, dass wir die Statue mit dem Fuß nicht gefunden haben«, seufzte er.

Er sah sehr enttäuscht aus.

Wir blieben bei den Schweizer Garden stehen und machten unsere Fotos. Dann, als Reiseleiter Huang uns ein Zeichen gab, dass die Zeit gekommen war, gingen wir zurück zu dem Hügel mit der Busgarage. Wir wollten zum Trevi-Brunnen weiterfahren.

Die Ortsführerin war irgendwie immer noch bei uns. Während der Busfahrt bereitete sie uns darauf vor, dass der Brunnen, den wir vielleicht bereits aus dem ein oder anderen Film kannten, leider, leider gerade renoviert werde.

»Keine Angst, das ist nicht erst seit Kurzem so«, kam ihr Reiseleiter Huang zu Hilfe, »solche Sachen können hier in Europa schon mal ein bisschen dauern!«

»Wie lange denn ungefähr?«, fragte jemand.

Er lachte: »Jahre! Manchmal wird ein Gebäude gerade auf der einen Seite fertig renoviert, da muss man auf der anderen Seite schon wieder von vorn anfangen, weil es so lange gedauert hat. Kein Witz!«

Als wir am Trevi-Brunnen ankamen, verstanden wir, was er gemeint hatte: dort, im Inneren eines großen, trocken gelegten Beckens, kauerten Männer und Frauen und pinselten behutsam an den Statuenfundamenten herum. Reiseleiter Huang deutete in ihre Richtung und hob vielsagend die Augenbrauen. Die Werkzeuge, die sie benutzten, hatten die Größe von Zahnbürsten.

Wir stellten fest, dass der Boden des Brunnens mit Münzen übersät war.

»Das ist alles Geld, das von Touristen hineingeworfen wurde«, erklärte die Ortsführerin, »denn das soll Glück bringen.«

Ich sah die Augen des Riesenjungen aufleuchten, doch leider hatte die Ortsführerin noch nicht fertig gesprochen. »Wir werfen hier bitte NICHTS hinein!«, mahnte sie. »Denn wir wollen die Restaurateure ja nicht verletzen!«

Der Kopf des Riesenjungen sank herab.

Wir standen auf einem Besuchergerüst über dem Brunnen. Es war eng, und von hinten drängten unentwegt weitere Touristen heran. Manchmal hörten wir ein Klimpern, wenn von irgendwoher eine Münze zwischen den Restaurateuren landete.

»Das Geld aus dem Trevi-Brunnen darf nur von der Stadtverwaltung eingesammelt werden, da kommen pro Jahr mehrere

Zehntausend Euro zusammen«, erklärte die Ortsführerin, »und weil die Römer schlau sind und darauf nicht verzichten wollten, haben sie für die Zeit der Renovierungsarbeiten einen Ersatzbrunnen geschaffen – extra nur zum Geldhineinwerfen!«

»Aber funktioniert das denn auch?«, fragte Tante Ju zweifelnd. »Ich meine, wenn man etwas in den Brunnen hier wirft, bringt es natürlich Glück, aber hat der Ersatzbrunnen die gleiche Wirkung?«

Die Ortsführerin lachte: »Das muss man wohl auf einen Versuch ankommen lassen!«

Ich beschloss, nicht mit dem Großteil der Gruppe zum Ersatzbrunnen zu gehen, sondern stattdessen mit Tianjiao und der Schicken Tochter Schaufenster anzuschauen.

Sie waren begeistert von den Preisen.

»Ein Paar Schuhe für zwanzig Euro!«, rief Tianjiao und schlug die Hände vor dem Mund zusammen.

»Kriegt man die nicht in Beijing mindestens genauso billig?«, fragte ich. Ich dachte an den Koffer, den ich mir in dem Marktgebäude gekauft hatte: schwarz, mit Rollen und sehr günstig. Und mit Gepäckgurt! Bisher war er noch nicht kaputtgegangen. Trotz der ganzen Bücher.

Tianjiao blickte mich an, als hätte ich schon wieder etwas unglaublich Dummes gesagt. »Bei uns sind nur gefälschte Sachen und No-name-Produkte günstig! Markenware ist fast immer viel teurer als hier.«

»Und das hier ist also eine Marke?« Ich zeigte auf das Paar Schuhe für zwanzig Euro.

»Wenn es keine wäre, würden die Schuhe dann mitten in der Innenstadt von Rom in einem Schaufenster liegen?«

Vermutlich hatte sie recht. Wir kauften aber selbstverständlich trotzdem nichts.

Als wir wieder im Bus saßen und uns auf eine mehrstündige Fahrt zu unserem nächsten Hotel einstellten, gab es eine Überraschung. Reiseleiter Huang zauberte eine DVD hervor und schmiss sie in Boris' On-Board-Entertainmentsystem.

»Ein Film!«, riefen wir und klatschten.

Der Bildschirm über der Fahrerkabine leuchtete auf, und ein Alpenpanorama mit einem See erschien. Wir hörten ein Jodeln. Es kam von ein paar Männern mit Hüten, die auf einem Floß standen und ruderten. Dann war da ein dickbäuchiger Mann. Er angelte von einem Steg aus und wirkte schrecklich vergnügt.

»Hat es vielleicht schon jemand erkannt?«, flüsterte Reiseleiter Huang in sein Mikro, und von mehreren Stimmen kam ein verzücktes »Prinzessin Xixi!«.

Ich war verblüfft.

»Warum kennt ihr denn alle Sissi?«, fragte ich Tianjiao, die vor mir saß.

Sie lachte: »Ich kenne nur den Namen, aber aus der Generation meiner Eltern haben das so gut wie alle gesehen.«

»Warum denn das?«

»Das waren damals die ersten Filme aus dem Ausland, in den Achtzigern, glaube ich. *Sissi* und *Klang der Musik* und dann noch *Schöne Frau in Zeiten des Chaos*!«

»*Schöne Frau in Zeiten des Chaos*?«

»Na, der Film mit dieser schönen Frau eben!« Sie lachte: »Die, die sich nicht entscheiden kann, welchen Mann sie will, und überall ist Krieg, und am Ende ist der, den sie eigentlich will, dann weg!«

Es dauerte ein bisschen, bis wir herausgefunden hatten, dass es um *Vom Winde verweht* ging.

Mit Sissi wurde es eine schöne Fahrt. Der Film war auf Chinesisch fast noch kitschiger als auf Deutsch, was wohl auch daran liegen mochte, dass die Synchronisation sehr alt war und alle Stimmen nur von ein paar wenigen Sprechern eingesprochen waren, auch die der Kinder – das waren dann eben Sprecherinnen, die ihre Stimmen ein bisschen verstellten.

Außerdem hatte der Film viele lustige Momente. Der Kaiser zum Beispiel schien alt und verwirrt zu sein, und er hatte einen

Lieblingsspruch, den er dauernd wiederholte. Auf Chinesisch sagte er dann *tai bang le,* was so viel wie »super« bedeutete und auf komische Art modern klang. Jedes Mal, wenn er *tai bang le* sagte, lachten wir. Und er sagte es oft.

An diesem Abend fuhren wir bis nach Imola.

Der Name sagte mir irgendetwas, aber ich wusste nicht, was es war. Als wir ankamen, war es bereits spät. Unser Hotel lag in einer Straße zwischen Spielotheken, Bars und Imbissen. Ich sah Neonlicht und junge Leute, die in getunten Autos auf und ab fuhren.

»Geht hier bitte auf keinen Fall vor die Tür«, warnte uns Reiseleiter Huang, und folgsam verschwanden wir in unseren Zimmern.

Ich legte mein Gepäck ab und setzte mich auf das Bett. Eine Weile nagte ich an der Stinkesalami und starrte dabei an die Wand, dann fiel mir plötzlich ein, woher ich den Namen Imola kannte. Ich stand auf und ging vor die Tür.

Ayrton Senna. Zwei Jahrzehnte zuvor, als im Kreis rasende Autos für mich noch eine der aufregendsten Sachen der Welt gewesen waren, hatte er sich hier in den Tod gefahren, auf der Rennstrecke von Imola.

Überraschenderweise lag sie in Laufweite unseres Hotels. Ich ließ die Straße mit den Neonlichtern hinter mir und kam durch eine Wohngegend mit einem Spielplatz, dann sah ich einen hohen Zaun. Es war völlig dunkel, weit und breit war kein Mensch zu sehen.

Hinter dem Zaun konnte ich die Rennstrecke erkennen. Ich lief an ihr entlang bis zu einem Tor, an dem die Straße in sie hineinmündete.

Es musste unglaublich laut hier gewesen sein, damals, kurz vor dem Rennen. Und während des Rennens. In dem Moment, als der Mann mit den Locken und dem Kinderlächeln die Kontrolle über sein Fahrzeug verlor. Und dann, als schließlich der Helikopter kam und ihn zum Sterben ausflog.

Jetzt war es absolut still und dunkel. Ich konnte die Sterne sehen, und es roch ein bisschen nach Erde. Die Aufgeregtheit der Gruppenreise war fort.

Ich dachte an die anderen. Ihnen hätte dieser nächtliche Ausflug wahrscheinlich auch gut gefallen, besonders dem Riesenjungen, denn er mochte doch Autos so gern.

Ein Scheinwerferpaar tauchte in der Dunkelheit auf. Es schob sich langsam in meine Richtung. Ich blieb am Wegesrand stehen und sah ein Auto mit zwei Schatten darin an mir vorbeirollen. Einen Moment lang fragte ich mich, wo sie wohl hinwollten, auf dieser dunklen Straße am Rand der Rennstrecke von Imola. Dann ging ich in Richtung des Hotels, zurück zu meiner Gruppe.

Am nächsten Vormittag guckten wir die Fortsetzung von Sissi. Boris steuerte den Bus in Richtung Norden, zunächst zügig auf den Autobahnen Italiens, dann immer langsamer, als wir in die Berge der Schweiz kamen. An diesem Punkt kehrte Tante Jus Reiseübelkeit zurück, und sie legte sich hinten auf eine Sitzbank, um still vor sich hin zu leiden. Auch dem Riesenjungen konnte man ansehen, dass er sich nicht wohlfühlte. Als ich ihn auf seine Gesichtsfarbe ansprach, deutete er auf sein Tablet und schüttelte den Kopf: vom vielen Autosendungengucken bei der Fahrt war ihm schlecht geworden.

Seine Mutter dagegen schien sich prächtig zu amüsieren. Sie zeigte aus dem Fenster auf die Seen und Berge, und wenn im Film etwas Lustiges passierte, dann lachte sie. Eigentlich lachten wir alle, und das ziemlich oft, außer eben Tante Ju und dem Riesenjungen.

An einem See stiegen wir aus. Es war ein Bergsee, und er lag unter einem Nebel, der ihm eine gewisse romantische Blässe verlieh. Wir machten sehr viele Fotos. Als jemand feststellte, dass es in der Nähe ein Toilettenhäuschen gab, das sauber und dessen Benutzung umsonst war, war die Überraschung groß, denn Toiletten waren weiterhin ein Thema. Nicht nur, weil sie fast überall Geld kosteten, sondern auch, weil wir ihre Beschaffenheit unpraktisch fanden.

Reiseleiter Huang hatte uns zwar wiederholt erklärt, dass es in Europa auch im öffentlichen Bereich meist nur Toilettenschüsseln und keine Hockklos gab, aber wir hatten uns immer noch nicht daran gewöhnen können.

»Wer weiß, was für ein Mensch da vorher drauf gesessen hat«, sagte die Schicke Mutter mit einem angewiderten Naserümpfen, und meinen Hinweis, dass viele Europäer öffentliche Toilettensitze mit Klopapier auslegten, tat sie mit einer Handbewegung ab. Hockklos wie die in China waren eindeutig besser! Sie mochten zwar weniger mondän aussehen. Aber zumindest musste man sie nicht berühren.

Kurze Zeit später saßen wir in einer Zahnradbahn und fuhren auf einen Berg. Vorher hatte Reiseleiter Huang noch jedem von uns ein Ticket in die Hand gedrückt.

»Das ist für die Fahrt!«, erklärte er. »In Europa kosten Berge keinen Eintritt. Das ist anders als bei uns in China. Hier gibt es unten keine Tickethäuser mit Schranken, und wenn wir bezahlen müssen, dann nur für die Bahnfahrt.«

»Das heißt, wir könnten theoretisch auch einfach umsonst nach oben gehen?«, fragte Tianjiao.

»Genau!«, sagte Reiseleiter Huang und zeigte grinsend aus dem Fenster auf den Steilhang neben uns. »Klettern kostet nichts!«

Wir winkten ab. Natürlich war es viel besser, in der Zahnradbahn zu sitzen. Gemächlich klackernd zog sie uns den Berg hinauf, an Bäumen und Wiesen vorbei und manchmal auch an Häusern. Wir blickten hinaus und sahen den See im Tal immer kleiner werden, und nach einer Weile bekamen wir das Gefühl, dass mit den Gebäuden, die an der Strecke standen, irgendetwas nicht so recht stimmte.

Der Große Freund brachte es auf den Punkt: »Die sind ja alle total schief!«, rief sie, und wir kniffen die Augen zusammen, bis wir die Täuschung erkannten: Nicht die Häuser waren schief, sondern der Berghang war es und die Zahnradbahn auf dem Berghang und wir in der Zahnradbahn. Die Häuser waren vollkommen gerade, nur für uns, die wir uns mittlerweile an das eigene Schiefsein gewöhnt hatten, sahen sie eben schief aus.

Und dann kam der Schnee.

Eigentlich hätten wir darauf vorbereitet sein müssen. Wir waren schließlich nicht allein im Waggon. Um uns herum saßen Leute in bunten Schneeanzügen, die Skier und Snowboards dabeihatten. Dennoch kam es überraschend, als die Zahnradbahn auf eine bestimmte Höhe kroch und vor den Fenstern alles weiß wurde.

»Oh«, machten wir. Es war wie in dem Moment, als wir zum ersten Mal Venedig gesehen hatten: »Oh!«

Der Große Freund strahlte.

Wir starrten eine Weile entzückt nach draußen, dann besannen wir uns und hielten unsere Telefone empor.

Die Welt war vollkommen weiß. Nur der Himmel über uns schien blau, und ganz unten am Grund des Tals schimmerte silbern der See. Sonst war alles voller Schnee.

Doch es gab für uns ein Problem: Auf beiden Seiten des Waggons waren schöne Dinge zu sehen, und niemand wollte etwas verpassen. Dies führte zu einer gewissen Rastlosigkeit.

Am Anfang blieben wir noch brav auf unseren Plätzen sitzen und fotografierten von dort aus den Fenstern hinaus. Doch bald, angelockt von den Oh-Rufen derjenigen, die uns gegenüber saßen, sprangen wir auf und stellten uns zu ihnen, um nichts zu versäumen. So machten wir dann alle auf der einen Waggonseite unsere Fotos, als jemand etwas auf der nun leer stehenden anderen Seite erspähte und ein »Oh!« nicht unterdrücken konnte.

Den Rest der Fahrt verbrachten wir damit, zwischen den Fenstern des Waggons hin und her zu schwappen und alles zu fotografieren.

Die anderen Fahrgäste sahen uns amüsiert zu. Sie hatten ihre Skiausrüstungen dabei, und wenn sie einmal nach draußen auf die Berge blickten, dann zeigten sie dabei keine Regung. Vielleicht war es für sie ein alltäglicher Anblick? Sie sahen uns beim Fotografieren zu, und ich meinte, dabei in ihren Gesichtern so etwas wie herablassendes Wohlwollen zu sehen.

Ein bisschen taten sie mir leid.

Als wir auf einer Art Gipfel angekommen waren und aus der Bahn hinaus in den Schnee traten, hörten wir zunächst eine Warnung von Reiseleiter Huang.

»Bitte nicht ausrutschen«, sagte er, »und auf gar keinen Fall DORT hinunterstürzen!«

Wir blickten in die Richtung seines ausgestreckten Zeigefingers und sahen einen Abhang. Er war sehr steil. Nein, da wollten wir wirklich nicht hinunterstürzen. Wir nickten und folgten Reiseleiter Huang mit kleinen, trippelnden Schritten.

»Gut, dass das anscheinend kein sehr berühmter Berg ist«, bemerkte Tianjiao.

»Wie meinst du das?«

»Na ja, wenn ein Ort berühmt ist, dann ist er meistens voller Menschen. Zumindest ist das in China so. Man guckt einen Berg von unten an und denkt: Oh, was für ein schöner Schneegipfel! Aber wenn man oben ist, dann sieht man den Schnee nicht einmal mehr, so viele Leute sind da unterwegs. Da finde ich es hier schöner!«

Sie hatte recht. Um uns herum waren nicht viele andere Menschen, und der Schnee war noch nicht völlig platt getreten. Ich ergriff eine Handvoll, um sie behutsam in Richtung des Großen Freundes fliegen zu lassen. Sie zerstob noch in der Luft zu einer Wolke. Sie lachte und warf ebenso vorsichtig eine Kugel zurück. Auch sie verfehlte ihr Ziel. Es entwickelte sich ein Austausch der zaghaften Schneebälle, an dem sich auch Tianjiao und die Mutter des Großen Freundes beteiligten. Schnee und lachende Stimmen flogen durch die Luft, und die anderen sahen uns amüsiert zu, während wir uns bemühten, nicht auszurutschen und auf gar keinen Fall den Abhang hinunterzustürzen.

Wir kamen zu einem hölzernen Gebäude mit einer Bank davor. Vor der Bank verlief ein Weg, eine platt getretene Spur im Schnee, die bis zum Rand eines Abhangs führte und dort im Nichts endete.

»Dies ist ein guter Aussichtspunkt!«, verkündete Reiseleiter Huang, und sofort wurde uns klar, was für eine maßlose Untertreibung das war.

Unser Schneeballaustausch erstarb. Wir näherten uns dem Abhang so weit, wie es ging, ohne Gefahr zu laufen, ihn hinunterzustürzen. Zu unseren Füßen lag ein Panorama wie aus dem Reisekatalog: schneebedeckte Berge und nebelumhüllte Seen, winzige Dörfer, die sich zwischen ihnen festhielten, und über allem ein Himmel, der so strahlend blau war, als gäbe es auf der ganzen Welt keine Fabriken und keine Autos, keine Kohlezechen und noch nicht einmal Zigarettenrauch.

Die Berge waren still, und wir waren es auch. Ich hörte ein leises Seufzen, und fast erwartete ich, dass Tianjiao wieder einmal ihren Satz von der frischen Luft sagen würde. Doch das musste sie nicht. Wir atmeten tief ein und wieder aus, und aus den Augenwinkeln konnte ich sehen, wie das Lächeln auf den Gesichtern meiner Mitreisenden immer größer wurde.

»Alter Lei, mach ein Foto von uns!«, bat die Mutter des Großen Freundes irgendwann und zeigte auf meine Kamera.

»Ich will auch eins!«, sagte die Schicke Tochter.

»Ich auch!«, rief Tianjiao.

Am Ende machten wir Fotos von allen. Einer nach dem anderen stellten wir uns vor der Kamera auf. Bruder Hou kam als Erster dran und lächelte seinen Gruß an die Winzigkeit. Tante Ju nahm eine ihrer eleganten Posen ein, indem sie die Arme erhob und schwärmerisch in die Ferne schaute. Als der Große Freund und ihre Mutter an die Reihe kamen, schlug ich ihnen vor, für das Foto in die Luft zu hüpfen. Sie hüpften. Dann hüpfte Tianjiao, und auch die Kunststudentin und ihre Mutter hüpften. Der Riesenjunge hüpfte nicht, er stand lieber neben seiner Mutter im Schnee und blickte würdevoll in die Kamera. Dafür hüpften die Schicken, und am Ende hüpfte auch Reiseleiter Huang. Obwohl: Er hüpfte nicht einfach. Zuerst ging er tief in die Knie, dann stieß er sich wie eine Feder vom Boden ab und schoss in den blauen Himmel empor, die Augen geschlossen und die Arme weit ausgebreitet, eine Ikone des Triumphes. Ich war sehr beeindruckt.

»Alter Lei«, rief jemand, »willst du nicht auch hüpfen?«

Einen Moment später war ich in der Luft, und es schien mir, als ob ich die anderen lachen hörte. Meine Füße berührten den Boden, ich fing meinen Sprung in den Beinen auf und blickte mich um, und tatsächlich: Sie schienen sich kaum wieder beruhigen zu können.

»Hahaha«, machten sie, »hahahaha!«

»Was ist denn so lustig?«, fragte ich.

»Alter Lei, dein Bauch!« Der Große Freund hielt sich eine Hand vors Gesicht, Tianjiao krümmte sich vor Lachen, und Reiseleiter Huang hielt mir grinsend den Bildschirm der Kamera vor die Nase.

Es war tatsächlich mein Bauch. Oder eher: mein Wanst. Ich hatte ihn mir in den letzten Monaten angefressen und war mit seinen Schwungeigenschaften noch nicht sehr vertraut.

Triumphal hatte mein Sprung werden sollen, mindestens so wie der von Reiseleiter Huang. Doch auf dem Höhepunkt des Sprungs – begünstigt auch durch die Tatsache, dass ich als Deutscher natürlich trotz Schnee und Eis nur wenig anhatte und nicht einmal mein Hemd in die Hose zu stecken gewohnt war – hatte der Wanst ein Eigenleben entfaltet und sich der Bergluft, dem Sonnenschein und den Blicken meiner Mitreisenden dargeboten.

»Möchtet ihr beiden noch einmal hüpfen – du und dein Bauch?«, schlug Tianjiao vor, und die anderen kamen aus dem Lachen gar nicht mehr heraus.

Ein junges Paar tauchte auf. Sie trugen bunte Kleidung, hatten Skier dabei und waren braun gebrannt. Schweizer. Wir baten sie, ein Foto von uns zu machen. Die Idee war, dass wir uns als Gruppe in einer Linie aufstellen und gemeinsam hochhüpfen würden, auch Bruder Hou, auch der Riesenjunge, auch Tante Ju und ich.

Die Schweizer nickten amüsiert und ließen sich das Auslösen der Kamera zeigen. Dann stellten wir uns auf. Reiseleiter Huang erklärte, dass er von drei herunterzählen würde. Auf Englisch, damit unsere Fotografen es auch verstanden. Ich steckte mir mein Hemd in die Hose, und er begann den Countdown:

»Three.«

Wir sahen einander an.

»Two.«

Wir gingen in die Knie.

»One.«

Wild kichernd hüpften wir in die Luft.

»Okay?«, rief Reiseleiter Huang, als wir wieder gelandet waren, und die Fotografen hoben grinsend die Daumen.

Zur Sicherheit machten wir noch ein paar Fotos. Wir hüpften und kicherten. Wir kicherten und hüpften.

Als wir unsere Bilder schließlich im Kasten hatten, bedankten wir uns bei den beiden Schweizern. Sie lächelten bescheiden und stellten sich auf ihre Skier. Dann winkten sie und ließen sich in Richtung des Abhangs gleiten, wurden schneller und schneller, und wir sahen ihnen verblüfft zu, bis sie irgendwann hinter dem Rand des Abhangs verschwanden. Ein bisschen war es, als hätten sie sich einfach in die Landschaft hineinfallen lassen.

Nachdem wir eine Weile auf unserem Berg verbracht hatten, führte uns Reiseleiter Huang zu einer Seilbahnstation. Wir betraten eine Kabine, in der bereits einige andere Leute standen und warteten. Es dauerte nicht lange, bis sie sich leicht schwankend in Bewegung setzte.

Die Fahrt war unterhaltsam, denn die Seilbahnkabine hing an einem steilen, hoch aufgehängten Kabel, und immer, wenn sie einen Mast passierte, senkte sie sich ein kleines Stück ab. Beim ersten Mal sahen wir einander erschrocken an. Beim zweiten Mal lachten wir. Auf das dritte Mal warteten wir mit verschwörerischem Grinsen.

Ein Problem waren jedoch die Haltegriffe. Es war so voll, dass wir nicht alle an den Fenstern stehen konnten, um uns dort festzuhalten, und die Griffe, die von der Decke hingen, waren sehr hoch angebracht. Für Tianjiao hingen sie außer Reichweite. Sie lächelte tapfer, doch ihre Bemühungen, in der Mitte der Kabine das Gleichgewicht zu wahren, sahen ein bisschen kläglich aus. Eine Dame lehnte hinter ihr am Fenster und tuschelte mit ihrem Partner. Ich sah, wie sie amüsiert in Tianjiaos Richtung deutete, und plötzlich fühlte ich Ärger in mir aufsteigen.

Doch was sollte ich sagen?

Zunächst trat ich einen Schritt zur Seite, damit Tianjiao an mir vorbei zu einem Fenster gelangen und sich dort festhalten konnte. Dadurch kam ich neben dem Riesenjungen zum Stehen. Er hatte den Kopf etwas eingezogen, um sich nicht an den Haltegriffen zu stoßen, und er blickte mit einem entrückten Lächeln nach draußen. Ich machte noch einen Schritt, sodass ich den Riesenjungen direkt vor die tuschelnde Dame mit ihrem Begleiter drängte.

Dort stand er nun und warf seinen Schatten über sie. Dies war Yuming, Student der Automatisierungstechnik und Autoliebhaber, Sucher des Glück bringenden Fußes. Er türmte sich über den beiden auf wie ein Gebirge. Die Dame verstummte. Ich sah zu Tianjiao hinüber: Sie hatte einen Fensterplatz ergattert und blickte hinaus, und dabei hatte sie ein ähnlich zufriedenes Lächeln auf dem Gesicht wie der Riesenjunge.

Die Seilbahn ratterte. Plötzlich senkte sie sich ein Stück ab, denn sie hatte wieder einen ihrer Masten passiert. Der Riesenjunge drehte sich zu mir um, und wir lächelten einander an.

»Berge sind toll«, sagte er, »findest du nicht auch?«

Der Abend wurde etwas seltsam. Wir stiegen aus der Seilbahn und fanden uns vor einem Schild wieder, das auf Deutsch und Chinesisch eine Partnerschaft zwischen dem Schweizer Berg Rigi und dem chinesischen Berg Emei verkündete. Darunter hing ein Zettel mit einem Zeitplan für die Seilbahn. Auch er war auf Chinesisch.

»Hier muss es aber viele Touristen aus China geben«, bemerkte Tante Ju, und ich wunderte mich, dass wir auf dem ganzen Berg keine gesehen hatten.

Wir stiegen in den Bus und fuhren nach Luzern. Als wir das Stadtgebiet erreichten, wurde es bereits dunkel. Boris lud uns an einer Straßenecke ab und verschwand, um einen Parkplatz zu suchen. Wir blickten uns um und stellten fest, dass wir genau vor einem Duty-free-Shop standen. Doch bevor wir ihn noch genauer untersuchen konnten, rief Reiseleiter Huang: »Erst mal was essen!«, und führte uns einige Meter weiter in ein chinesisches Restaurant.

Zwanzig Minuten später standen wir wieder an der Straße, wieder vor dem Duty-free-Shop. Weder Boris noch der Bus war irgendwo zu sehen. Die Tür des Shops stand offen, und daneben hingen mehrere Zettel mit Mitteilungen auf Chinesisch.

Auf einem stand: BESONDERE EMPFEHLUNG – IN DER SCHWEIZ HERGESTELLTE SCHOKOLADE, MILCHPULVER FÜR KLEINKINDER, MILCHPULVER FÜR ERWACHSENE, ARMEEMESSER, UHREN ETC.

Ein weiterer Zettel wies uns darauf hin, dass es auch IN DEUTSCHLAND HERGESTELLTE REISEKOFFER VON RIMOWA UND ERSTKLASSIGES KOCHGESCHIRR VON ZWILLING, WMF UND FISSLER zu kaufen gab.

»Rimowa!«, sagte der Riesenjunge strahlend.

Im Inneren sahen wir eine blonde Dame, die hinter einem Verkaufstresen stand und erwartungsvoll in unsere Richtung blickte. Es war kalt, und es war windig. Das Ladeninnere sah angenehm warm aus. Wir mussten nicht lange überredet werden.

Als wir den Duty-free-Shop betreten hatten, stellten wir fest, dass er seltsam unfertig wirkte, wie eine Art Messestand, als wäre alles nur provisorisch. Es gab eine Ecke mit Reisekoffern, und es gab Vitrinen voller Uhren, Taschenmesser und Schmuck. Die Wände waren mit chinesischen Mitteilungen beklebt, das meiste davon Werbung.

Wir schwärmten aus, und ich fand mich vor einem Glasschrank wieder, der voller Stolz eins der dümmsten Produkte der Welt präsentierte: Wasser, siebenhundert Milliliter davon in einer an Edelwodka erinnernden Flasche aus Mattglas – für neunundfünfzig Franken. Daneben lag ein Ausdruck mit einem chinesischen Text: ALPINES ALKALISCHES MINERALWASSER. BEINHALTET MINERALIEN UND TRANSURANE, DIE VOM MENSCHEN AUFGENOMMEN WERDEN KÖNNEN, UM DEN VERDAUUNGSTRAKT ZU REINIGEN UND DEN PH-WERT DES KÖRPERS ZU ÄNDERN. ANLEITUNG: JEDEN MORGEN AUF NÜCHTERNEN MAGEN 300 ML TRINKEN. Dreihundert Milliliter? Das waren über zwanzig Euro!

»Albern«, befand die Schicke Mutter und schüttelte den Kopf.

»Für Neureiche«, brummte Bruder Hou, »die kaufen alles!«

Ich nickte, denn mir fiel die Geschichte von den Millionären im Hofbräuhaus ein. Wären sie hier gewesen, sie hätten unserem armen Reiseleiter Huang wahrscheinlich aufgetragen, gleich ein paar Kästen mitzunehmen.

Eine Weile liefen wir zwischen den Regalen herum und begutachteten das Sortiment, doch irgendwann begannen wir, unruhig zu werden und nach draußen zu schielen. Von Boris und dem Bus war weit und breit keine Spur.

Ich fühlte mich, als wären wir in einer Parallelwelt gefangen. Draußen vor der Tür lag die Schweiz, in die wir zum Urlaubmachen gekommen waren, doch innerhalb dieses Raumes waren wir in China, komplett mit improvisierten Verkaufsauslagen, chinesischen Beschriftungen und europäischen Luxusgütern. Das Einzige, was fehlte, war vielleicht noch ein bisschen musikalische Vaseline von Richard Clayderman oder Kenny G. Außerdem wollte bei näherer Betrachtung auch die blonde Verkäuferin nicht so recht hierherpassen.

Doch dann fanden wir heraus, dass sie Chinesisch konnte.

»Wie, Sie können Chinesisch?«, erscholl ein Ruf, und wir strömten in einer Traube um den Verkaufstresen zusammen.

»Und ein bisschen Arabisch«, bestätigte sie auf Chinesisch.

»Und Arabisch!«, wiederholten wir.

»Englisch und Französisch aber auch, oder?«, warf Reiseleiter Huang dazwischen: »Und Deutsch?«

»Ja, aber eigentlich komme ich aus Polen.«

»Polen«, spekulierte Tante Ju, »da spricht man doch Polnisch, oder?«

»Natürlich.«

»Auch noch Polnisch!« Wir waren entzückt und fassungslos zugleich.

Ehrfurchtgebietend stand die Verkäuferin hinter ihrem Tresen und blickte über uns hinweg, und ich kämpfte gegen den Impuls an, gleich hier und jetzt eine Flasche von dem Mineralwasser mit dem alkalischen Dingsbums zu kaufen – sechzig Franken hin oder her. Doch die Mutter des Großen Freundes kam mir zuvor, indem sie schüchtern auf eine kleine rote Kinderuhr zeigte, die sie für ihre Tochter haben wollte. Die Verkäuferin schenkte ihr ein gnädiges Lächeln und nahm ihre Kreditkarte entgegen.

Ich betrachtete die Flasche mit dem kostbaren Wasser und überlegte, was genau Transurane eigentlich sein mochten und wie es sich wohl anfühlte, den pH-Wert des Körpers zu ändern. Von sauer zu basisch und wieder von basisch zu sauer.

Es war Boris, der mich vor Schlimmerem bewahrte. Während ich noch über das Geheimnis des Wassers grübelte, hörte ich das Zischen seiner Bustüren und sah, wie ein Dutzend Köpfe sich in Richtung Ausgang wendete. Augenblicke später saßen wir wieder auf unseren Plätzen und waren der chinesischen Parallelwelt entronnen.

Der Große Freund zeigte die neue Uhr an ihrem Handgelenk und strahlte. Sie stand ihr gut. Ich hielt meinen Teebehälter in der

Hand. Er fühlte sich warm an, denn ich hatte ihn beim Abendessen mit heißem Wasser auffüllen lassen. Es war wahrscheinlich nicht sehr alkalisch und hatte auch nur sehr wenige Transurane, dieses Wasser, aber ich sagte mir, dass es zumindest auch irgendwie aus den Schweizer Alpen stammte.

An diesem Abend entfernte sich Tianjiao von der Gruppe. Es war ein geplantes Abenteuer, eine Ausnahme, für die sie bei Reiseleiter Huang um Erlaubnis bat. Sie wollte sich mit einer ihrer ehemaligen Mitschülerinnen zum Abendessen treffen.

»Was macht diese Mitschülerin denn hier?«, fragte Reiseleiter Huang.

»Sie studiert Jura.«

»In der Schweiz? Die muss es ja draufhaben!«

Tianjiao grinste: »Natürlich!«

Er überlegte einen Moment, dann tat er etwas, was ich überraschend fand. »Ja«, sagte er, »das ist in Ordnung. Soll ich dich hinbringen?«

Sie winkte mit beiden Händen ab: »Auf keinen Fall, Reiseleiter Huang! Ich nehme einfach ein Taxi oder einen Bus!«

Unser Hotel lag in der Nähe des Vierwaldstättersees. Als wir unsere Zimmer bezogen hatten, hörte ich ein leises Klopfen an meiner Tür. Es war Tianjiao. Mir war klar gewesen, dass sie unserem Reiseleiter keine Umstände machen wollte, deshalb hatte ich ihr angeboten, sie zu ihrem Treffpunkt zu bringen und auch wieder abzuholen. Doch sie hatte abgelehnt, hatte sich in eine Heldenpose geschmissen und gesagt, sie werde es allein versuchen.

Jetzt stand sie in der Tür und betrachtete ihre Fingernägel.

»Vielleicht kannst du mir deine Telefonnummer geben, zur Sicherheit, falls ich mich verlaufe?«, fragte sie kleinlaut.

Ich gab ihr die Nummer und begleitete sie in die Lobby. Reiseleiter Huang war auch da. Wir vergewisserten uns noch einmal, dass Tianjiao sich die richtige Busverbindung aufgeschrieben hatte und dass ihr Kleingeld ausreichte, dann blickten wir ihr hinterher, während sie die Eingangstür passierte und draußen im Licht der Straßenlaternen verschwand. Ich musste daran denken, was sie bei unserem italienischen Dinner in Florenz gesagt hatte: Wenn sie sich von der Gruppe entfernte, dann bedeutete das einhunderttausend Yuan Strafe.

»Das hätte sich ein deutscher Reiseleiter jetzt wahrscheinlich nicht so einfach getraut«, sagte ich zu Reiseleiter Huang.

Er lachte: »Ja, ihr Deutschen seid manchmal nicht sehr flexibel, bei euch muss immer alles korrekt sein! Aber die Schweiz ist doch ein sicheres Land, und Tianjiao ist klug, die wird schon nicht unter die Räder kommen. Außerdem, wenn jemand von der Gruppe abhauen will, dann tut er das normalerweise immer erst beim zweiten Mal.«

»Wie meinst du das?«

»Na, bei ihrer ersten Reise nach Europa müssen die Leute doch eine hohe Kaution hinterlegen. Dreißigtausend Yuan, wenn man aus Beijing ist, vielleicht dreihunderttausend, wenn man aus Fujian kommt.«

»Leute aus Fujian haben eine zehnmal höhere Kaution?«

»Weil die öfter abhauen. Mittlerweile ist das aber wirklich selten.«

»Hattest du das schon einmal, dass dir ein Teilnehmer verloren gegangen ist?«

»Nein, kurz mal verlaufen vielleicht, das schon, aber nicht, dass jemand ganz weg war, das ist mir zum Glück noch nie passiert.« Er überlegte kurz. »Wobei, jetzt wo du es sagst, ein Kollege von mir hat das einmal erleben müssen.«

»Dass jemand weg war?«

»Gleich zwei!«

»Auf einmal oder nacheinander?«

»Natürlich auf einmal. Das war von denen so geplant! Die sind in Paris plötzlich verschwunden, und dann hat er von ihnen eine Nachricht bekommen, dass sie ihm sehr dankbar seien und er sie bitte nicht suchen möge.«

»Und dann?«

»Ich weiß auch nicht, was daraus geworden ist. Wahrscheinlich kannten die jemanden im chinesischen Viertel. Dann ist es ziemlich leicht unterzutauchen.«

Davon hatte ich auch schon gehört. Eine chinesische Freundin aus Paris hatte mir einmal erzählt, dass die Polizei aus dem Chinesenviertel keine verlässlichen Todeszahlen bekam, weil die Unterwelt dort manchmal Leichen verschwinden ließ, um deren Pässe an illegale Einwanderer zu verkaufen.

Ich versuchte, mir Tianjiao dabei vorzustellen, wie sie wochenlang an einem Plan gearbeitet hatte, um mit unserer Gruppe nach Europa fahren zu können. Wie sie uns allen bis zu diesem Zeitpunkt ein sorgfältig ausgedachtes Theater vorgespielt hatte. Wie sie nun in der Dunkelheit dort draußen verschwunden war, um hier irgendwo ein neues Leben zu beginnen. Tianjiao, die Näherin. Tianjiao, die Tellerwäscherin. Tianjiao, die Drogendealerin.

»Warum lachst du?«, fragte Reiseleiter Huang.

Ich ging auf mein Zimmer und schrieb in mein Tagebuch. Dann checkte ich die chinesischen sozialen Medien. Es war Valentinstag, und die Meinungen auf Weibo waren zutiefst gespalten. Die einen nahmen den Tag zum Anlass, hemmungslos mit ihrem Beziehungsglück zu prahlen, die anderen reagierten genervt und zynisch darauf. Ich nahm ein Video auf, in dem ich mich über Mao Zedongs romantische Beziehung zu seiner letzten Sekretärin lustig machte. Dann klingelte mein Telefon.

Es war Tianjiao. Sie klang außer Atem.

»Ich ... ich bin mit dem Bus zurückgefahren und hier ausgestiegen, und jetzt ...« – ich hörte sie nach Luft schnappen –, »jetzt weiß ich nicht mehr, wo ich bin!«

»Okay, was siehst du?«

»Den See! Und die Straße!«

»Hat die Straße ein Schild?«

Sie las mir einen Straßennamen vor, doch ich hatte keine Chance, ihn zu verstehen. Es hörte sich an wie »Klmpgrpf« oder so etwas. Neuschweinstein, Nschwnstn, Klmpgrpf. Ich bat sie, den Namen zu buchstabieren.

Als ich sie schließlich nur ein paar Hundert Meter entfernt von unserem Hotel abholte, konnte ich sie schon von Weitem strahlen sehen.

»Es war toll!«, rief sie und hob die Arme. »Wir waren in einem Restaurant, und wir haben so komische kleine Nudeln gegessen und Wein getrunken, und danach waren wir noch in der Innenstadt spazieren, und alles ist so hübsch hier mit den Lichtern und den alten Häusern, und alle Menschen sind so freundlich, es war toll, wirklich total toll!«

Am nächsten Morgen standen wir auf einer Holzbrücke über einem träge dahinmurmelnden Fluss und wunderten uns. Die Brücke war sehr alt, und sie war eine berühmte Touristenattraktion, das hatte Reiseleiter Huang uns so erklärt. Dennoch schienen wir die einzigen Touristen zu sein, die gekommen waren, um sie zu besichtigen. Die anderen Leute, die wir sahen, eilten einfach stampfenden Schrittes über sie hinweg, als wäre sie nichts weiter als eine Verbindung zwischen zwei Ufern.

Und dann waren da noch die Graffiti.

»Das ist ja schlimm!«, klagte die Schicke Mutter und deutete auf einen der Pfeiler. Unzählige Leute hatten sich in seinem Holz verewigt. MARCUS, ARIADNE und VALENTINA waren irgendwann einmal zusammen hier gewesen, zumindest waren ihre Namen von einer kleinen Wolke eingerahmt.

Auf einem der anderen Pfeiler fanden wir eine chinesische Einritzung: SUN WENZHAO, ICH LIEBE DICH! GESCHRIEBEN VON XUE HONGSHENG stand dort und darunter, in der gleichen Handschrift: DIES WIRD VOR DEN WACHSAMEN AUGEN DES SCHWEIZER VOLKES BEZEUGT.

Jemand anders (wahrscheinlich Ben Affleck) hatte geschrieben: BEN AFFLECK WAS HERE.

Ich fotografierte die Einritzungen und hörte, wie Tante Ju ein schnalzendes Geräusch mit der Zunge machte. »Fast so schlimm wie dieser Junge neulich in Ägypten!«, schimpfte sie.

»Welcher Junge?«

»Na, der aus den Nachrichten!«

»Ach, du meinst den, der seinen Namen dort in ein Relief geritzt hat?«

»Ja, genau den, peinlich für ganz China war das! Die Erziehung heutzutage …« Ihr Gesicht war voller Entrüstung.

Ich musste an unseren Reisevertrag denken. An den Punkt, in dem es um das Bewahren des nationalen Ansehens ging. Früher, als solche Sachen noch hauptsächlich innerhalb des Landes vorgekommen waren, hatte es niemanden so richtig interessiert. Doch jetzt hatte der Wohlstand sehr schnell sehr viele Leute erreicht, und diese drohten bei ihren Auslandsreisen das Ansehen des ganzen Landes zu schädigen.

BESCHMIEREN SIE KEINE SEHENSWÜRDIGKEITEN!
MACHEN SIE BEIM ESSEN KEINEN LÄRM!
ZÜNDEN SIE KEINE FEUERWERKSKÖRPER!

Luzern war winzig. Das hieß, es war sogar noch kleiner als die anderen Orte, die wir bisher gesehen hatten. Oder zumindest fühlte es sich so an.

»In Europa gibt es sowieso fast keine richtigen Großstädte«, hatte Reiseleiter Huang uns im Bus erklärt, und ich hatte genickt, denn ich hatte an Beijing denken müssen, an seine Häuserschluchten und seine sechs Autobahnringe. Und an seine Luft. So etwas gab es in Europa tatsächlich nicht.

»Diese kleinen Orte sind schön«, befand Tante Ju, während wir durch die Gassen der Altstadt spazierten, »die sind nicht protzig und übermäßig geschmückt, aber sie fühlen sich angenehm an.«

Irgendwann kamen wir vor dem Löwendenkmal an. Am Anfang bemerkten wir es gar nicht. Es schien nur ein Teich mit einer Felswand am anderen Ende zu sein. Ein paar Touristen standen davor und fotografierten sich selbst.

»Dort!«, sagte Reiseleiter Huang und zeigte auf die Felswand, und jetzt sahen wir den Löwen auch. Er lag im Stein, die Vorderpranken auf einem Schild, der Rücken von einem Pfeil durchbohrt, das Maul zu einem letzten Seufzer geöffnet. Er war dem Tode nahe.

»Der sieht aber traurig aus!«, rief der Große Freund, woraufhin Reiseleiter Huang uns erklärte, dass dieser sterbende Löwe den Schweizer Garden gewidmet war, die in der Französischen Revolution umgekommen waren.

»Moment mal«, sagte sie, »waren die Schweizer Garden nicht die am Petersdom? Die mit den bunten Uniformen?«

»Genau.«

Ihr Gesicht wurde lang: »Aber die haben doch niemandem etwas getan!«

Wir machten unsere Fotos, dann bekamen wir plötzlich frei.

»Ihr könnt jetzt ein bisschen Luzern angucken oder einkaufen gehen!«, rief Reiseleiter Huang. Dabei breitete er die Arme aus, als ob er sagen wollte, dass die ganze Stadt uns gehöre, wenn wir sie nur kaufen wollten.

Ich blieb ein paar Meter hinter den anderen.

»Sag mal, Reiseleiter Huang«, fragte ich, »sind wir denn jetzt überhaupt schon bereit zum Einkaufen?«

»Hier? Immer!«

»Du meinst hier in Luzern? Aber warum denn das?«

Er machte ein Oberlehrergesicht und hob einen Finger: »Wofür ist die Schweiz bekannt?«

»Banken.«

»Außer Banken!«

»Käse.«

»Außer Käse!«

»Schokol… Uhren!«

Er grinste: »Da hast du's.«

Wenig später stand ich in einem Uhrenladen. Ich war mit einigen anderen ausgezogen, um den Großen Freund und ihre Mutter zu begleiten. Sie wollten eine Uhr für den Vater des Großen Freundes kaufen, und wir waren ihre Gefolgschaft.

Der Laden sah aus wie ein Tempel: poliertes Holz, verheißungsvoll schimmernde Vitrinen, Menschen in feinem Zwirn. Jedes Ding war genau an seinem Ort, und alles war von oben bis unten durchdesignt, ganz anders als in dem Duty-free-Shop vom Tag zuvor. Ich musste an die Anzeigen in unserem Reisekatalog denken: Cameron Diaz mit Schweizer Uhr, Nicole Kidman mit Schweizer Uhr. Und hier waren wir, in der Schweiz, in einem Laden, der das verkaufte, was scheinbar alle haben wollten: Schweizer Uhren.

Als eine der Verkäuferinnen mich bemerkte, sah sie mich einen Moment lang verwirrt an, dann hellte sich ihr Gesicht auf. War ich der Leiter einer chinesischen Reisegruppe? Oder vielleicht gar ein eigens für den Einkauf engagierter Übersetzer? Sie lächelte, und ich lächelte vorsichtshalber zurück.

Der Laden war größer, als er von außen ausgesehen hatte, und er war voller Uhren, die zwar nicht so genau gingen wie eine Quarzuhr aus dem Supermarkt, dafür jedoch mehr kosteten. Hundertmal mehr. Oder gleich tausendmal mehr.

Ich schaute mir ein silbernes Modell für neunhundertfünfundachtzig Franken an und dann ein goldenes für eintausendneunhundertfünfundachtzig. Sie sahen einander so ähnlich wie ein weißes Ei einem braunen. Ich überlegte, wie viel von dem transuranhaltigen Mineralwasser ich für den gleichen Preis bekommen würde, doch es war schwer zu sagen, insbesondere wenn ich einen möglichen Mengenrabatt mit in die Berechnung einbezog. Auch die Logistik stellte ein Problem dar. Wie sollte jemand so viel Wasser zurück nach China schaffen? Da war ein Uhrenkauf deutlich praktischer.

»Wissen die Herrschaften denn schon, was sie möchten?« Eine Dame stand vor mir, ihr Gesicht überfließend vor Freundlichkeit. Ich blickte mich um: Tianjiao stand in einer Ecke und starrte auf ihr Telefon, die Kunststudentin und ihre Mutter spazierten ziellos zwischen den Vitrinen herum, und das Team Großer Freund war in ein Gespräch mit einer chinesischen Verkäuferin verwickelt. Sie sahen nicht sehr begeistert aus.

»Ich glaube, wir gucken erst mal nur«, beschied ich.

Wenig später verließen wir den Laden.

Draußen war wieder einmal eine Art Karneval im Gange. Wir sahen Leute, die sich aufwendig kostümiert hatten, und wir sahen Umzugswagen, die wie Ungeheuer aussahen und Rauch spuckten. Es war früh am Nachmittag, die Sonne schien, und es gab Musik und Bier. Wir liefen herum, um Bilder zu machen, und dabei stellten wir fest, dass die Kostümierten allesamt sehr freundlich reagierten, wenn man sie um Fotos bat.

Ich fragte einen Teufel nach dem Namen der Veranstaltung.

»Lözärner Fasnacht«, kam es dumpf aus seiner Maske zurück.

»Luzerner Fastnacht, aha, danke!«

Ein Lachen: »Fasnacht!«

»Fastnacht?«

»FASNACHT!«

Der Große Freund stand daneben und blickte mich irritiert an.

»Habt ihr gerade auf Deutsch geredet?«, wollte sie wissen.

»Ja. Aber der Dialekt von denen hier ist ein bisschen komisch.«

»Ha, ich weiß, was du meinst! Das ist so, wie wenn jemand aus Guangdong nach Beijing kommt und wir den nicht verstehen, oder?«

»So ähnlich, ja.«

»Cool!«, sagte sie und grinste.

Wir trafen Tante Ju vor einem der Umzugswagen wieder. Sie war in die Betrachtung eines kleinen grünen Traktors versunken. Er hatte einen Job als Zugmaschine für die Umzugswagen bekommen, und er sah furchtbar alt aus, wie ein Relikt aus einer anderen Zeit.

»Die Leute werfen hier nichts einfach weg«, sagte sie und deutete auf den Traktor. Ich versuchte, ihn mir auf einer Veranstaltung in einer chinesischen Stadt vorzustellen, aber es wollte mir nicht gelingen. Man hätte sich seiner dort zu sehr geschämt.

»Vielleicht benutzen ihn die Luzerner einfach nur, weil die Gassen für größere Maschinen zu eng sind?«, schlug ich vor.

Sie sah nicht sehr überzeugt aus.

Wir entdeckten eine Gruppe Trolle. Sie waren in Blättergewänder gekleidet und hatten Holzschädel mit Stoßzähnen. Außerdem trug jeder eine Keule bei sich. Wir machten Fotos mit ihnen.

»Ihr Europäer feiert sehr gern in Verkleidung, oder?«, fragte die Kunststudentin, und ich sah ein Blitzen in ihren Augen.

»Also, mir ist aufgefallen, dass hier viele Familien unterwegs sind«, bemerkte Tante Ju. »Das passt auch gut zu dem, was ich einmal gehört habe: Kinder in Europa haben mehr Freizeit als in China.«

Sie blickte mich fragend an.

»Ich glaube, das könnte stimmen«, sagte ich.

»Das finde ich gut!«

»Warum?«

»Chinesische Kinder sind heutzutage nicht mehr glücklich«, erklärte sie, »die müssen die ganze Zeit lernen und haben nie Zeit zum Spielen. Das liegt nicht an den Eltern, sondern einfach daran, dass die Konkurrenz so groß ist. Ich kenne in meiner Nachbarschaft ein paar Kinder, bei denen ist es normal, dass sie im Vorschulalter bereits die unterschiedlichsten Dinge lernen. Und das in ihrer Freizeit. Das ist doch keine Kindheit!«

»Bei meiner Cousine ist das auch so«, bestätigte Tianjiao, »die ist zwölf und lernt seit dem Kindergarten Kalligrafie, Piano, Ballett und Kopfrechnen. Sie ist immer im Stress. Bei uns war das noch anders. Wir sind draußen herumgelaufen und haben Unsinn gemacht. Wir mussten nicht immer in allem die Besten sein.«

»Wie ist es bei dir?«, fragte ich den Großen Freund. »Hast du genug Zeit zum Spielen?«

Sie überlegte einen Moment. »Also, ich spiele schon manchmal.«

»Mit deinen Mitschülern?«

»Nein, meine Schule ist so weit weg, dass die alle zu weit entfernt wohnen. Eher spiele ich mit meinem Cousin. Der kommt am Wochenende und in den Ferien.«

»Und unter der Woche?«

»Da habe ich keine Zeit. Die Schule geht bis halb fünf, und dann muss ich noch eine Stunde lang nach Hause fahren.«

»Eine ganze Stunde?«

Sie lachte: »Ich habe doch gesagt, dass meine Schule weit weg ist! Außerdem habe ich abends noch Hausaufgaben, das dauert auch noch mal ein bisschen.«

Als unsere freie Zeit vorüber war, gingen wir zu einem Souvenirgeschäft, das Reiseleiter Huang uns vorher gezeigt hatte.

»Der ideale Treffpunkt für Reisegruppen!«, hatte er gescherzt, und ich hatte den Impuls unterdrückt, ihm die Vorteile einer Gruppenfahne zu erläutern. Sichtbarkeit zum Beispiel. Wenn wir eine Fahne hätten, wäre dann nicht für uns JEDER Ort ein idealer Treffpunkt?

Das Souvenirgeschäft erstreckte sich über mehrere Stockwerke, und es bot alles an, was man sich als Tourist nur wünschen konnte: von Postkarten über T-Shirts bis hin zu hübsch bedruckten Tassen, Schokoladentafeln und Schnaps. Außerdem gab es eine ganze Wand voller Kuckucksuhren. Wir standen etwas ratlos vor einem Zettel, den jemand davor angeklebt hatte: BITTE NICHT BERÜHREN, stand da auf Chinesisch. Und nur auf Chinesisch.

»Warum sollte jemand das berühren wollen?«, fragte der Große Freund.

»Wahrscheinlich, weil ab und zu ein geschnitzter Vogel aus der Uhr herauskommt und ein Geräusch macht«, sagte ich.

»Hm.« Sie zuckte mit den Schultern und schürzte die Oberlippe, dann drehte sie sich um. Geschnitzte Vögel waren ihr offenbar nicht so wichtig.

Als wir uns wieder zusammengefunden hatten und gemeinsam das Souvenirgeschäft verließen, stellten wir fest, dass Bruder Hou der Einzige von uns allen war, der eine größere Anschaffung getätigt hatte: Er trug eine neue Uhr am Handgelenk. Sie war leuchtend grün, und man merkte, dass er nicht über ihren Preis reden wollte. Auf unser Drängen hin gab er jedoch irgendwann zu, dass sie viertausend Franken gekostet hatte.

Viertausend Franken! Ich versuchte, mir meine Ehrfurcht nicht anmerken zu lassen.

Auch ich hatte mir etwas gekauft: ein Schnapsglas. Es war rot mit einem weißen Kreuz in der Mitte, ein Souvenir, aus dem ich zu besonderen Anlässen zu trinken gedachte. Vertrag unterschrieben? Schweizer Schnapsglas. Manuskript abgegeben? Schweizer Schnapsglas. Genug Geld zusammen, um eine schöne grüne Uhr wie die von Bruder Hou zu kaufen? Schweizer Schnapsglas. Das Geld stattdessen für ein paar Kästen alkalisches Mineralwasser mit Transuranen ausgegeben? Schweizer Schnapsglas.

»Es ist aber auch wirklich eine sehr schöne Uhr«, sagte ich zu Bruder Hou und versuchte, es möglichst nonchalant klingen zu lassen.

An diesem Nachmittag fuhren wir früh los und saßen dann sehr lange im Bus. Reiseleiter Huang machte uns darauf aufmerksam, was für ein Glück wir gehabt hatten, an drei verschiedenen Orten etwas vom Karneval zu sehen: in München, Venedig und jetzt in Luzern. Er erklärte uns, dass es beim Karneval früher nicht nur um Spaß und Verkleidung gegangen sei, sondern auch darum, gefahrlos Kritik an den Mächtigen üben zu können. »Kritik ist manchmal wichtig«, stellte er fest, und ich musste an die Ausweitung der Zensur in China denken. Dann schwenkte er um und erzählte uns von den Reisegewohnheiten der Europäer. Auch hier würden natürlich Gruppenreisen gemacht, aber die meisten europäischen Touristen seien doch lieber auf eigene Faust unterwegs. Besonders die Deutschen gälten als sehr reisefreudig, was man schon daran erkennen könne, dass sie eigene Wörter hätten, die bedeuteten, dass jemand gerne reiste. Er lachte, als er die Wörter auf Chinesisch umschrieb, denn eigentlich waren »Wanderlust« und »Fernweh« unübersetzbar.

Irgendwann hielten wir an einer Raststätte, die anders aussah als alle bisherigen. Wir kamen in eine große Halle, in deren Mitte verschiedene Pavillons mit Essen standen: Salate, Nudeln, Pizza, Backwaren. Alle Stände waren sorgfältig hergerichtet und mit Pflanzen geschmückt. Wenn man etwas essen wollte, musste man ein Tablett nehmen und damit hin und her laufen. Reiseleiter Huang und Boris machten es vor, indem sie auf eine der Essensausgaben zugingen und dort auf etwas zeigten. Sie bekamen gefüllte Teller ausgehändigt, mit denen sie sich an einer Kasse anstellten. Dann suchten sie sich mit ihren Tabletts einen Tisch.

Für die restliche Gruppe war es nicht so einfach. Ein paar von uns verließen die Halle gleich wieder, um sich im Tankstellenshop nebenan belegte Brötchen zu kaufen. Der Rest nahm sich schüchtern Tabletts und schlich damit zwischen den Ständen herum.

»Was ist das?« Tianjiao zeigte mit fragendem Gesichtsausdruck auf ein Schild, auf das jemand auf Englisch ASIA NOODLES geschrieben hatte.

»Nudeln aus Asien«, sagte ich.

»Ich weiß, die beiden Wörter verstehe ich doch! Aber sind das dann gebratene Nudeln, oder ist das eine Nudelsuppe? Und welche Geschmacksrichtung hat das überhaupt?«

Ich zeigte auf den Wok unter dem Schild: »Wahrscheinlich gebratene Nudeln. Geschmacklich weiß ich es aber auch nicht. Das kann alles von Sojasoße bis hin zu Curry sein.«

Sie lachte und ging weiter.

Ich fand einen Stand mit zwei Kesseln. Auf dem einen stand GULASCH, auf dem anderen HÜHNERSUPPE. Ich stellte mich an. Als die Reihe an mich kam und ich auf den Gulaschtopf deutete, erhielt ich von der Bedienung die Mitteilung, dass er leer sei, dass es jedoch nicht lange dauern werde, bis er wieder voll sei. Dann verschwand sie. Ich beschloss zu warten.

Ein älteres Ehepaar erschien.

»Gibt es hier keine Bedienung?«, fragte die Dame.

»Die ist Gulasch holen gegangen«, sagte ich.

Sie nickte und stellte sich mit ihrem Mann hinter mir an. Wir warteten also gemeinsam. Andere Leute erschienen, nahmen sich von der Hühnersuppe und gingen ihrer Wege.

Die Bedienung blieb verschwunden.

Ich überlegte, ob ich sie nicht vielleicht falsch verstanden hatte. War sie in Wirklichkeit in die Pause gegangen? Oder waren etwa Probleme bei der Gulaschbeschaffung aufgetreten? Ich drehte mich zu dem Paar hinter mir um.

»Die kocht bestimmt gerade noch!«, scherzte ich und machte mit der Hand eine Bewegung, als würde ich in einem Topf rühren.

Ich blickte in eisige Gesichter.

»Das kann doch nicht deren Ernst sein«, zischte die Dame. Sie blickte entnervt zu ihrem Mann, und ich bildete mir ein, ihre Frisur kaum merklich zittern zu sehen. Der Mann zeigte keine Reaktion.

»Die kommt bestimmt gleich wieder«, versuchte ich zu beschwichtigen.

»Ja, aber wann denn?«

»Bald.«

»Unerhört so etwas!«

»Dass es keinen Gulasch gibt?«

»Dass die einen einfach so stehen lassen!«

Mittlerweile fühlte ich mich, als ob ich eine Art Mitschuld an der Situation hätte. Ich hielt mein Tablett empor, um zu zeigen, dass es leer war. Auch ich hatte keinen Gulasch.

Die Dame schnaubte: »Jetzt steht man hier schon zehn Minuten!«

Ihr Mann, der bisher nichts gesagt hatte, blieb auch jetzt stumm. Sie schimpfte, und er tätschelte ihr den Arm. So ging das eine Weile. Irgendwann warf sie wutentbrannt den Kopf in den Nacken und preschte von dannen, und er schlurfte ihr hinterher.

Ich blickte mich um und sah den Riesenjungen. Er stand mit einem Tablett in der Hand vor einem anderen Stand und sah mich verblüfft an.

»War die Dame wütend?«, fragte er.

»Ja.«

»Warum denn?«

»Es gab keine Fleischsuppe.«

»Das ist alles?«

»Ja.«

»Und warum stehst du hier, Alter Lei?«

»Ich warte auf Fleischsuppe.«

»Aber es gibt doch gar keine Fleischsuppe!«

»Gleich schon.«

»Dann war die Dame nur deshalb so wütend, weil es ihr nicht schnell genug ging?«

»Genau.«

Er nickte verstehend, und ich hatte das Gefühl, dass er wieder einen Punkt auf seiner innerlichen Notizliste abgehakt hatte: Europäer regen sich über Kleinigkeiten auf, genau wie Chinesen. Check.

Er sah sehr zufrieden aus.

Als ich schließlich meinen Gulasch bekommen hatte, erfuhr ich ein wichtiges Detail unserer Reise, nämlich, warum wir meist nur bestimmte Rasthöfe ansteuerten. Da ich die anderen Teilnehmer aus den Augen verloren hatte, hatte ich mich zu Reiseleiter Huang und Boris an einen Tisch gesetzt.

»Was für eine schöne Raststätte«, sagte ich, »mit den Pavillons und dem ganzen Grünzeug!«

Boris winkte entnervt ab: »Schön oder nicht, ich komme hier jedenfalls nicht wieder her!«

»Warum nicht?«

»Die haben mir meinen Busfahrerrabatt verweigert!«

»Deinen ... aber warum denn das?«

»Weil unsere Gruppe angeblich zu klein ist! Als ob ich auf die Gruppengröße irgendeinen Einfluss hätte!«

Reiseleiter Huang sah etwas verlegen aus: »Raststätten geben uns normalerweise verbilligte Mahlzeiten oder zumindest etwas Kaffee umsonst. Da wünschen die sich natürlich, dass wir ihnen mehr Leute mitbringen.«

»Das ist verständlich.«

»Ja, aber die wissen doch, dass ich dauernd die gleichen Strecken fahre!«, schimpfte Boris. »Die sollen jetzt bloß nicht denken, dass ich das nächste Mal wieder herkomme, wenn ich eine größere Gruppe dabeihabe, oh nein!« Er ballte die Faust, und ich fand, dass sein Zorn irgendwie gut zu seiner Bärigkeit passte.

Wir fuhren bis spät in den Abend. Dabei guckten wir den letzten Sissi-Film, und danach, als es schon dunkel war und wir die Grenze zu Frankreich hinter uns gelassen hatten, hielten wir an einem weiteren Rasthof.

Er wirkte verlassen. Wir taumelten aus dem Bus und auf den Parkplatz und sahen einen hell erleuchteten Gang, durch den man über die Autobahn hinüber zum eigentlichen Rasthofgebäude gelangen konnte. Es war kalt. Als wir den Gang betraten, hörten wir den Widerhall unserer Schritte.

»Das Schlimme ist eigentlich nicht die Fahrerei«, hatte Reiseleiter Huang in Beijing zu mir gesagt, »das Schlimme ist das Warten! Irgendwann verschwimmen alle Rasthöfe zu einem einzigen.«

Er hatte recht. Wir schleppten uns mit hängenden Schultern durch das Neonlicht, und in den Gesichtern der anderen konnte ich sehen, dass für uns tatsächlich alles zu einem Mischmasch zu werden drohte.

Am Anfang der Reise hatten wir die Welt noch mit großen Augen bestaunt: vor allem natürlich die Sehenswürdigkeiten, aber auch die Geschäfte, die Rasthöfe und Hotels. Mittlerweile schien uns das alles ein bisschen weniger interessant. Wenn wir etwa ein Geschäft betraten, dann um eine Flasche Wasser zu kaufen. Das hatten wir schon so oft gemacht, das war nichts Besonderes mehr. Als wir in Luzern an einer Kirche angehalten hatten, dann nur, um von außen schnell ein Foto zu machen. Wir hatten nicht einmal darüber nachgedacht, länger bei ihr zu verweilen.

Es erinnerte mich an einen Satz, den ein deutscher Freund einmal nach einer Chinareise zu mir gesagt hatte: »Tempel sind alle gleich«, hatte er zusammengefasst: »Kennst du einen, kennst du alle!«

Als wir den Gang durchquert hatten, fanden wir uns in einem Geschäft wieder. Wir waren die einzigen Kunden. Ein paar von uns kauften sich belegte Brötchen, die anderen schlenderten unmotiviert zwischen den Regalen herum. Es war wie immer. Die Kühlschränke summten, wie sonst auch, die Auslagen waren mit bunten Tüten und Packungen gefüllt, wie sonst auch, wie in China auch, und die belegten Brötchen waren nicht lecker, aber sie stillten den Hunger, wie sonst auch.

»Wir sind jetzt in Frankreich, oder?«, fragte Tante Ju, und als ich nickte, lächelte sie entzückt. »Das ist unser sechstes Land!«

»Sechs? Warum denn sechs?« Ich ging die Stationen unserer Reise durch: »Deutschland, Italien, die Schweiz, Frankreich ...«

»Und Österreich!«, sagte sie stolz. »Und der Vatikan! Der Vatikan ist nämlich auch ein Land.«

»Stimmt«, sagte Reiseleiter Huang, »ein Land ist ein Land!«

Wir standen eine halbe Stunde lang herum.

Als Boris irgendwann aus einem anderen Teil des Rasthofes wieder auftauchte, atmeten wir erleichtert auf.

»Endlich nach Hause!«, sagte Tianjiao.

»Nach Hause?«

»Na, auf meinen Platz im Bus, der ist wenigstens schön warm, dort kann ich ein bisschen schlafen!« Sie grinste.

Und auch Boris schien guter Laune zu sein.

»War der Rasthof hier besser als der letzte?«, fragte ich ihn.

»Viel besser«, sagte er, »es gab gratis Kaffee!«

Wir verbrachten die Nacht in einer weiteren »europäischen Kleinstadt«, die wir nicht kannten und die wir nicht sahen und deren Namen wir sofort wieder vergaßen. Sie lag irgendwo in Frankreich.

Als wir am nächsten Morgen wieder im Bus saßen, hatte Reiseleiter Huang eine gute Nachricht für uns: »Heute kommen wir in Paris an«, versprach er, »dort bleiben wir dann drei ganze Tage. Das bedeutet: weniger Busfahren und mehr Entspannung für alle!«

»Gut!«, riefen wir und klatschten in die Hände.

»Außerdem haben wir genug Zeit fürs Einkaufen eingeplant!«

»Frühling und Erhabener Buddha?«, fragte die Schicke Mutter, und es dauerte einen Moment, bis ich mich an den Reisekatalog erinnerte und die Wörter mit den Kaufhäusern Printemps und Lafayette verband.

»Frühling und Erhabener Buddha«, bestätigte Reiseleiter Huang.

»Sehr gut!«

Ich saß wie immer gegenüber von dem Riesenjungen und seiner Mutter. Das war schon seit dem ersten Tag so. Damals, am Münchner Flughafen, hatten wir uns unsere Plätze ausgesucht, und seither hatten wir uns nicht mehr umgesetzt. Reiseleiter Huang saß ganz vorn, dann kamen die Schicken und Tante Ju, die Kunststudentin mit ihrer Mutter, dann das Team Großer Freund und Tianjiao, der Riesenjunge mit seiner Mutter, daneben ich, und zwei Reihen dahinter saß schließlich Bruder Hou. So war die Ordnung in unserem Bus, und sie wurde eigentlich nur dann durchbrochen, wenn sich jemand für eine Unterhaltung kurz zu jemand anderem setzte oder sich jemand auf eine der hinteren Sitzbänke legen wollte.

Der Riesenjunge starrte auf sein Tablet. Seit den Serpentinen in den Schweizer Bergen war ihm nicht mehr schlecht geworden, und er widmete sich weiter voller Hingabe seiner Motorsportsendung.

»Sag mal«, er hob den Kopf und blickte zu mir herüber, »eigentlich sehen sich die meisten europäischen Länder doch ziemlich ähnlich, oder?«

Es hörte sich an wie eine Frage, auf die er eigentlich keine Antwort erwartete.

»Auch die Autos sind eigentlich überall gleich«, fuhr er fort. »Ich dachte eigentlich, vor allem in Deutschland sind nur die neuesten Modelle unterwegs. Na ja.« Er zuckte mit den Schultern, dann blickte er wieder auf sein Tablet.

Ich lehnte mich zu ihm hinüber. Auf dem Bildschirm waren Leute zu sehen, die mit Pick-ups auf einer Bergstrecke herumfuhren. Anscheinend suchten sie dabei nach Stellen, in denen ihr Fahrzeug stecken bleiben würde, und jedes Mal, wenn sie damit Erfolg hatten, fluchten sie fürchterlich und zogen es mithilfe eines anderen Pick-ups wieder heraus.

»Ein interessantes Konzept für eine Sendung«, bemerkte ich, und er grinste.

»Das ist die verrückte britische Autoshow!« sagte er, und es hörte sich an, als müsste die Beschreibung mir etwas sagen.

Ich schüttelte den Kopf.

»Kennst du bestimmt!«, sagte er. »*Top Gear*!«

»*Top Gear?* Davon habe ich tatsächlich schon mal irgendwo gehört.«

»Komm schon, das ist eine britische Show, die überall ausgestrahlt wird, sogar in China!«

»Und die besteht daraus, dass da irgendwelche Typen mit Autos herumfahren?«

»Genau. Und dabei unterhalten sie sich.«

»Und das ist dann spannend?«

»Sehr! Die kennen sich aus, außerdem streiten sie sich sehr oft. Und sie motzen auch schon mal an den Autos herum, wenn ihnen etwas nicht passt. Das ist anders als bei chinesischen Sendungen, da fehlt den Moderatoren oft das Fachwissen, und sie trauen sich auch nicht, allzu schlecht über die Autos zu reden.«

Er zeigte auf das Display, auf dem wieder einmal ein Pick-up im Dreck steckte und der Fahrer unter lauten Verwünschungen eine Seilwinde festmachte. Seine Augen leuchteten.

Ich musste daran denken, wie sehr ich in meiner Kindheit Autos geliebt hatte: die Kurven der Karosserien, das Dröhnen der Motoren, den Moment, wenn es kurz so aussah, als ob sich die Räder rückwärts drehten. Ayrton Senna.

Einmal, ich mochte zehn Jahre alt gewesen sein, hatte ich am anderen Ende unseres Ortes einen Ferrari gesehen und war nach Hause gerannt, um meine Kamera zu holen. Als ich wiederkam, war er immer noch da, ein zur Erde gefallener feuerroter Komet. Während ich ihn von allen Seiten fotografierte, fragte mich jemand, ob ich nicht lieber ein Foto von mir zusammen mit dem Auto haben wolle. Nein, antwortete ich und wunderte mich über die Frage. Es ging doch um den Wagen, nicht um mich!

»Früher war ich auch einmal ein Auto-Fan«, gestand ich dem Riesenjungen, und ich fühlte so etwas wie Neid darauf, dass er es immer noch war. Begeisterung erschien mir immer besser als Gleichgültigkeit.

Er lächelte.

»Sag mal, Alter Lei«, fragte seine Mutter dazwischen, »wo ist in Europa eigentlich das Einkaufen am günstigsten?«

»Das kommt darauf an, was du kaufen willst.«

»Alles Mögliche, ich meine das ganz allgemein.«

»Nun, in der Schweiz ist fast alles teuer, und Pariser Kaufhäuser wie der Frühling und der Erhabene Buddha sind auch nicht gerade billig.«

»Und wie ist Deutschland?«

»Ein bisschen günstiger ist es wahrscheinlich schon.«

»Ich will einen Werkzeugkoffer!«, meldete sich die Mutter des Großen Freundes von vorn. »Wo kriege ich einen?«

Ich musste lachen: »Einen Werkzeugkoffer?«

»Genau: Hammer, Zange, Schraubendreher, so etwas eben. Es soll ein Geschenk für meinen Mann sein.« Sie grinste: »Am besten aus Deutschland!«

»Die Deutschen machen guten Stahl und gute Werkzeuge«, brummte Bruder Hou von hinten.

Ich nickte und versuchte, mir dabei ein wissendes Aussehen zu geben. Zwar hatte ich viele Jahre als Packer in einem Baumarkt gearbeitet, aber in Wahrheit wusste ich über die Qualität von Werkzeugen oder von Stahl so gut wie gar nichts.

»Also warte ich am besten, bis wir in Frankfurt sind, und dann kaufe ich den Werkzeugkoffer dort, oder?«, fragte die Mutter des Großen Freundes.

»Das Problem ist, dass ich nicht weiß, ob wir in Frankfurt einen finden werden.«

»Warum nicht? Gibt es da keine Kaufhäuser?«

»Das schon, aber man kauft so etwas normalerweise eher im ...« – mir wollte das chinesische Wort für Baumarkt nicht einfallen – »im Werkzeugladen. Die sind aber meistens nicht in der Innenstadt.«

»Oh«, machte sie enttäuscht.

Da kam mir eine Idee: »Kauf ihn doch einfach im Internet! Am besten, wir suchen zusammen einen aus, und dann helfe ich dir, ihn direkt in unser Hotel nach Frankfurt zu bestellen.«

»Das würdest du machen?« Sie klatschte in die Hände.

Es dauerte keine zehn Minuten, und ich war zu unserem Gruppenbeauftragten für den Internetkauf ernannt worden.

Wir erreichten Paris am frühen Nachmittag, oder vielmehr: Zuerst erreichten wir nur seine Außenbezirke.

Reiseleiter Huang hatte uns gerade etwas über Napoleon erzählt, als er aus dem Fenster deutete und sagte: »Ach übrigens, wir sind gleich da!«

Wir starrten angestrengt nach draußen.

»Sehen wir den Eiffelturm?«, fragte Tianjiao, doch zunächst waren da nur graue, in Grüppchen zusammenstehende Wohnblocks.

»So etwas sieht man in europäischen Städten eher selten«, stellte der Riesenjunge fest, »ihr wohnt hier doch eigentlich lieber in niedrigeren Häusern mit Gärten, oder?«

»Ich glaube schon, aber tut ihr das nicht eigentlich auch?«

Er lachte trocken: »Wir sind so viele, das würde nicht funktionieren!«

»Und deshalb sind chinesische Städte jetzt voll mit Hochhäusern?«

»Genau.«

»Aber die wurden doch erst in den letzten Jahrzehnten gebaut. Wo haben denn die ganzen Leute früher gewohnt?«

Er überlegte einen Moment: »Die ziehen halt vom Land in die Stadt«, beschied er schließlich, »so ist das mit dem Fortschritt.« Und dann, als ich nichts sagte, sprach er weiter: »Die Städte werden dabei immer wohlhabender und immer voller. Das ist bei uns in Tangshan auch so. Wenn man früher von einem Ort zum anderen fahren wollte, dann dauerte es einfach eine bestimmte Zeit, je nach der Entfernung. Heute kann niemand mehr sagen, wie lange eine Fahrt dauern wird, denn es ist ständig irgendwo Stau.« Er zuckte mit den Achseln.

Und dann war es endlich da, das Paris, das zu sehen wir gekommen waren. Boris steuerte den Bus von der Schnellstraße hinunter auf einen Boulevard, und wir blickten auf die beigefarbenen Fassaden der Häuser und die roten Markisen der Cafés und Brasserien.

»Wie im Film«, hörte ich Tianjiao sagen, und von irgendwoher hauchte jemand das Wort: »Romantisch.«

Der Eiffelturm war immer noch nirgendwo zu sehen, doch das schien niemanden zu stören.

Boris ließ uns in einer Tiefgarage aus dem Bus.

»Jetzt noch ein ganz wichtiger Hinweis«, sagte Reiseleiter Huang ernst, »bitte passt sehr gut auf eure Sachen auf, okay?

Nicht nur draußen, sondern auch beim Essen, und auch hier im Museum. In Paris sind die Taschendiebe wirklich überall!«

Ich fing einen beunruhigten Blick von Tante Ju auf und lächelte ihr zu. Es sollte aufmunternd wirken, doch ich sah, wie sie trotzdem die Hand auf ihre Tasche legte.

Dann setzten wir uns in Richtung Eingang in Bewegung. Ich war ein bisschen aufgeregt: Wie würde es sich anfühlen, wieder hier zu sein nach all den Jahren?

Mit Anfang zwanzig hatte ich eine Weile als *agent de sécurité* im Louvre gearbeitet. Das hieß, man hatte mich in einen Anzug mit Clipkrawatte gesteckt und mir ein Funkgerät in die Hand gedrückt. Die meiste Zeit lief ich damit auf dem Vorplatz der Pyramide hin und her und versuchte, dafür zu sorgen, dass die Souvenirverkäufer nicht zu aufdringlich wurden und die Touristen nicht in die Brunnen sprangen. Manchmal wurde ich für die Türkontrollen eingeteilt, und an den schönsten Tagen bekam ich den Schlüssel für den Fahrstuhl, der sich unter der Pyramide aus dem Boden hob.

Damals ging ich jeden Tag während der Mittagspause eine Stunde lang das Museum besichtigen. Jeden Tag eine Stunde. Ich fing mit den Ruinen unten an, und Monate später war ich immer noch im gleichen Flügel unterwegs, so groß war der Louvre. Und seine Unterwelt, seine Lagerhallen und Tunnel, durch die die Mitarbeiter mit Autos fuhren, schienen sogar noch größer zu sein.

Und dann war da noch die Party. Eines Abends nach Dienstschluss stellte ich fest, dass unter der Pyramide ein Büfett und ein DJ-Pult standen. Ich überlegte einen Moment lang, dann nahm ich unauffällig mein Namensschild ab und mischte mich unter die Feiernden. Es schien sich um die höhere Gesellschaft zu handeln: Champagnergläser, Cocktailkleider, Küsschen hier, Küsschen dort. Ich lächelte freundlich, fraß mich durch das Büfett und schwofte zur Musik. Und einmal, als ich den Kopf in den Nacken legte und über mir durch die gläserne Pyramide den Nachthimmel sah, war mir, als ob der Louvre und Paris für immer mein sein würden.

Und jetzt war ich wieder hier. Als Tourist, mit meiner chinesischen Reisegruppe.

Zum Glück hatte sich das Museum kaum verändert.

Gut, auf den ersten Blick schien es etwas chinesischer geworden zu sein: Noch vor dem Eingang kamen wir an einem Infostand mit einem Stapel Broschüren von Printemps vorbei, an dem uns eine chinesische Dame darauf aufmerksam machte, dass es jetzt auch im Louvre ein Kaufhaus des Frühlings gab. Die Idee dahinter war anscheinend, dass wir erst Dinge besichtigen und dann Dinge kaufen sollten. Oder umgekehrt. Wir lächelten höflich und ließen die Broschüren liegen.

Als wir die Pyramide erreichten, standen wir einen Moment lang da und hielten unsere Taschen fest. Um uns herum war es laut, Touristenschwärme wirbelten durcheinander. Irgendwann erschien dann eine Dame mit einer Tüte.

»Ich bin eure Museumsführerin«, sagte sie, und wir nickten und nahmen unsere Kopfhörer entgegen. Das war Routine. Das kannten wir.

Sie hatte noch eine Warnung für uns: »Passt unbedingt auf eure Sachen auf!«

Reiseleiter Huang hob die Augenbrauen und blickte mit einem Ich-habs-euch-ja-gesagt-Ausdruck in die Runde.

»Einige der Taschendiebe hier kenne ich schon«, fuhr sie fort, »ich sage euch Bescheid, wenn ich sie sehen sollte. Also alle zusammenbleiben, damit ihr mich immer hört und ich euch im Blick habe, okay?«

Sie hob einen Arm und setzte sich in Bewegung, und ich versuchte, mir vorzustellen, wie sie wohl mit einer Fahne in ihrer Hand aussehen würde.

Der Große Freund sah Reiseleiter Huang fragend an.

»Weiß die Tante wirklich, wer die Taschendiebe sind?«, fragte sie.

»Das hat sie zumindest gesagt.«

»Aber wenn man die kennt, warum lässt man die denn dann überhaupt ins Museum?«

»Keine Ahnung. Vielleicht haben die sich Eintrittskarten gekauft?«

»Eintrittskarten?«

Er zeigte auf das Ticket, das sie in der Hand hielt: »Wie sollen die denn ohne Eintrittskarten hier hereinkommen?«

Sie lachte verwirrt.

Es wurde ein eiliger Rundgang. Die Museumsführerin lief schnell, und sie redete schnell. Man merkte, dass sie ihren Text schon oft erzählt hatte. Wir sahen die Grundmauern der alten Burg und hörten etwas über irgendwelche Könige, die hier einmal gelebt haben sollten. Dann gingen wir Treppen hinauf und Treppen hinunter, bis ich die Orientierung verloren hatte. Es fühlte sich ein bisschen an wie unser Ritt durch den Palast der Medici eine Woche zuvor, nur mit dem Unterschied, dass wir diesmal in großer Sorge vor Taschendieben waren.

Und noch etwas war anders: Hier im Louvre wussten wir genau, was wir sehen wollten.

»*Mengna Lisha!*«, hatte Tante Ju am Eingang andächtig geflüstert, in ihrem Blick die Begeisterung derjenigen, die es noch nicht selbst gesehen hatten, das berühmteste Bild der Welt.

Ich kannte diesen Blick gut. Damals, als ich unter der Pyramide stand, mit meinem Anzug und meinem Funkgerät, hatte ich ihn bei den Touristen oft gesehen. Sie kamen auf mich zu und sagten zwei Worte, und manchmal, wenn sie Amerikaner waren, hörten sich die Worte an wie: »Mounah Liessah!« Dann schickte ich sie in den Denonflügel, und eine Weile später kamen sie mit nach unten zeigenden Mundwinkeln wieder heraus.

»So small«, sagten sie dann oder: »So dark.«

Aber es gab im Louvre ja auch noch andere Kunstwerke. Wir sahen die Nike von Samothrake, kopflos, geflügelt und zart. Wir wogten in einer Menschenmenge an der Venus von Milo vorbei. Sie stand auf ihrem Podest, mit entblößtem Busen und ausdruckslosem Blick, und sie hatte keine Arme, um sich vor unseren Kameras zu schützen.

»Warum sind hier eigentlich alle nackt?«, fragte der Große Freund in einem der Säle und deutete um sich. Sie hatte recht. Wir waren von marmornen Brüsten umgeben und von Hintern, Gliedern und Hodensäcken. Reiseleiter Huang lächelte und zuckte etwas verlegen mit den Schultern, und die Museumsführerin lächelte und ging weiter. Vielleicht hatte sie die Frage nicht genau verstanden.

Irgendwann erreichten wir einen Abschnitt mit Gemälden. Es waren sehr viele, und manche waren so groß, dass sie ganze Wände bedeckten. Wir sahen Krönungen, Schlachten und Bibelszenen. Die Museumsführerin zeigte mal hierhin und mal dorthin und ließ dazu Namen fallen, die man anscheinend kennen musste. Wir liefen pflichtbewusst hinter ihr her und machten unsere Fotos.

Doch dann war er da, der eine Saal, der anders war als alle anderen.

Zuerst sahen wir ein Schild mit zwei Strichmännchen, einem schwarzen und einem roten. Das rote Strichmännchen war gerade dabei, seine Hand in der Umhängetasche des schwarzen Strichmännchens zu versenken. Das war zwar einerseits ziemlich dreist, andererseits aber auch irgendwie verständlich, da das rote Strichmännchen keine eigene Umhängetasche hatte. Auf jeden Fall schien dies die offizielle Bestätigung zu sein: Wir mussten aufpassen vor Taschendieben!

Vor uns war eine Wand. Sie stand frei in einem Saal und nahm dabei fast seine gesamte Breite ein. Von jenseits der Wand hörten wir Stimmen, und es waren ihrer so viele und sie klangen so aufgeregt, dass wir wussten, dass dies kein normaler Saal sein konnte.

Die Museumsführerin ging vor, und wir folgten ihr mit den Händen auf unseren Taschen. Und tatsächlich: Auf der anderen Seite der Wand sahen wir eine Absperrung mit einer Menschenmasse dahinter, die aufgeregt die Wand fotografierte. Wir drehten uns um, und dann endlich sahen wir sie: die Mona Lisa.

»Die ist ja total klein!«, rief der Riesenjunge überrascht.

»Und irgendwie so dunkel!«, rief Tante Ju.

Ja, das war sie: klein und dunkel, ein schüchternes Lächeln hinter einem Block aus Glas. Wir zwängten uns in die Menge und fotografierten, so gut es eben ging, indem wir unsere Telefone hoch über unsere Köpfe hielten und dabei versuchten, nicht beklaut zu werden. Es war, als ständen wir in der ersten Reihe auf einem Rockkonzert.

»Das war viel zu viel Trubel, um alles richtig sehen zu können«, seufzte Tante Ju, als wir eine Weile später wieder im Freien standen, ohne Kopfhörer und ohne Museumsführerin. Sie schüttelte den Kopf: »Eigentlich haben wir uns nur den Trubel angeguckt.«

Die Kunststudentin sah geknickt aus. Sie hatte ein bestimmtes Gemälde sehen wollen, aber sie hatte es nicht gefunden.

Als ich wissen wollte, wie es hieß, sagte sie einen Namen, den ich nicht kannte. Sie versprach, es mir später im Internet zu zeigen.

Vor uns lagen die Tuilerien, die Parkanlagen hinter dem Louvre, mit ihren gestutzten Hecken, ihren Statuen und ihren Tauben.

»Oh schön!«, rief Tianjiao, als sie einen Schwarm erblickte, der sich um einen Mann herum niedergelassen hatte. Der Mann wirkte wie ein Waldschrat. Er fütterte die Tauben, sodass sie sich auf seinen Armen und auf seinem Kopf niederließen. So wie ich es verstand, bot er Fotos mit ihnen an, gegen Bezahlung natürlich.

»Gehören die Tauben ihm?«, fragte Tianjiao.

Reiseleiter Huang war im Inneren des Louvre geblieben, also blieb die Beantwortung der Frage an mir hängen.

»Ich glaube, die Tauben sind sowieso hier, und er versteht sich nur ganz gut mit ihnen«, versuchte ich es.

»Du meinst, die sind einfach frei?«

»Na sicher.«

»Aber so viele?«

Nicht nur Tianjiao sah mich ungläubig an, auch die anderen. Und mir wurde plötzlich klar, warum das so war.

»In China gibt es eigentlich kaum freie Tauben, oder?« Ich konnte mich nur an Spatzenschwärme erinnern, die ganze Straßenzüge vollschissen, aber nicht an Tauben.

Sie nickten: »Jedenfalls nicht in den Städten.«

»Bei uns würde ein Schwarm derart fetter Tauben wahrscheinlich nicht lange überleben!«, lachte Tianjiao.

Wir hatten eine halbe Stunde Freizeit, in der wir durch den Park spazierten und uns an den Tauben erfreuten. Der Riesenjunge wollte wissen, ob es in Ordnung sei, sie mit Keksbröckchen zu füttern, und als ich sagte, dass das zumindest in Deutschland nicht gern gesehen war, sah ich, wie er sich wieder einmal innerlich eine Notiz machte. Taubenfüttern: schlecht. Check.

Wir machten Fotos von Statuen, die am Weg standen, und als sich ein paar von uns für ein Gruppenfoto neben einer der Statuen aufstellten, bekamen wir Ärger vom Großen Freund.

»Ich finde, ihr solltet ein bisschen besser aufpassen«, sagte sie ernst, »oder findet ihr es etwa richtig, so auf dem Gras herumzutrampeln?«

Wir sahen einander mit einem verlegenen Lachen an, dann traten wir zurück auf den Gehweg.

»Die Kinder lernen heute ganz andere Sachen als früher«, murmelte Tante Ju.

Das Abendessen war enttäuschend. Vielleicht nicht unbedingt für die anderen, aber für mich, denn ich hatte mir heimlich Hoffnungen gemacht. Paris, das war immerhin eine Stadt mit nicht nur einem, sondern mit gleich zwei Chinesenvierteln. Es gab Restaurants in Paris, deren Ruf durch ganz Europa hallte, mit Köchen aus Sichuan. Aus Hunan. Aus Yunnan. Von überall.

Wenn wir irgendwo gut essen würden, so dachte ich, dann wohl in Paris!

Doch dem war nicht so.

Boris ließ uns irgendwo in der Innenstadt aus dem Bus, und nach einem kurzen Fußmarsch kamen wir zu einer Schlange chinesischer Touristen. Es waren ihrer fünfzig, mindestens. Sie standen vor einem Restaurant. Es hieß FREUDENVOLLES TOR, und tatsächlich war da eine Tür, doch die Leute, die davor in der Schlange standen, sahen nicht etwa freudenvoll aus, sondern eher in ihr Schicksal ergeben.

An diesem Punkt war eigentlich alles klar. Meine Hoffnungen waren naiv gewesen. Gruppenessen blieb Gruppenessen, es diente der Nahrungsaufnahme und sonst nichts. Wir gingen an den Wartenden vorbei in ein anderes Restaurant direkt daneben, vor dem keine Schlange stand und das schlicht SCHÖNE STADT hieß. Dort bekamen wir ein Essen wie jeden anderen Abend auch. Dann füllten wir unsere Teebehälter mit heißem Wasser und trotteten zurück zum Bus, an einer neuen Schlange vorbei, die vor dem FREUDENVOLLEN TOR stand und darauf wartete, abgespeist zu werden.

Es stellte sich heraus, dass wir nicht direkt in Paris wohnten. Tatsächlich war unser Hotel so weit von der Innenstadt entfernt, dass ich mir nach mehr als einer Stunde Fahrt nicht mehr ganz sicher war, ob wir uns überhaupt noch in der Île-de-France befanden.

Wir fuhren in eine Kleinstadt, und in der Kleinstadt fuhren wir in eine Wohngegend, und in der Wohngegend fuhren wir in eine Einfahrt, und dann waren wir da.

»Wir sind da«, verkündete Reiseleiter Huang, und er fügte etwas hinzu, was er auf der bisherigen Reise noch nie zu uns gesagt hatte: »Wenn Boris die Klappe aufmacht, bitte sofort den Koffer nehmen und damit zum Hoteleingang gehen, okay?«

»Oha«, hörte ich Bruder Hou hinter mir murmeln.

An diesem Abend nahm ich zum ersten Mal mein Amt als Beauftragter für den Internetkauf wahr. Ich ließ die Tür zu meinem Zimmer offen stehen, und irgendwann erschienen Tianjiao und die Kunststudentin. Sie wollten Schokolade haben, große Packungen zum Mitbringen für zu Hause.

Als wir vor meinem Rechner saßen, fiel mir etwas ein.

»Zeig doch mal das Gemälde, das du heute im Louvre gesucht hast!«, bat ich die Kunststudentin.

Es hieß GABRIELLE D'ESTRÉES UND EINE IHRER SCHWESTERN, und ich merkte erst, dass ich es schon einmal gesehen hatte, als es auf dem Bildschirm leuchtete. Zwei nackte Frauen waren darauf zu sehen. Sie standen hinter einem Geländer, sodass man sie nur bis zum Bauch sah, und beide blickten sehr feierlich drein, während die eine den Nippel der anderen zwischen den Fingern hielt. Den Nippel!

Tianjiao und ich kicherten.

»Warum wolltest du ausgerechnet dieses Gemälde sehen?«, fragte ich.

Die Kunststudentin lächelte zaghaft: »Ich mag Dinge, die ein bisschen seltsam sind. Die Gestik und die Mimik der beiden Frauen ist natürlich komisch, aber sie sehen an sich auch schon ziemlich interessant aus. Beide sind eigentlich eher schlank, und doch haben sie ein bisschen Bauchansatz, dann aber wieder ganz kleine Brüste. Warum ist das so? Galten nicht damals üppige Frauen als schön?«

»Stimmt, das war in China früher auch so!«, sagte Tianjiao. »Da war noch alles besser!«

Beide lachten.

»Und wenn ihr euch den Hintergrund anguckt«, fuhr die Kunststudentin fort, »dann stellt ihr fest, dass dort noch ein Gemälde steht. Ein Gemälde im Gemälde. Und darin ist dann noch ein Gemälde. Das finde ich super!«

Nach einer Weile erschienen ein paar der anderen.

»Werkzeugkasten!«, rief die Mutter des Großen Freundes, als sie zur Tür hereinkam, und klatschte in die Hände. Wir begannen mit der Suche, während die anderen besprachen, was sie sonst noch alles haben wollten. Es war viel von Messern die Rede.

Das Internet stellte sich als ein unerschöpflicher Quell von Werkzeugkästen heraus. Ich suchte sehr gewissenhaft. Es gab Foren, in denen sich deutsche Heimwerker über Werkzeug austauschten, und alle schienen Experten zu sein. Schließlich fand ich einen Kasten, von dem allgemein behauptet wurde, dass er von höchster, von allerhöchster Qualität sei. Man könne damit »arbeiten«, hieß es immer wieder.

»Arbeiten?«, fragte die Mutter des Großen Freundes.

»Ich denke, die meinen, dass die Werkzeuge stabil genug sind, um damit richtige, bezahlte Arbeit zu erledigen.«

Sie lachte: »Ihr Deutschen arbeitet einfach unheimlich gern, oder?«

Der Kasten hatte dreiundvierzig Teile und war schön grün. Er wog zehn Kilo.

»Das geht schon irgendwie«, sagte sie.

Wir bestellten noch lange an diesem Abend. Alle wollten Schweizer Taschenmesser haben, viele davon, in verschiedenen Größen und Farben. Ich schlug Opinel-Messer aus Frankreich vor, und wir nahmen auch davon noch ein paar. Und weil wir sowieso schon Schokolade bestellt hatten, wählten wir noch ein paar Tafeln mehr aus. Achtundzwanzig Tafeln, um genau zu sein. Und noch eine mit Erdbeer-Käsekuchen-Geschmack und eine mit Chili.

»Für uns selbst, zum Probieren!«, erklärte Tianjiao.

Plötzlich stand der Große Freund vor mir und grinste. Sie hatte die Bücher in meinem Koffer entdeckt, der geöffnet an der Wand lag.

»Da steht dein Name drauf, Alter Lei!«, triumphierte sie.

»Das ist ja schließlich auch mein Buch.«

»Du meinst, du hast das geschrieben?«

»Ja.«

»Und wer ist das auf dem Bild?«

»Ich.«

»Was? Mit dem Bart und den Haaren?«

»Zeig mal!«, rief Tianjiao, und die Kunststudentin sagte: »Darauf siehst du ja aus wie der König der Löwen!«

Sie lachte, und wieder einmal fiel mir auf, was für ein hübsches Lachen sie hatte. Oft, wenn sie ernst war, wirkte sie etwas teilnahmslos, beinahe ermattet, und sie hatte die Angewohnheit, die Lippen aufeinanderzupressen. Das war etwas, was ich noch aus meiner eigenen zahnklammergeschmückten Jugend kannte. Doch wenn sie sich freute, dann konnte sie nicht anders, als zu strahlen. Dann wurden ihre Augen sehr schmal und ihr Lächeln sehr breit. Dann blinkte die Zahnklammer in ihrem Mund, und es sah fast aus wie ein Kinderlächeln.

Am nächsten Morgen ließ uns Boris in der Nähe des Arc de Triomphe aus dem Bus.

»Ah!«, machten wir pflichtbewusst, während wir von der anderen Straßenseite auf das Monument hinüberstarrten.

»Die fahren ja schnell hier«, bemerkte Tante Ju. Sie hatte recht. Um den Triumphbogen herum lief ein Kreisverkehr, und darin jagten einander kleine Autos, große Autos, Busse, Lieferwagen und Motorroller. Sie scherten ein und wieder aus, verschwanden und kamen hinzu, und der Verkehr schien dabei kaum zu stocken, ganz anders als auf den Straßen Beijings, wo so oft alles zum Stehen kam.

»Für uns mag das ja ganz gut aussehen«, erklärte Reiseleiter Huang und zeigte auf die Fahrzeuge, »aber für einen Deutschen wie unseren Alten Lei hier ist das ein verkehrstechnischer Albtraum, oder?«

Die anderen blickten zu mir herüber, und da ich das Gefühl hatte, dass sie von mir einen Kommentar erwarteten, sagte ich: »Könnte besser sein.«

Alle lachten. Der Deutsche blickt auf den französischen Verkehr herab, haha.

Reiseleiter Huang führte uns durch einen Durchgang zum Triumphbogen. »Passt auf eure Sachen auf!«, wiederholte er sein altes Mantra, dann standen wir eine Weile unter dem Bauwerk herum.

»Wo sind jetzt eigentlich diese ganzen Taschendiebe?«, fragte der Große Freund irgendwann. »Ich habe immer noch keinen gesehen.«

Niemand wusste eine Antwort. Wir blickten uns nach Reiseleiter Huang um, doch der stand etwas abseits und blickte auf sein Telefon.

»Die Tante im Museum gestern hat uns auch keinen Taschendieb gezeigt«, fuhr der Große Freund fort, »obwohl sie doch versprochen hatte, dass sie die erkennen würde!«

Als Nächstes fuhren wir mit einem Riesenrad. Das heißt, genau genommen fuhren nur Tianjiao, der Große Freund, der Riesenjunge und ich mit einem Riesenrad. Die anderen blieben unten auf der Place de la Concorde und schossen ein paar Fotos, während wir über den Dächern von Paris kreisten. Das Riesenrad wirkte sehr alt. Es bewegte sich nur langsam, und es knarrte dabei ein bisschen.

Wir kicherten, als wir feststellten, dass der Riesenjunge sich offenbar nicht sehr wohl fühlte. Er saß steif da und hielt den Blick nach vorn gerichtet.

»Hast du etwa Angst?«, fragte Tianjiao grinsend.

»Höhenangst«, sagte er.

Der Große Freund turnte am Fenster herum und fotografierte hinaus. Ich hielt die Kamera auf sie gerichtet.

»Du scheinst ein Vorurteil von uns zu haben, Alter Lei«, sagte der Riesenjunge.

»Was meinst du?«

»Du fotografierst uns immer, während wir Fotos machen. Als ob alle Chinesen ständig nur herumknipsen würden! Zeigst du uns dann so in deinem Buch?«

Erschrocken winkte ich ab: »Nein, die Bilder, die ich mache, sind nur als Andenken für unsere Gruppe gedacht. Aber jetzt, wo du es sagst: Ich fotografiere tatsächlich schon immer gern Menschen beim Fotografieren.«

»Warum denn das?«

»Weil ich es interessant finde.«

Er blickte mich fragend an.

»Nehmen wir zum Beispiel den Eiffelturm«, versuchte ich zu erklären, »der steht immer hier. Heute, morgen, immer. Aber ihr seid nur jetzt da, und wenn ihr Fotos von ihm macht, dann finde ich es spannend, zu erfahren, wie ihr ihn seht.«

»Da!«, rief der Große Freund. »Ich sehe ihn!«

Wir blickten in die Richtung ihres ausgestreckten Fingers, auch der Riesenjunge mit seiner Höhenangst drehte vorsichtig den Kopf, und tatsächlich, dort stand er, eine Nadel am blauen Himmel.

»Endlich«, flüsterte Tianjiao, »der Eiffelturm!«

Eine halbe Stunde später saßen wir wieder einmal auf einem Schiff. Es hatte Dutzende von gelben Stuhlreihen, und es trieb auf der Seine. Ein Touristenboot, randvoll mit chinesischen Reisegruppen. Ich sah ein paar Menschen aus anderen Ländern, doch sie wirkten versprengt und deplatziert, wie Fußballfans in der falschen Kurve.

Es war laut auf dem Schiff. Aus einem Lautsprecher plärrten unentwegt Tonbänder, die in verschiedenen Sprachen die Sehenswürdigkeiten erläuterten, an denen wir vorbeikamen. Darunter war auch eine chinesische Stimme, die meisten Leute schienen sich jedoch nicht um sie zu kümmern.

Wir waren mit Fotografieren beschäftigt. Ich sah emporgehobene Smartphones, die meisten waagerecht zwischen spitzen Fingern, andere ausgestreckt am Selfie-Stick. Dazwischen waren Kameras mit langen Objektiven, die von Männern mit Schirmmützen und Fotorucksäcken bedient wurden.

Ein bisschen sah es so aus, als wären wir die Besatzung eines Kriegsschiffes, das in alle Richtungen schoss. Ein Foto, ein Treffer. Die großen Kameras waren unsere Kanonen. Die kleinen unsere Pistolen. Und wir zielten auf alles, was wir sahen.

Pont Neuf wurde durchlöchert, Notre-Dame sturmreif geschossen. Die kleine Freiheitsstatue auf der Schwaneninsel wurde in einem schwierigen Manöver erst von der einen Seite attackiert und dann von der anderen. Und es gab ja noch die anderen Touristenboote, die es zu versenken galt. Für die Menschen, die uns von den Brücken herab und von den Ufern zuwinkten, hatten wir eine besonders hinterhältige Taktik. Wir winkten ihnen zurück, riefen ihnen einen Gruß zu, sodass sie sich in Sicherheit wiegten, und dann, wenn wir nah genug herangekommen waren, rissen wir unsere Telefone und unsere Kameras empor und mähten sie nieder. Männer, Frauen und Kinder, es war ein einziges Gemetzel. Wir lachten und erfreuten uns an unserer Niederträchtigkeit.

Boris wartete direkt an der Anlegestelle. Er stand vor seinem Bus in der Sonne, den Teebehälter in der Hand.

»War gut?«, fragte er.

»Viel geschossen«, sagte ich und machte die Geste des Auslöseknopfdrückens.

Er lachte.

Überhaupt wirkte er ziemlich entspannt. Ich fand das merkwürdig. Paris war mir von früher als eine verkehrsfeindliche Stadt im Gedächtnis geblieben. Gut, es war nicht ganz so schlimm wie Beijing, aber auch Paris war voller Staus, und es gab so wenig Platz, dass viele Leute beim Parken einfach den Gang herausnahmen und die Handbremse lösten, damit man notfalls durch Schieben Platz schaffen konnte. Und hier stand Boris und pfiff vergnügt vor sich hin, nachdem er mit unserem Bus durch die Stadt gebraust war, ohne Stau und anscheinend auch vollkommen ohne Parkprobleme.

»Paris ist gut zu uns Busfahrern«, sagte er, »die Leute hier wollen ihre Touristen, und deshalb kümmern sie sich darum, dass wir sie auch hereinbringen können.«

»Anders als in Italien!«, fügte Reiseleiter Huang hinzu.

Wir lachten verschwörerisch: Die Italiener, ha!

Als wir wieder im Bus saßen, hatte Reiseleiter Huang eine Ankündigung für uns: »Wir fahren jetzt zum Erhabenen Buddha!«

»Auch zum Frühling?«, wollte jemand wissen.

»Der ist gleich daneben.«

»Gut!«, sagten wir.

»Das heißt aber nicht, dass ihr jetzt gleich einkaufen müsst. Wir haben morgen noch genug Zeit.«

»Und was sollen wir dann jetzt machen?«

»Ihr habt Freizeit. Das heißt, wenn ihr euch etwas von der Stadt angucken wollt, dann könnt ihr das jetzt machen. Notre-Dame zum Beispiel oder Montmartre. Wichtig sind dabei nur drei Dinge.« Er hielt inne und versicherte sich, dass wir ihm aufmerksam zuhörten. »Erstens müssen wir uns alle später wieder am Treffpunkt hinter dem Erhabenen Buddha einfinden. Zweitens solltet ihr mir Bescheid sagen, wenn ihr dort etwas kaufen wollt, damit ich euch bei der Steuererstattung helfen kann. Und drittens dürfen wir auf keinen Fall vergessen, gut auf unsere Sachen aufzupassen!«

Wenig später standen wir an einem Hinterausgang des Erhabenen Buddhas und besprachen, was zu tun sei. Wir waren beinahe vollständig, nur Bruder Hou und Reiseleiter Huang waren nicht dabei. Sie waren bereits in den Tiefen des Kaufhauses verschwunden.

Wir anderen hatten Hunger.

»Wollen wir einfach in das Restaurant gehen, das Reiseleiter Huang uns gezeigt hat?«, fragte Tianjiao und zeigte auf die andere Straßenseite. HAUSGEMACHTE REISNUDELN MIT RINDFLEISCH stand dort auf Chinesisch.

Wir zuckten mit den Schultern.

»Oder«, hörte ich mich sagen, »wie wäre es mit etwas, was die Leute hier gern essen? Zum Beispiel Grillfleisch im Fladenbrot, das schmeckt ein bisschen wie die Küche aus Nordwestchina!«

Fragende Blicke.

»Wir probieren das, was der Alte Lei vorgeschlagen hat«, beschied Tianjiao schließlich, »wir sind doch nicht nach Europa gekommen, um immer nur chinesisch zu essen, oder?«

Wir landeten in einem libanesischen Kebabladen, auf dessen Schild GREC stand, »Griechisch«. Er war nicht sehr voll, aber an einigen der Tische saßen Leute, die wie Angestellte in der Mittagspause aussahen. Das beruhigte mich, denn ich schloss daraus, dass das Essen nicht ganz verkehrt sein konnte. Wir quetschten uns um zwei Tische, und ich wurde mit der Nahrungsbeschaffung beauftragt. Es war eine sehr einfache Bestellung: Döner mit allem, für die einen mit scharfer Soße, für die anderen ohne.

»Wir befinden uns hier in einem Imbiss, den die Franzosen als ›griechisch‹ bezeichnen, während ich als Deutscher ihn eher für ›türkisch‹ halten würde«, erklärte ich. »Die Besitzer kommen aber aus dem Libanon.«

Die anderen nickten verwirrt.

»Alter Lei«, bemerkte der Große Freund, »die haben noch mehr Haare auf den Armen als du.«

Wir bekamen unsere Döner. Sie waren zwar etwas umständlich in der Handhabung, wenn wir uns nicht bekleckern wollten, doch wir taten es den anderen Gästen um uns herum gleich und aßen sie in Papier und Servietten gewickelt aus der Hand, indem wir uns tief über unsere Teller beugten und nach jedem Bissen überprüften, ob nicht etwa eine Spur Fett ihren Weg auf unsere Unterarme gefunden hatte.

»Das ist tatsächlich ein bisschen wie Essen aus dem Nordwesten«, befand die Schicke Mutter.

»Ja, aber ohne den Kreuzkümmel«, sagte Tianjiao.

»Kreuzkümmel! Das wäre gut!«

»In meiner Nachbarschaft ist ein uigurisches Restaurant, die machen das perfekt!«

Ich hörte ihnen zu und aß meinen Döner. Er war durchschnittlich, etwas zu wenig Fleisch, etwas zu viel Kraut. Das Fladenbrot nicht sehr frisch. Aber wenigstens war er kräftig gewürzt, wenn auch ohne Kreuzkümmel.

Nach dem Essen wollten wir zur Kathedrale von Notre-Dame.

»Der Glöckner!«, hatte die Schicke Mutter gesagt, und weil sie dabei so begeistert ausgesehen hatte, hatten wir uns entschieden, zusammen dorthin zu fahren.

Einzig die Kunststudentin sah ein wenig geknickt aus. Sie hätte lieber in das Musée d'Orsay gewollt, doch das hatte an diesem Tag zu.

»Wenn du willst, können wir von Notre-Dame aus zum Centre Pompidou fahren!«, bot ich ihr an.

»Was ist das?«

»Ein Museum für moderne Kunst. Dort gibt es Ausstellungen, und das Gebäude selbst ist auch einen Besuch wert.«

»Da komme ich auch mit«, rief Tianjiao, und die Kunststudentin lächelte ihr blinkendes Kinderlächeln.

Wir fuhren mit der Metro. Zum Glück war es ziemlich einfach: fünf Stationen, kein Umsteigen, am Ende ein kleines Stück zu Fuß. Nur die Fahrkarten zu kaufen war etwas komplizierter. Zunächst stand ich eine Weile vor einem Ticketautomaten und drückte darauf herum, während die anderen mir interessiert über die Schulter guckten. Dann entschied ich mich für den Schalter.

Eine dicke Dame saß da und starrte in die Luft.

»Guten Tag, ich möchte elf Tickets nach Châtelet«, bat ich.

»Wollen Sie elf einzelne Tickets, einen Zehnerstreifen und ein einzelnes Ticket oder gleich zwei Zehnerstreifen, falls Sie später noch einmal woanders hinfahren müssen?«

Ich kniff die Augen zusammen und versuchte nachzuvollziehen, was sie mir gerade erklärt hatte.

»Hören Sie, mein Herr«, sie tippte ungeduldig mit dem Zeigefinger auf eine Preisordnung an ihrem Schalter, »ein Einzelticket kostet ein Euro achtzig, ein Zehnerstreifen kostet vierzehn Euro zehn. Sie sind elf Personen, wollen Sie nun elf Einzeltickets, einen Zehnerstreifen und ein Einzelticket oder zwei Zehnerstreifen?«

»Dann nehmen wir einen Zehnerstreifen und ein Einzelticket, bitte.«

Sie blickte mich stirnrunzelnd an und nahm mein Geld entgegen.

»Sie machen das noch nicht sehr lange, oder?«, fragte sie schließlich, während sie mir mein Wechselgeld abzählte. In ihrer Stimme war so etwas wie Gutmütigkeit.

»Was meinen Sie?«, fragte ich zurück.

Sie nickte mit dem Kopf in die Richtung der anderen: »Na, Ihre Arbeit als Reiseführer!«

»Oh, aber ich bin doch gar kein Reiseführer! Ich bin nur ein Teilnehmer, wie die anderen auch.«

»Ein Teilnehmer?« Sie lachte, und wieder war er da, dieser Witz, der nur von Eingeweihten verstanden werden konnte.

»Viel Spaß!«, trällerte sie zum Abschied.

Ich drehte mich zu den anderen um und blickte in erwartungsvolle Gesichter. »Wir fahren jetzt zur Kathedrale von Notre-Dame!«, rief ich triumphierend und wedelte mit unseren Tickets.

Als wir wenig später in Châtelet wieder ans Tageslicht kamen, fragte ich einen Passanten nach der Île de la Cité. Er wies eine Straße hinunter und tippte sich dann zum Abschied an den Hut.

»Europäer sind immer so höflich«, flüsterte Tante Ju andächtig.

Der Große Freund war nicht ganz so begeistert. »Warum gehen hier so viele Leute auf Chinesisch über die Straße?«, fragte sie und zeigte auf eine Frau, die bei Rot eine Ampel überquerte.

Ich musste lachen: »Du nennst das ›auf Chinesisch über die Straße gehen‹?«

»Ja, klar«, sagte sie, »so nennen das bei uns alle!«

Notre-Dame war zunächst ein weitläufiger Platz voller Tauben und Touristen. An seinem Ende stand eine Kathedrale. Sie war sehr groß und sehr schön, so wie alle Kathedralen, die wir bisher gesehen hatten. Wir machten unsere Fotos, dann stellten wir uns in eine Schlange, die sich aus ihrem Eingang herauswand.

Eine bekopftuchte Greisin schlich um die Schlange herum und streckte die Hände aus. Sie hatte zwei Kinder dabei.

»Sind das Taschendiebe?«, fragte der Große Freund.

»Ich glaube eher, dass sie einfach betteln.«

»Zigeuner?«

»Kann sein.«

Sie sah enttäuscht aus.

»Man könnte sie ja auch einfach fragen, wer sie sind und was sie hier machen«, schlug ich vor, doch sie winkte ab, als ob das eine völlig absurde Idee wäre.

Wir brauchten nicht lange für die Kathedrale. Nachdem wir das Innere gesehen hatten, gingen wir noch einmal außen an der Fassade entlang, dann lotste ich uns zu einem Crêpe-Stand. Ich hatte den anderen den Genuss einer wundervollen Süßigkeit versprochen.

Doch leider gab es keine Crêpes. Jedenfalls gab es keine runden, schönen, guten, so wie ich sie haben wollte. Am ersten Stand waren sie viereckig, und ich winkte ab. Am zweiten waren sie viereckig, und ich winkte ab. Am dritten waren sie auch viereckig, und ich winkte nicht mehr ab. Stattdessen ließ ich die Schultern sinken und sagte: »Wir nehmen einfach die hier.«

Wir aßen unsere Crêpes mit Schokoladensoße, betrachteten die Tauben und die Touristen und die Wasserspeier, die vom Dach der Kirche auf uns herunterstarrten, und als wir damit fertig waren und uns die Reste der Soße von den Mundwinkeln und den Fingern wischten, standen wir abermals vor unserem Problem: Was tun?

Die Kunststudentin, ihre Mutter und Tianjiao wollten zum Centre Pompidou.

»Was gibt es da zu sehen?«, fragte Tante Ju.

»Moderne Kunst«, sagte ich.

»So etwas wie van Gogh?«

»Nein, eher abstrakte Sachen.«

Sie entschied, lieber mit den anderen zum Frühling und zum Erhabenen Buddha zurückzufahren.

Aber war das so ohne Weiteres machbar?

»Ich erinnere mich sehr gut an den Weg, und das mit dem Ticketkaufen schaffen wir auch«, versprach der Riesenjunge.

Er sah sehr zuversichtlich aus.

So trennte sich unsere Gruppe. Wir wünschten einander viel Glück, dann gingen die einen in die eine Richtung los und die anderen in die andere.

Wir, das Team Centre Pompidou, hatten beschlossen, den Weg dorthin zu Fuß zurückzulegen.

»Juhu, wir spazieren durch Paris!«, rief Tianjiao und deutete auf die Straße vor uns. Die Kunststudentin und ihre Mutter strahlten.

Ich drehte mich noch einmal zu den anderen um. Am Ende der Straße war der Hinterkopf des Riesenjungen zu sehen, wie er sich über der Menge erhob. Mir fiel ein, dass ich es versäumt hatte, ihn und die anderen noch einmal auf die Gefahr von Taschendieben hinzuweisen.

Als wir das Centre Pompidou erreichten, fühlte sich die Kunststudentin nicht gut. Ihre Gesichtsfarbe hatte ins Grünliche gewechselt, und sie hielt sich eine Hand vor den Bauch. Dennoch: Da war das bunte Gebäude mit seiner Fassade aus Glas, mit seinen Röhren und Rohren, die daraus hervorguckten, und da war der Brunnen, in den die Künstlerin de Saint Phalle ihre Figuren zum Toben ausgesetzt hatte. Als die Kunststudentin das alles sah, da lächelte sie, grün, wie sie war.

»Sollen wir eine Apotheke suchen oder Reiseleiter Huang anrufen?«, fragte ich, und ich hoffte, dass sie nicht an dem Döner oder an der Crêpe erkrankt war.

Sie winkte ab.

»Das geht schon«, sagte sie, und ihre Mutter nickte. Beide sahen sehr tapfer aus.

Wir betraten das Museumsgebäude. Tianjiao und ich stellten uns in eine Schlange für Eintrittskarten, während die Kunststudentin mit ihrer Mutter verschwand. Irgendwann kamen sie wieder, und sie sah fast noch ein bisschen grüner aus als vorher.

Einen Moment lang sagte niemand etwas.

»Wir können ja erst mal hineingehen«, schlug die Mutter schließlich vor.

»Okay, aber wenn es nicht besser wird, dann gehen wir sofort wieder!«, sagte Tianjiao.

So wurde es beschlossen.

Das Centre Pompidou war ähnlich überfüllt wie der Louvre, und doch wirkte es ganz anders.

»Hier sind ja überall Kinder«, rief Tianjiao, »und fast gar keine chinesischen Touristen!«

Sie grinste. DAS ECHTE EUROPA ERLEBEN – so hatte es irgendwo in unserem Reisekatalog gestanden. Und jetzt waren wir hier, zwischen Rauminstallationen und Videoprojektionen, zwischen gemalten Bildern, Skulpturen und anderen Dingen, die irgendwie Kunst waren.

Einmal kamen wir zu einem Raum, der bis auf einen Tisch und ein paar Stühle fast völlig leer war. Seine Wände waren grün, und sie waren über und über mit Kreide bekrakelt. LOVE IS ART hatte jemand an einer Stelle geschrieben, und jemand anderes: JE SUIS HARRIET. An der Tür des Raumes stand eine Wärterin mit einer Kordel. Ihre Aufgabe war es, immer nur wenige Personen auf einmal zum Krakeln in den Raum zu lassen. Die meisten von ihnen waren Kinder.

»Toll!«, rief Tianjiao, und die Kunststudentin, grün, wie sie war, lächelte.

»Dürfen die beiden auch hinein?«, fragte ich die Wärterin.

Sie sah mich ernst an.

»Es ist möglich«, sagte sie, »jetzt aber nicht.«

Wir warteten, und wenig später, als ein paar der kleinen Krakelnden offenbar keine Lust mehr hatten und den Raum verließen, wurden Tianjiao und die Kunststudentin hineingelassen. Die Mutter und ich blieben draußen hinter der Kordel und schauten ihnen zu.

»Das erinnert mich an die Brücke, die wir in der Schweiz gesehen haben«, bemerkte sie, »die war auch bemalt.«

»Ja, das stimmt.«

»Vielleicht sollte es mehr solcher Räume geben, wo die Leute sich verewigen können, dann würden sie nicht überall die Altertümer verunstalten.«

Sie lächelte. Es war das gleiche Lächeln, das ich die meiste Zeit unserer Reise auf ihrem Gesicht gesehen hatte. Gutmütig, beschwichtigend, um Harmonie bemüht.

Irgendwann gelangten wir im obersten Stockwerk zu einer Gesamtschau von Jeff Koons. Die Kunststudentin hatte sich gut gehalten, war aber noch ein Stückchen grüner geworden.

»Wollen wir uns das hier noch angucken oder lieber gleich gehen?«, fragte ich.

»Angucken«, bestimmte sie und ging hinein.

In der Koons-Ausstellung schien es nichts zu geben, was nicht bunt war und glänzte. Wir sahen spiegelnde Tiere, rote Metallherzen und Blumensträuße aus Porzellan. Manchmal, wenn wir vor etwas besonders Merkwürdigem standen, tauschten wir fragende Blicke aus. Manchmal kicherten wir leise.

Und irgendwann kam der Kunststudentin das Kotzen.

Wir betrachteten gerade eine Figur, die aussah wie ein aus Luftballons geformter Pudel. Ein riesiger, pinkfarbener, glänzender Pudel.

»Haha!«, machten wir und zuckten mit den Achseln.

»Urgh …«, machte die Kunststudentin und riss entsetzt die Augen auf, dann warf sie die Hände vor den Mund und rannte in Richtung der Toilette davon. Ihre Mutter eilte ihr hinterher.

Nach einer Weile kamen sie wieder. Es gehe ihr jetzt besser, sagte sie leise. Und außerdem: Wer sei eigentlich dieser Jeff Koons?

»Das ist einer der teuersten Künstler der Welt«, wiederholte ich einen Satz, den ich irgendwo aufgeschnappt hatte.

Sie zuckte mit den Achseln: »Ist ja ganz nett.«

Da fiel mir noch etwas ein: »Sag mal, wie gefällt dir eigentlich die Arbeit von Ai Weiwei?«

»Ai wer?«

»Ai Weiwei!« Ich blickte von ihr zu ihrer Mutter und dann zu Tianjiao. Keine Reaktion.

»Na, dieser Dicke mit dem Bart aus Beijing«, versuchte ich es weiter, »der Künstler, der damals am Olympiastadion mitgearbeitet und sich hinterher mit der Regierung überworfen hat!«

»Ah.«

»Nie gehört?«

»Ja, doch, vielleicht schon mal gehört.«

»Ai Qing kennst du aber schon, oder? Den Dichter?«

»Klar, den mussten wir doch in der Schule auswendig lernen!«

»Das war sein Vater.«

»Der Vater von diesem Künstler?«

»Von Ai Weiwei, genau.«

Eine Stunde später kamen wir wieder am Treffpunkt hinter dem Erhabenen Buddha an. Die anderen waren bereits da, nur Reiseleiter Huang fehlte.

Der Riesenjunge sah mich begeistert an.

»Da seid ihr ja!«, rief er.

»Und ihr auch«, antwortete ich.

»Wir haben alles ganz allein geschafft!« Er grinste: »Nur die Metrotickets zu kaufen, das war ein bisschen komisch. Wir dachten die ganze Zeit, die Dame am Schalter wollte uns achtundfünfzig Karten geben, dabei meinte sie sieben!«

»Achtundfünfzig?«

»Ja, ihr benutzt hier anscheinend andere Gesten, um Zahlen auszudrücken, guck mal!« Er hob eine Hand und hielt sie mit ausgestreckten Fingern vor sich. Dann nahm er die andere Hand hinzu und streckte von ihr nur den Daumen und den Zeigefinger aus, als würde er eine Pistole imitieren: »Was bedeutet das jetzt für dich?«

»Die eine Hand ist eine fünf, die andere eine acht.«

»Genau! Aber was würdest du als Europäer sehen?«

»Ah!«

Er lachte: »Genau! Die Frau vom Schalter hat also immer insgesamt sieben Finger hochgehalten, genickt und gesagt: ›Yes, yes, yes, seven!‹ Und wir haben die Geste für achtundfünfzig gesehen, den Kopf geschüttelt und gesagt: ›No, no, no, seven!‹«

»Aber wie habt ihr es dann gelöst?«

»Wir haben es aufgeschrieben.«

»Das war meine Idee!«, rief der Große Freund dazwischen.

»Und seid ihr unterwegs auf Taschendiebe gestoßen?«

Sie schnitt eine enttäuschte Grimasse: »Immer noch nicht.«

Nach einer Weile tauchte Reiseleiter Huang auf. Er war völlig mit Einkaufstüten überladen.

»Ich habe einen Vorschlag«, sagte er etwas außer Atem. »Wir haben noch zwei Stunden Zeit bis zu unserem Abendessen. Eigentlich ist jetzt ein Besuch im Parfümmuseum geplant. Das ist so ähnlich wie die Glaswerkstatt in Venedig oder die Lederfirma in Florenz. Ich könnte mir aber vorstellen, dass ihr lieber hier im Erhabenen Buddha und im Frühling noch etwas mehr Zeit zum Einkaufen hättet, oder?«

Ich versuchte, mir einen Besuch im Parfümmuseum vorzustellen. Würde uns dort wieder jemand einen stundenlangen Vortrag halten? Würden wir bis zum Umfallen an Flakons schnüffeln? Wollten wir Duftwasser aus Paris haben? Außerdem war da noch die Kunststudentin. Sie sah zwar schon viel besser aus als noch in der Koons-Ausstellung, doch ich war mir nicht sicher, ob ein Besuch in einem Parfümmuseum jetzt das Richtige für sie war.

»Wenn ihr nichts dagegen habt, dann habt ihr noch anderthalb Stunden Freizeit, und danach treffen wir uns wieder hier!«, sprach Reiseleiter Huang, und damit war es entschieden.

Wir fielen in den Erhabenen Buddha ein. Die meisten waren am Nachmittag bereits hier gewesen und kannten sich ein bisschen aus. Wir anderen folgten ihnen zu einem Mann im Anzug, der freundlich »*Ni hao*« sagte und jedem von uns eine schöne rote Broschüre überreichte.

FROHES NEUES JAHR stand dort auf Chinesisch unter einem stilisierten Widderkopf und darunter, kleiner und auf Französisch: BONNE ANNÉE. Ganz unten am Rand, fast unsichtbar, war ein mit einem Sternchen versehener, französischer Hinweis, dass damit das chinesische Neujahr gemeint sei.

Ich blickte mich zu den anderen um. Das Jahr des Schafes – es war tatsächlich nur noch zwei Tage entfernt! Am Neujahrsabend würden wir in Frankfurt sein, fern von den Feuerwerken, die über den chinesischen Städten explodierten, fern von der Gala, die auf den Fernsehern flimmerte, fern von den Küchen, in denen die Leute gemeinsam Teigtaschen zubereiteten, fern von unseren Familien, fern von China.

Die anderen schienen sich nicht daran zu stören. Sie eilten durch das Kaufhaus, und ich eilte ihnen hinterher. Einmal kamen wir an einem Stand vorbei, an dem ein Mädchen Süßspeisen verkaufte.

»*Makalong!*«, rief Tianjiao im Vorbeilaufen, und die anderen griffen begeistert ihren Ruf auf: »*Makalong, makalong*!« Es ging offensichtlich um das, was dort verkauft wurde. Ich blickte näher hin. Es waren gebackene Süßigkeiten, kleine Doppelscheiben in bunten Farben, die an zu groß geratene Mantelknöpfe oder an winzige Hamburger erinnerten. Sie schienen beliebt zu sein, denn vor dem Stand hatte sich eine lange Schlange gebildet. Ich las ein Schild, auf dem MACARONS stand, und als ich den Preis darunter sah, musste ich lachen.

»*Makalong!*«, rief ich und eilte den anderen hinterher.

Wir kamen durch Abteilungen für Damen-, Herren- und Kindermode, durchquerten Säle voller Handtaschen, Schmuck und Küchengeschirr. Hier und da zerfaserte sich unsere Gruppe, wenn jemand an einem Ort zurückblieb, um einen Gegenstand genauer zu betrachten oder ihn prüfend in die Hand zu nehmen, doch meist fanden wir hinterher sofort wieder zueinander.

»Hier sind ja fast nur Chinesen«, flüsterte Tianjiao einmal, als wir mit Tante Ju ein Regal voller Küchenbesteck begutachteten, und sie hatte recht. Um uns herum waren überall bekannte Dialekte zu hören. Nicht nur ein Großteil der Einkaufenden, auch viele der Verkäufer kamen offensichtlich aus China. Ich grinste und hob einen Daumen, denn es war genau so, wie ich es mir vorgestellt hatte.

Nur die Schmuggeltanten fehlten.

Ich hatte sie wenige Jahre zuvor zum ersten Mal kennengelernt, auf einem Spaziergang mit chinesischen Freunden über die Champs-Élysées. Damals waren wir vor einem Laden von Louis Vuitton von mehreren chinesischen Damen angesprochen worden. Sie winkten uns beiseite und baten uns, etwas für sie zu kaufen. Keine Angst, sagten sie, das Geld dafür würden sie uns im Voraus geben! Als wir wissen wollten, warum sie nicht einfach selbst hineingingen und es kauften, lachten sie, denn wir waren wirklich zu naiv.

Sie waren Geschäftsfrauen. Der chinesische Staat erhob auf ausländische Luxusgüter hohe Einfuhrzölle, war aber bei den Gepäckkontrollen am Flughafen erstaunlich nachlässig. Da lohnte es sich, im Ausland viele feine Sachen zu kaufen und sie im Gepäck mit nach China zu bringen. Das Problem war aber, dass Firmen wie Louis Vuitton, die dort ihre eigenen Läden aufgemacht hatten, diesen Schmuggel verhindern wollten, indem sie ihre Kunden registrierten und einzelne Personen nur bestimmte Mengen an Sachen kaufen ließen.

Als wir das alles verstanden hatten, nahmen wir das Geld der Schmuggeltanten kichernd entgegen, gingen kichernd in den Laden, fragten kichernd nach einer Produktbezeichnung, die uns vorher aufgeschrieben worden war, bezahlten kichernd und gingen kichernd wieder nach draußen. Dann übergaben wir den Damen die Ware und blickten einander voller Stolz an: Wir hatten uns an einer echten Schmuggelei beteiligt!

Ein bisschen war ich enttäuscht, dass ich sie diesmal nirgendwo erkennen konnte, die chinesischen Schmuggeltanten von Paris.

Unser Abendessen fand in einem erstaunlich nobel anmutenden Etablissement statt. Nobel war daran zum einen, dass uns eine Bedienung die Tür aufhielt. Zum anderen sahen wir Tische mit Kerzen und Tischdecken aus Stoff, an denen europäisch aussehende Leute saßen und sich leise unterhielten. Ich tauschte einen überraschten Blick mit dem Riesenjungen aus, doch bevor wir uns noch freuen konnten, wurden wir schon zu einer Treppe geführt. Sie war eng, und sie führte zu den Toiletten. Als wir oben ankamen, sahen wir an einer Tür ein Schild mit einem Strichmännchen, das mit den Füßen auf einer Toilettenschüssel stand und in die Hocke ging. Es war durchgestrichen. So sollte man es also nicht machen.

Wir lachten irritiert und gingen weiter zu einem Hinterraum. Dort stand ein großer, runder Tisch mit mehreren Stühlen darum herum. Er war mit einer Plastikfolie bedeckt, wie wir sie kannten. Eine Bedienung erschien und schmiss krachend ein paar Schüsseln auf den Tisch. Sie waren mit dem üblichen Fraß gefüllt. Ich nahm Platz, griff nach einem Paar Stäbchen und angelte damit nach einem Stück Fleisch. Von unten, aus dem noblen Teil des Etablissements, drang gedämpfte Lounge-Musik herauf.

An diesem Abend gingen wir in die zweite Runde unserer Internetbestellungen. Die Nachricht von der Schokolade und den Messern hatte sich herumgesprochen, außerdem wusste jetzt jeder, dass ich Bücher schrieb.

»Ich möchte gern eins von deinen Büchern haben«, bat Tante Ju schüchtern, »am besten mit einer Unterschrift von dir!«

Sie stand in meiner Tür und blickte in den Raum. Ein paar der anderen waren bereits da, um ihre Bestellungen aufzugeben.

»Was hältst du davon, wenn ich dich nach unserer Reise zu Hause besuche und dir eins mitbringe?«, bot ich ihr an.

»Du meinst, du willst nach Taiyuan kommen?«

»Genau.«

»Das wäre toll!«

Sie überlegte einen Moment: »Kannst du mir dann vielleicht auch noch etwas Fischöl mitbringen?«

»Fischöl?« Ich musste im Internet suchen, um herauszufinden, dass es sich um Tabletten mit Omega-3-Fischsäure handelte. Anscheinend sollten sie irgendwie gut für die Gesundheit sein.

Ich schlug ihr vor, sie gleich im Internet mitzubestellen, und sie klatschte erfreut in die Hände: »Für die alten Leute«, sagte sie, »für die alten Leute!«

Als alle mit ihren Bestellungen fertig waren, fassten Tianjiao, die Kunststudentin und ich den Entschluss, spazieren zu gehen. Vor der Eingangstür des Hotels trafen wir auf Bruder Hou, der sich gerade eine Zigarette anzündete.

»Bruder Hou, willst du mit uns spazieren gehen?«, fragten wir. Er zuckte mit den Achseln und kam mit.

Unser Hotel lag in einer stillen Gegend. Einfamilienhäuser, schwach beleuchtete Straßen, ein Fluss, der träge vor sich hin gluckerte. Wir konnten in der Dunkelheit eine Brücke erkennen und entschieden, bis zu ihr zu gehen. Auf dem Weg trafen wir ab und zu auf Leute. Die meisten führten ihre Hunde aus, und wenn sie uns begegneten, grüßten sie uns.

»Eigentlich ist es gar nicht so gefährlich hier, oder?«, fragte Tianjiao.

Ich musste an die Geschichte von dem Raubüberfall in Frankfurt denken: »Absolute Sicherheit gibt es wohl nirgendwo.«

»Auf jeden Fall haben wir bisher Glück gehabt, zumindest was die Taschendiebe angeht.«

»Wir haben mit der ganzen Reise Glück gehabt!«, sagte die Kunststudentin. »Ich bin einmal mit einer Reisegruppe zur Expo nach Shanghai gefahren. Das war die Hölle!«

»Warum?«

»Das ging die ganze Zeit so: rein in den Bus, raus aus dem Bus, hier stundenlang anstehen, dort zum Kaufen genötigt werden. Und das Essen war noch viel schlechter!«

»Reisegruppenessen ist nie gut«, sagte Bruder Hou, »Hauptsache, man wird satt.«

Da fiel mir etwas ein: »Sagt mal, was habt ihr eigentlich damals gedacht, als ihr mich zum ersten Mal am Flughafen in Beijing gesehen habt?«

Einen Moment lang war es still.

»Was meinst du damit, was wir gedacht haben?«, fragte Tianjiao schließlich.

»Na, ihr wart irgendwie so abweisend.«

»Waren wir das? Das ist mir gar nicht aufgefallen.«

»Doch, besonders du, Bruder Hou! Du hast mich so ernst angeguckt, dass es fast ein wenig zum Fürchten war.«

Er lächelte versöhnlich: »Ich war nur etwas verwirrt, das ist alles.«

»Und ich dachte, du seist vielleicht einfach ein Freund von Reiseleiter Huang«, sagte die Kunststudentin.

Tianjiao grinste: »Wisst ihr, was ich gedacht habe? Dieser komische Ausländer, entweder will der bei uns Marktforschung über Europareisen betreiben, oder der hat einfach nur einen Knall!«

Als wir die Brücke erreichten, sahen wir am anderen Flussufer ein chinesisches Restaurant. Es leuchtete in der Dunkelheit.

»China ist wirklich überall«, bemerkte die Kunststudentin trocken, und wir lachten.

Wir blieben eine Weile vor dem Restaurant stehen und überlegten, ob wir uns darin ein Bier kaufen sollten oder nicht. Ein junger, asiatisch aussehender Mann kam heraus. Er bat auf Englisch um Feuer, und als er festgestellt hatte, dass wir aus China kamen, wurde er gesprächig.

»Ich bin eigentlich auch aus China«, sagte er.

Er war der Sohn des Restaurantbesitzers, und er war hier geboren und aufgewachsen. Deshalb sprach er außer Französisch und Englisch nur den südchinesischen Dialekt seiner Eltern, und auch den nicht sehr gut. Mir fiel ein Wort aus den grausamen Weiten des chinesischen Internets ein: »Bananenmensch« – außen gelb, innen weiß. Es bezeichnete eine Person, die zwar noch chinesisch aussah, aber nicht mehr so dachte und fühlte.

Unser neuer Freund hieß Chip, er war sehr begeisterungsfähig. Dass ich Chinesisch sprach, begeisterte ihn. Der Umstand, dass ich nicht etwa ein Reiseführer, sondern ein Teilnehmer wie die anderen war, begeisterte ihn noch mehr. Und unser Entschluss, abends einen Spaziergang hier am Fluss zu unternehmen, führte zu einem wahren Sturm der Begeisterung.

»Das finde ich super!«, rief er. »Die meisten Touristen wollen immer nur Paris, Paris und wieder Paris, aber Frankreich ist doch viel mehr als das!« Er breitete die Arme aus: »Hier bei uns ist es auch schön, oder etwa nicht?«

»Ja«, sagten wir, »sehr schön.«

Er lächelte zufrieden: »Ach, wenn nur alle ausländischen Besucher so wären wie ihr!«

Am nächsten Morgen unterlief Reiseleiter Huang ein Fehler.

Es war unser letzter Tag in Paris. Der Plan sah vor, dass wir den Vormittag mit Sightseeing verbringen und den Nachmittag über ausgiebig shoppen würden: Frühling, Erhabener Buddha, das ganze Programm.

Doch offenbar war er auf unserer Liste mit den geplanten Extra-Aktivitäten durcheinandergekommen.

Boris ließ uns am Fuß eines Hochhauses aussteigen.

»Dies ist die Tour Montparnasse, der einzige Wolkenkratzer innerhalb von Paris«, erklärte Reiseleiter Huang, »wir gehen jetzt auf das Aussichtsdeck und gucken uns die Stadt von oben an.«

»Aber haben wir das denn überhaupt angekreuzt?«, fragte die Schicke Mutter und zeigte auf die Liste mit den Extra-Aktivitäten in seiner Hand.

»Ja, klar«, sagte er, überprüfte aber vorsichtshalber noch einmal den Zettel.

Wir gingen hinter ihm auf den Eingang des Gebäudes zu. Der Riesenjunge legte den Kopf in den Nacken und blickte an dem hohen, glänzenden Kasten empor.

»Hm«, brummte er.

Plötzlich blieb Reiseleiter Huang stehen und fasste sich an den Kopf: »Moment mal, diese Aktivität habt ihr tatsächlich nicht angekreuzt. Ich habe mich vertan!«

Niemand sagte etwas, während er weiter auf seinen Zettel starrte.

»Ach, was soll's!«, sagte er schließlich. »Wenn wir jetzt schon einmal hier sind, dann gehen wir auch hinauf. Ich lade euch dazu ein, das wird dann einfach mein Neujahrsgeschenk für euch!«

Er blickte in die Runde und lächelte etwas schief, dann drehte er sich entschlossen um und lief auf den Eingang zu.

Wir folgten ihm.

Im Inneren der Tour Montparnasse sah es aus wie in einem Bürogebäude. Einzig die Beschilderungen wiesen darauf hin, dass es sich um eine touristische Attraktion handelte: TOILETTEN stand dort auf Französisch, Englisch und auf Chinesisch.

Wir standen eine Weile herum, während Reiseleiter Huang Tickets für uns kaufte. Dann betraten wir einen Fahrstuhl, und wenig später fanden wir uns ganz oben auf dem Aussichtsdeck wieder. Der Himmel war grau, und es war sehr windig.

»Wie hoch ist das denn jetzt hier eigentlich?«, wollte Tante Ju wissen.

»Zweihundertneun Meter«, antwortete der Riesenjunge.

Wir blickten ihn überrascht an, und er zeigte auf sein Tablet: »Hab ich im Internet nachgeguckt.«

Tante Ju kniff die Augenbrauen zusammen: »Bei uns sind die Häuser aber höher, oder?«

»Viel höher.«

»Komisch«, sie deutete über die Stadt, die wie ein graues Meer unter uns lag, »wirkt doch ziemlich hoch hier oben, oder?«

Der Riesenjunge zuckte mit den Achseln: »Das liegt wahrscheinlich daran, dass alle anderen Gebäude so niedrig sind.« Er wendete sich an mich: »Sag mal, Alter Lei, manchmal wirkt es, als wären die Leute in Europa einfach zufrieden damit, dass die Dinge sind, wie sie sind. Man mag hier Veränderungen nicht so gern, kann das sein?«

Für die Rückfahrt nach unten wurde unsere Gruppe auf zwei Fahrstühle verteilt. Ich betrat zusammen mit Tianjiao, Tante Ju und dem Team Großer Freund den zweiten.

Tante Ju seufzte.

»Was ist los?«, fragte Tianjiao.

»Ich fühle mich nicht ganz wohl damit, dass Reiseleiter Huang das jetzt für uns bezahlt hat.«

Tianjiao nickte: »Ich auch nicht.«

»Das hat bestimmt viel Geld gekostet. Und auch wenn wir es eigentlich nicht angekreuzt hatten, war es doch eine schöne Sache für uns!«

»Stimmt«, sagte die Mutter des Großen Freundes.

»Stimmt«, sagte der Große Freund.

»Ich weiß eh nicht mehr ganz genau, was ich da eigentlich alles angekreuzt habe«, sagte Tianjiao.

»Stimmt«, sagte ich.

Als Nächstes fuhren wir nach Versailles. Während der Busfahrt huschte Tianjiao von einem Platz zum anderen. Sie hatte die Aufgabe übernommen, bei den anderen nachzufragen, ob wir die Montparnasse-Aktivität nicht doch lieber als Gruppe selbst bezahlen wollten. Fingerspitzengefühl war hierbei das Wichtigste, denn wir wollten niemanden unter Druck setzen, und Reiseleiter Huang sollte nichts davon mitbekommen. Nach einer Weile kam sie wieder an ihren Platz zurück und hob beide Daumen: Alle hatten sich einverstanden erklärt.

Der Parkplatz von Versailles war sehr weitläufig. An seinen Rändern war er von hohen Bäumen und Prachtbauten gesäumt. Wir sahen einen Zaun mit einem Tor in der Mitte. Er glänzte golden in der Sonne. Ein Parkplatz für Könige, dachte ich, oder für Millionäre, die im Hofbräuhaus Maotai trinken.

Wir folgten Reiseleiter Huang zu einem Restaurant. Jemand war offenbar auf die geniale Idee gekommen, genau gegenüber dem Eingang von Versailles chinesisches Essen anzubieten. Wir nahmen um einen Tisch herum Platz und stellten fest, dass es genauso schmeckte wie sonst auch überall.

Als wir das Restaurant wieder verließen, beschloss ich, mich mit einer Crêpe aus einem Café nebenan zu trösten. Niemand von den anderen wollte eine, also bestellte ich zwei. Sie waren so, wie ich sie haben wollte: runde, hauchdünne Pfannkuchen, zu dreieckigen Täschchen gefaltet, vor Schokolade triefend. Als ich wieder zu den anderen stieß, drückte ich eine davon dem Großen Freund in die Hand und drehte mich schnell weg, bevor sie dagegen protestieren konnte. Aus dem Augenwinkel sah ich sie grinsen.

Reiseleiter Huang führte uns durch das goldene Tor in das Schloss von Versailles. Wir bekamen diesmal keinen Ortsführer, dafür aber jeder ein Paar Kopfhörer, die erkennen konnten, in welchem Raum wir uns jeweils befanden, und dann einen chinesischen Text in unser Ohr quakten.

Wir ließen uns in den Besucherstrom fallen und wurden durch Säle und Treppenhäuser gespült.

Alles sah sehr prächtig aus.

»Ein bisschen wie im Louvre«, bemerkte die Schicke Mutter und zeigte auf eine Wand, die von oben bis unten mit Gemälden behangen war.

Reiseleiter Huang grinste: »Nur, dass hier mehr Bilder mit Darstellungen vom Krieg hängen.«

Nach einer Weile spuckte uns das Schloss wieder aus, und wir landeten auf einem Schotterplatz, von dem aus wir den Park dahinter überblicken konnten. Alles war streng geometrisch. In der Mitte sahen wir einen See, daneben Waldstücke und Rasenflächen, durchschnitten von Gehwegen, die wie mit dem Lineal gezogen zu sein schienen. Hier und da standen Brunnen und zurechtgestutzte Bäumchen. Das Einzige, was die Symmetrie störte, waren die bunt gekleideten Touristen und ein Baukran, den jemand offenbar in einem leeren Brunnen hatte stehen lassen.

Wir nahmen die Kopfhörer ab und zückten unsere Smartphones, um Fotos zu machen. Begeistert sahen wir nicht aus.

»Ihr müsst euch das Ganze vor dreihundert Jahren vorstellen«, beschwor uns Reiseleiter Huang, »da stand der König von Frankreich hier oben, der Sonnenkönig, von dem ich euch erzählt habe. Der stand hier und ließ seine Garde vor sich aufmarschieren, alle in Paradeuniform, komplett mit Säbeln und Pferden und Kanonen.« Er strahlte: »Das muss vielleicht toll ausgesehen haben!«

Wir starrten auf die Parkanlage. Überall wimmelte es von Touristen. Der Kran lehnte sich etwas windschief in den grauen Himmel.

»Reiseleiter Huang«, fragte schließlich jemand, »fahren wir jetzt zum Einkaufen?«

Das taten wir, doch zuerst fuhren wir noch schnell zum Eiffelturm. Genauer gesagt: Wir fuhren zu einer Straße, die in Sichtweite des Eiffelturms lag. Dort ließ Boris uns aussteigen, damit wir unsere Fotos machen konnten. Wir waren noch mehrere Hundert Meter von dem Turm entfernt, und er sah sehr klein aus, fast wie ein Spielzeug.

»Wollen wir nicht hinübergehen?«, fragte ich Reiseleiter Huang.

»Ach, ich glaube, die sind ganz zufrieden hier.« Er deutete auf Tianjiao und Tante Ju. Sie fotografierten sich selbst mit dem Turm, indem sie die Hände so in die Höhe hielten, dass es aussah, als wachse er aus ihren Handflächen empor. Bruder Hou hielt seinen Selfie-Stick vor sich hin und machte sein Lächeln für die Winzigkeit.

»Wenn wir jetzt da hinübergehen, dann müssen wir eigentlich auch hinaufsteigen«, fuhr Reiseleiter Huang fort, »aber dafür reicht die Zeit leider nicht.«

»Einkaufen ist wichtiger?«, fragte ich.

Er nickte: »Einkaufen ist wichtiger.«

Als wir bei den Kaufhäusern ankamen, teilten wir uns auf. Ich folgte Tianjiao, der Kunststudentin und ihrer Mutter.

Die Kunststudentin war enttäuscht. »In der Schule hatten viele von uns immer ein Bild vom Eiffelturm bei sich, auf der Tasche oder auf der Kleidung zum Beispiel. Und jetzt, als wir wirklich da waren, war der Himmel grau, und es war windig, und der Turm sah irgendwie so klein und unscheinbar aus. Das war überhaupt nicht romantisch!«

Wir beschlossen, uns mit Einkaufen zu trösten.

Wieder liefen wir in den Abteilungen hin und her, wieder kamen wir an dem Macaronstand vorbei und sagten »*makalong*«, und wieder gingen wir weiter, ohne etwas zu kaufen.

Einmal landeten wir in einem Bereich, der offenbar dafür da war, Touristen die Steuern für ihre Einkäufe zurückzugeben. Er war völlig überfüllt.

»Sind hier eigentlich nur Chinesen?«, fragte die Kunststudentin, und Tianjiao zeigte auf ein Schild an der Wand: FOLGEN SIE UNS AUF WEIBO stand dort auf Chinesisch, UND ERHALTEN SIE INFORMATIONEN ÜBER ANGEBOTE UND TRENDS.

Wir drehten uns schnell wieder um.

Manche Luxusmarken hatten offenbar ihre eigenen Geschäfte innerhalb der Kaufhäuser. In der Tür eines Prada-Ladens sahen wir einen Sicherheitsmann, der ungnädig über eine Schlange von Kaufwilligen hinwegblickte und sie nacheinander eintreten ließ, wie in einen Club. Vor einem Laden von Chanel war es genauso, nur mit dem Unterschied, dass die Schlange dort noch etwas länger war. Die meisten der Wartenden schienen aus China zu sein. Sie hielten Einkaufstüten in den Händen und starrten gelangweilt auf ihre Smartphones.

Ein junges Pärchen kam uns entgegen. Der Mann zog einen schicken Alukoffer hinter sich her und hielt den Arm um seine Begleitung gelegt. Er wirkte sehr jung und sehr reich, ein bisschen wie das Klischee eines Beamtensohns aus Beijing oder Shanghai.

»Tiffany mag ich total gern«, erklärte er seiner Begleitung, und er sagte es so laut, dass es alle im Umkreis hören konnten, »denn dort ist es so romantisch.«

Wir rollten mit den Augen.

Irgendwann ließen wir die Kaufhäuser hinter uns.

»Zu teuer und zu voll«, beschied Tianjiao, und wir nickten.

In einer Nebenstraße fanden wir ein Geschäft von C&A, außerdem noch einen Gap-Store und irgendwelche anderen Läden, die ich nicht kannte. Tianjiao grinste: Das war schon besser. Wir gingen hier und dort hinein, und meist stand ich ein bisschen abseits in der Nähe des Eingangs und wartete, während die anderen sich zwischen Regalen und Kleiderständern umsahen.

Wir kauften nicht viel. Einen Pulli, einen Schal, Kleinigkeiten.

»Die Klamotten hier sind alle irgendwie zu groß«, beklagte sich die Kunststudentin lachend, »da gehört man zu Hause zu den Dicken, und wenn man hierherkommt, ist man plötzlich zu dünn!«

»Sag mal, Alter Lei«, fragte Tianjiao plötzlich, »meinst du, wir finden hier einen Ort, an dem wir Milchpulver kaufen können?«

Milchpulver! Insgeheim hatte ich schon lange auf dieses Wort gewartet.

Die meisten chinesischen Eltern wollten nur noch Babymilch aus dem Ausland, seit es ein paar Jahre zuvor in China zu einem Skandal mit Tausenden von kranken Kindern und mehreren Todesfällen gekommen war. Seitdem hatte sich ein blühendes Schmuggelgeschäft entwickelt, und auch Touristen brachten immer wieder ganze Koffer voller Milchpulver mit nach Hause.

Einmal war ich in einer Talkshow zu dem Thema gelandet. Ich verstand zwar nicht viel davon, aber es hieß, dass die Produzenten einen Ausländer in der Sendung haben wollten. Außer mir traten noch zwei Wissenschaftler auf, dazu ein Regierungsvertreter und ein Biomilchproduzent. Es wurde durcheinandergeschrien, und da ich nicht viel dazu beitragen konnte, wiederholte ich immer nur, dass die Lebensmittelsicherheit in China ohne einen richtigen Rechtsstaat ohnehin keine Chance hätte. Nach der Sendung bekam ich von dem Biomilchproduzenten eine Palette Trinkjoghurt.

»Welche Marke möchtest du?«, fragte ich Tianjiao. »Die meisten Chinesen scheinen Aptamil zu bevorzugen, Hipp ist aber auch okay. Ich weiß allerdings nicht, ob es das in Frankreich gibt.«

»Ich soll dieses hier mitbringen«, sagte sie und zeigte auf das Display ihres Telefons. Eine Packung Milchpulver war darauf abgebildet. Es kam aus Frankreich und hieß passenderweise Gallia.

Wir suchten eine Weile und wurden schließlich in einem Supermarkt ein paar Straßen weiter fündig. Die Kunststudentin und ihre Mutter waren mitgekommen und spazierten in den Gängen herum. Ich hatte nicht das Gefühl, dass sie die großen Kaufhäuser vermissten. Tianjiao und ich standen vor einem Regal mit verschiedenen Packungen Milchpulver. Es gab alle möglichen Marken, allerdings war von der gewünschten Sorte nur noch eine einzige Packung da.

Tianjiao sah geknickt aus.

»Jetzt sind wir so weit gelaufen, um einen Supermarkt zu finden, und ausgerechnet diese eine Sorte gibt es nicht mehr!«, sagte sie.

Ich beschloss, einen der Angestellten danach zu fragen. In einem der Gänge fand ich einen sehr großen, afrikanisch aussehenden Herrn, der in den Farben des Supermarkts gekleidet war und geschäftig zwischen den Regalen hin und her räumte.

»Entschuldigen Sie bitte, mein Herr!«, flötete ich, und er blieb stehen.

Ich trat in seinen Schatten und blickte empor. Er war kolossal. Wenn er mit uns in dem Boot nach Venedig gesessen hätte, dachte ich, dann hätten der Riesenjunge und ich zum Ausgleich auf der anderen Seite sitzen müssen, und in der Seilbahn auf dem Schneeberg wäre er wahrscheinlich durch die Decke gestoßen.

»Was wünschen Sie, mein Herr?«, fragte er, und ich erklärte ihm das Problem des fehlenden Milchpulvers.

Mit einem Nicken setzte er sich in Bewegung, walzte durch den Gang, bog um die Ecke und steuerte auf das Milchpulverregal zu. Tianjiao blickte erschrocken auf.

»Hier ist doch noch eine Packung!«, sagte er und zeigte auf das Fach im Regal.

»Ja, das stimmt. Die Dame möchte aber ein bisschen mehr haben.«

»Wie viel mehr?«

Ich blickte zu Tianjiao hinüber: »Wie viel brauchst du?«

»Vielleicht ein Dutzend Packungen«, sagte sie.

Ich gab die Information an den Hünen weiter.

»Zwölf Packungen Milchpulver?« Er blickte mich verwirrt an: »Aber wozu das denn?«

»Sie möchte das mit nach China nehmen. Es ist für eine Freundin.«

»Haben die dort etwa kein Milchpulver?«

»Doch, schon. Aber sie sind so korrupt, dass niemand für die Sicherheit der Waren garantieren kann. Es sind dort schon Kinder an verseuchter Babymilch gestorben.«

»Oh mein Gott!« Er legte eine Hand auf die Brust und blickte Tianjiao erschrocken an. »Die kleinen Babys, die sind doch jedem von uns das Nächste am Herzen!«

Tianjiao, die nichts von unserem Gespräch verstanden hatte, lächelte verwirrt.

»Warten Sie einen Moment, mein Herr«, beschied der Koloss, dann hüpfte er erstaunlich leichtfüßig von dannen.

Tianjiao und ich standen wieder im Licht. Sie drehte die Packung Milchpulver in der Hand.

»Es gibt keins mehr, oder?«, fragte sie.

»Ich glaube, er geht ins Lager und guckt, ob er nicht doch noch etwas dahat.«

»Super! Und wovon war er eben so überrascht?«

»Er hatte noch nie etwas von den Milchpulverskandalen in China gehört.«

»Ich dachte, die ganze Welt wüsste davon?«

»Anscheinend nicht.«

Nach einer Weile kam er zurück. Fast war ich überrascht, dass ich nicht zuerst die Erschütterungen seiner Schritte spürte, bevor ich ihn sah. In der einen Hand hielt er einen Karton, in der anderen eine Rolle Paketband. Auf seinem Gesicht war ein strahlendes Lächeln.

»Da!«, sagte er, als er den Karton vor uns abstellte. Er enthielt ein Dutzend Packungen von genau der Sorte Milchpulver, die wir suchten.

Tianjiao strahlte.

»Thank you!«, wiederholte sie immer wieder und klatschte in die Hände, während unser Freund die Packungen abzählte, den Karton zuklappte und ihn mit Klebeband verschloss. Dann blickte sie mich einen Moment lang fragend an, bis ihr etwas einfiel. Es war ein französisches Wort, das ich ihr auf dem Weg hierher beigebracht hatte: »Merci!«

Mittlerweile waren auch die Kunststudentin und ihre Mutter von unserem Lärm angelockt worden. Der Titan lächelte freundlich, ließ mit spielerischer Leichtigkeit den Karton in meine Hände sinken und geleitete uns zur Kasse.

»Zwölf davon!«, sagte er zu der Kassiererin und zeigte auf die einzelne Packung Milchpulver in Tianjiaos Händen. Dann winkte er dem Sicherheitsmann an der Tür zu, verabschiedete sich von uns und stapfte davon.

»Der war aber nett!«, bemerkte die Kunststudentin.

»Und groß!«, sagte ihre Mutter.

»Sehr groß und sehr nett!«, sagte Tianjiao.

Als wir an der Kasse vorbei waren, kam es zwischen mir und Tianjiao zu einer Auseinandersetzung. Es ging um die Frage, wer den Karton tragen durfte.

»Ich kann den doch selbst nehmen!«, rief sie und versuchte, ihn mir zu entreißen.

»Natürlich könntest du das, aber wie würde das vor den Leuten hier aussehen, wenn ich dich so einen großen Karton selbst tragen ließe?«

»Aber es ist doch MEIN Karton!«

»Das ist egal.«

»Aber die Leute kennen uns doch gar nicht!«

»Das ist auch egal. Es geht darum, dass ich als Gentleman erscheinen will.«

Die Kunststudentin lachte: »Europäer wollen also auch ihr Gesicht wahren, lustig!«

»Genauso ist das«, sagte ich und wuchtete den Karton auf die Schulter, außer Reichweite von Tianjiao.

Sie stemmte die Hände in die Hüften und funkelte mich entrüstet an.

»Dafür kaufe ich dir gleich ein *makalong*!«

Und damit stürmte sie zur Tür hinaus.

Es dauerte nicht lange, bis wir tatsächlich an einem Macarongeschäft vorbeikamen. Es war so aufwendig geschmückt, dass es eher an eine Boutique erinnerte. Ich wurde mit dem Karton vor dem Schaufenster abgestellt, während die anderen hineingingen. Als sie wieder herauskamen, lachten sie ungläubig, denn erstens waren die Macarons wirklich sehr teuer, und zweitens stellte sich heraus, dass ich in meinem ganzen Leben noch nie eins gegessen hatte.

»Was?«, fragte Tianjiao. »Aber du bist doch Europäer!«

»Nicht nur das, ich habe sogar eine Zeit lang hier in Paris gelebt.«

»Und warum hast du dann noch nie ein *makalong* gegessen?«

»Ich bin einfach nie auf die Idee gekommen.«

»Aber warum denn nicht? Die sind doch so köstlich!«

»Genau!«, sagte die Kunststudentin. »Bei uns waren die eine Zeit lang total angesagt, und mittlerweile kann man sie sogar ganz billig im Internet bestellen!«

Sie waren wirklich lecker. Wir mampften uns durch grüne, gelbe, braune, rote und orangefarbene Macarons, dann machten wir uns mit einem gewissen Erfolgsgefühl auf den Weg zurück zu unserem Treffpunkt. Er war, wie immer, am Hintereingang des Erhabenen Buddhas.

Als wir dort ankamen, war ich sehr erleichtert. Ich hatte den Karton zunächst auf der linken Schulter getragen und dann, als ich müde wurde, auf der rechten. Irgendwann hatte ich ihn mit beiden

Armen an die Brust gepresst und mich bei dem Gedanken ertappt, ob es nicht einfacher wäre, ihn auf dem Kopf zu balancieren.

»Was schleppst du denn da, Alter Lei?«, fragte der Riesenjunge lachend, als er mich sah.

»Milchpulver«, sagte ich, und wir berichteten von unserer Expedition zu dem Supermarkt in der Ferne.

»Aber hier ist doch auch einer!«, sagte Reiseleiter Huang und zeigte auf ein Schild neben dem Metroeingang. Und tatsächlich: Dort war nicht nur ein Supermarkt, sondern obendrein gehörte er auch noch zu der gleichen Kette wie der, zu dem wir gelaufen waren.

Tianjiao und ich tauschten einen fassungslosen Blick aus.

»Ja, aber …«, sagte sie.

»Äh …«, machte ich.

Es war die Kunststudentin, die uns rettete: »An diesem Ort hier kaufen doch ganz viele Chinesen ein! Das bedeutet, dass hier das Milchpulver bestimmt schon lange ausverkauft ist!«

»Genau«, sagte ich.

»Genau«, sagte Tianjiao.

Und wir versuchten, es sehr überzeugt klingen zu lassen.

Wir aßen, dann fuhren wir zu unserem Hotel zurück. Auf dem Weg kamen wir an der Place de la République vorbei. Der Platz leuchtete, und er war voller Menschen. Sie hatten sich um das Monument in der Mitte versammelt, manche von ihnen hielten Schilder empor.

»Es geht um Charlie Hebdo«, erklärte Reiseleiter Huang, doch das wussten wir bereits. Der Anschlag war erst wenige Wochen her, und die Bilder davon waren in China nonstop über alle Kanäle gegangen.

Während Reiseleiter Huang vorn etwas über die europäische Sicherheitslage erzählte, beugte sich der Riesenjunge zu mir herüber: »Wenn so etwas passiert, dann überlegt man natürlich, ob es eine gute Idee ist, als Tourist hierherzukommen.«

»Und warum habt ihr euch entschieden, es trotzdem zu tun?«

»Es kommen doch alle.«

»Das stimmt natürlich.«

»Und man kann auch nicht nach Europa kommen, ohne Paris gesehen zu haben. Das wird dir jeder in China bestätigen, denn von Paris haben wirklich alle schon einmal gehört.«

»Und wie gefällt es dir?«

»Na ja, es ist ein bisschen schmutziger, als ich dachte. Der Verkehr ist ein bisschen durcheinander, und man fühlt sich als Tourist nicht so sicher wie zum Beispiel in der Schweiz. Aber andererseits hat es seinen Charme.«

»Das finde ich auch, ich liebe Paris!«

»Es ist ja immerhin auch eine wichtige Modestadt. Wobei ich es mir früher eher wie Hongkong oder Beijing vorgestellt hatte, mit hohen, modernen Gebäuden. Doch es gibt hier nur diese grauweißen Häuser, die eben unverwechselbar zu Paris gehören. Die könnte man nicht einfach irgendwo anders hinstellen. Und die Cafés natürlich. Am Straßenrand im Café zu sitzen, das ginge in Beijing gar nicht. Aber für die Leute hier ist das völlig normal!«

An diesem Abend entschieden Tianjiao und die Kunststudentin, wieder einen Spaziergang zu machen. Wir gingen die gleiche Strecke wie am Vorabend, nur, dass diesmal nicht Bruder Hou dabei war, sondern Busfahrer Boris.

Wir spazierten am Fluss entlang und unterhielten uns dabei auf Englisch. Tianjiao und die Kunststudentin sagten nicht viel, doch eigentlich mussten sie das auch gar nicht, denn Boris redete ununterbrochen.

»Ich bin ja so froh, dass ich endlich auch einmal mit euch Reisenden sprechen kann«, frohlockte er.

»Kannst du das denn sonst nicht?«

»Wenig. Die Leute haben ja immer ihre Reiseleiter und Übersetzer dabei. Ich bin nur dazu da, sie herumzufahren.«

»Hast du oft chinesische Gruppen?«

»Sehr oft. Aber eigentlich ist alles dabei.«

»Und aus welchem Land sind die Leute am besten?«

Er überlegte kurz. »Aus Japan«, sagte er dann.

Ich bemerkte, wie Tianjiao und die Kunststudentin aufhorchten, und ich musste an den Punkt in unserem Reisevertrag denken: Das nationale Ansehen bewahren!

»Die japanischen Touristen«, fuhr er fort, »sind am pünktlichsten, am ruhigsten und am saubersten. Wenn die am Ende den Bus verlassen, bleibt nicht das kleinste Stückchen Müll liegen.«

Mir fiel meine leere Lakritztüte ein, die ich zwischen meinen Sitz und das Fenster geklemmt hatte.

»Und welche Nationalitäten sind weniger toll?«, fragte ich.

»Das kommt darauf an. Jugendliche sind eigentlich meistens schwierig, egal, wo sie herkommen. Und Italiener! Die können manchmal, ehrlich gesagt, ein bisschen anstrengend sein.«

Wir kicherten, denn Reiseleiter Huang hatte uns bereits einiges über die Einwohner Italiens erzählt. Temperamentvoll sollten sie sein. Familienmenschen. Und angeblich waren sie *chihuo*, Leute, denen Essen unheimlich wichtig war.

»Manch einer findet«, hatte er uns erklärt, »die Italiener seien die Chinesen Europas.«

Da hatten wir amüsiert gelacht, denn wie Chinesen waren, das wussten wir ja.

Die Nacht war still. Der Fluss schwappte leise schmatzend ans Ufer, und Boris erzählte vom Renovieren. Wenn er nicht gerade mit dem Bus unterwegs war, um Geld zu verdienen, arbeitete er an seinem Haus. Es stand in seinem Heimatort in Slowenien.

»Ah«, sagten wir, »Slowenien.«

Er lächelte. Warum wir nicht auch einmal dort Urlaub machten? Alle Welt führe immer nur nach Italien und nach Frankreich, aber Slowenien sei doch auch schön. Dort gebe es die Berge und das Meer, außerdem Höhlen, viele Höhlen.

»Wirklich sehr viele Höhlen«, sagte er.

»Ehrlich gesagt weiß ich nicht einmal ganz genau, wo dieses Land überhaupt ist«, flüsterte Tianjiao auf Chinesisch der Kunststudentin zu, und beide kicherten. Ich musste an den ersten Morgen in München denken. War es nun der slowenische oder der slowakische Ministerpräsident gewesen, der damals mit Blaulicht an uns vorbeigerauscht war?

»Aber sagt mal, wie ist eigentlich China so?«, wollte Boris wissen.

Ich überlegte einen Moment, und weil die beiden anderen nicht antworteten, sagte ich schließlich: »China ist sehr groß und sehr vielseitig, und überall gibt es leckeres Essen.«

Sie nickten eifrig. Das Essen war gut in China, ohne Zweifel.

»Die Leute dort sind auch sehr nett«, fuhr ich fort, »vor allem sind sie gastfreundlich.«

»Das ist am wichtigsten«, sagte Boris. Er schien einen Moment zu überlegen, dann fragte er mit einem besorgten Gesichtsausdruck: »Aber Kommunisten sind die nicht mehr, oder?«

Wir lachten. Ich überlegte einen Moment, ob ich ihn darauf hinweisen sollte, dass Tianjiao als Parteimitglied tatsächlich noch Kommunistin war, zumindest dem Namen nach. Stattdessen sagte ich: »Es ist kompliziert.«

Diese Antwort schien ihn zufriedenzustellen, denn er brummte und wechselte zu einem anderen Thema: Filme. Was denn in China für Filme geguckt würden?

»*Transformers!*«, rief Tianjiao triumphierend, und sie wiederholte es noch einmal auf Chinesisch für die Kunststudentin: »*Bianxing Jingang* – die sich verformenden Wächter.«

»Ah«, sagte die Kunststudentin, und auch ihr fiel ein Film ein: »*Harry Potter!*«

Aber Boris wollte von Hollywood nichts wissen.

»Kennt ihr einen Film, der *Tot und Kalt* heißt oder so ähnlich?«, fragte er.

Wir kannten ihn nicht.

»Den müsst ihr sehen, ein serbischer Film!«

»Serbien?«, fragte Tianjiao auf Chinesisch. »Ich dachte, Boris kommt aus Slowenien?«

Die Kunststudentin kicherte: »Er findet vielleicht einfach serbische Filme besser als slowenische. Bei uns gucken ja auch viele Leute Serien aus Korea.«

Das war einleuchtend.

Boris schwärmte in aller Ausführlichkeit von seinem Film. Anscheinend ging es darin um Leute, die eine Zugfahrt machten und dabei eine Leiche verloren, aber so ganz klar war uns das nicht, denn seine Erzählung verlor sich in Details und wurde immer wieder von Lachanfällen unterbrochen. So viel jedenfalls verstanden wir: Der Film musste unheimlich komisch sein.

Es war unser letzter Abend in diesem Vorort von Paris, dessen Namen wir nicht kannten. Wir spazierten am Fluss entlang durch die stille Dunkelheit, vor der wir so oft gewarnt worden waren. In der Ferne konnten wir das Glimmen der Großstadt erkennen. Und ab und zu schallte das Lachen von Boris prustend durch die Nacht.

Am nächsten Morgen stand ich früh auf und trat allein vor die Tür. Ich ging zum Fluss hinunter und balancierte auf den Steinen am Ufer. Dünner Nebel stieg über dem Wasser auf, und ich bemerkte ein paar Enten, die offenbar auch gerade erst aufgewacht waren. Ich hatte noch niemanden von unserer Gruppe gesehen.

Manchmal fühlte es sich seltsam an, mit diesen freundlichen Leuten unterwegs zu sein und dabei auf alles zu achten, was sie sagten und was sie taten. Es gab Momente, in denen ich aufpassen musste, nicht etwa eine Dokumentarfilmerstimme im Ohr zu haben, einen Heinz Sielmann vielleicht, der näselnd und mit rollendem R das Geschehen kommentierte: CHINESISCHE REISEGRUPPEN SIND IN EUROPA ALLGEMEIN VERBREITET UND KOMMEN IN VIELEN VERSCHIEDENEN FARBEN VOR. SIE VERZEHREN GERN CHINESISCHE SPEISEN. GIBT MAN IHNEN EUROPÄISCHES ESSEN, SO BRINGT MAN SIE

DAZU, IHR EIGENES EINGELEGTES GEMÜSE HERVORZUHOLEN. EINE EINZELNE CHINESISCHE REISEGRUPPE KANN MEHRERE HUNDERT SELFIES AM TAG MACHEN UND MUSS DEMENTSPRECHEND MIT NAHRUNG VERSORGT WERDEN …

Nein, das wurde ihnen nicht gerecht.

Dies war ihr Urlaub. Sie hatten Zeit und Geld dafür geopfert, um hierherzukommen, und nach ihrer anfänglichen Zurückhaltung hatten sie mich erstaunlich schnell bei sich aufgenommen. Wir hatten zusammen gelacht und uns an unseren Erlebnissen erfreut, und ich hatte das Gefühl, dass wir eigentlich eine ziemlich gute Gruppe waren. Auch wenn wir leider keine Gruppenfahne hatten.

Als wir wieder im Bus saßen, machten wir es uns bequem, denn Reiseleiter Huang hatte uns für heute eine Marathonfahrt nach Frankfurt angekündigt.

Es war der Tag des Neujahrsfestes. In China waren in den letzten paar Tagen Hunderte von Millionen Menschen durch das Land gereist, um an diesem Abend bei ihren Familien sein zu können. Und hier saßen wir in unserem Bus und blickten nach draußen auf die französische Autobahn.

»Die Sitzbezüge und die Vorhänge sind rot«, freute sich Tianjiao »das ist mir bisher gar nicht aufgefallen!«

Rot war die Farbe des Festes.

»Wollen wir die Neujahrsgala gucken?«, schlug der Riesenjunge vor und zeigte auf sein Tablet.

»Im Internet?«, fragte ich ungläubig.

»Wo denn sonst?«

»Aber das muss doch unglaublich teuer für dich sein!«

»Überhaupt nicht, ich habe mir zu Hause ein Datenpaket für Europa gekauft.«

»Und das reicht für einen mehrstündigen Videostream?«

»Klar!«

»Wie viel hast du bezahlt?«

»Vielleicht hundert oder zweihundert Yuan.«

Ich war sehr beeindruckt.

Er tippte auf dem Display herum, bis sich die Sendung aufbaute. Sie war ein glitzerndes Ungeheuer: die Bühnen überladen, die Moderatoren steif, die Witze brav und die Lieder vor Vaterlandsliebe triefend. Dazwischen gab es akrobatische Aufführungen, die eigentlich ganz nett waren.

Ein bisschen erinnerte es mich an *Wetten, dass …?* oder die *Eurovision-Song-Contest*-Fernsehshows, die von vornherein nicht dazu gedacht waren, aufmerksam geguckt zu werden. Man musste sie im Hintergrund laufen lassen, während man mit Freunden zusammensaß und sich bei Speis und Trank über sie lustig machte.

Wir starrten auf das Tablet in der Hand des Riesenjungen. Er hatte es nicht sehr laut aufgedreht, weil einige der anderen schliefen und wir sie nicht stören wollten. Der Bus brummte so laut, dass wir genau hinhören mussten, wenn wir alles verstehen wollten. Ich nahm mein Telefon hervor und sah, dass die Leute auf Weibo sich gegenseitig darin überboten, die Show zu veralbern. Die meisten ihrer Kommentare waren unterhaltsamer als die Gala selbst.

Nach einer Weile hörten wir auf zu gucken, weil der Empfang nicht sehr gut war und uns die Pausen und Ladezeiten des Videos ermüdeten.

»Das ist sowieso jedes Jahr das Gleiche«, fasste Tianjiao die Sendung zusammen.

Wir erreichten Frankfurt am Nachmittag.

»Hochhäuser!«, sagte der Riesenjunge und zeigte aus dem Fenster, und tatsächlich, dort draußen, vor einem bedeckten Himmel, hatten sich Deutschlands Wolkenkratzer zusammengeschart.

Früher waren sie mir einmal sehr hoch erschienen.

Damals war ich aus meinem Heimatort nach Frankfurt gekommen, um dort meinen Zivildienst zu leisten. Mein Heimatort hieß Bad Nenndorf, und es gab dort ein Gebäude, das wir »Hochhaus« nannten. Es war vierundzwanzig Meter hoch.

In Frankfurt sah ich Hochhäuser, die mehr als zehnmal so hoch waren. Wenn ich unter ihnen stand und nach oben blickte, schienen sie sich auf mich stürzen zu wollen, so hoch waren sie. Wenn ich auf einem ihrer Aussichtsdecks stand, dann umtoste mich ein starker Wind, so hoch waren sie.

»Hm«, machte der Riesenjunge, als wir näher an sie herangekommen waren, und ich musste ihm recht geben. Hätte man die Hochhäuser Frankfurts nach Shanghai gestellt, so wären sie eine Einkerbung in der Skyline gewesen.

Wir stiegen in der Nähe der Paulskirche aus dem Bus. Reiseleiter Huang zeigte sie uns von außen und erklärte, dass sie eine der Geburtsstätten der deutschen Demokratie sei.

Aha, sagten wir.

Dann führte er uns zu einem Mahnmal für die Opfer des Holocaust. Es bestand aus einer hohläugigen, gebeugten Gestalt, die die Hände über dem Kopf in die Luft hielt. Darunter waren die Namen von Konzentrationslagern eingraviert. Der erste Name war Auschwitz. Der zweite Belzec. Der dritte Bergen-Belsen. Und so ging es weiter.

Die Deutschen, hörten wir von Reiseleiter Huang, hatten sich ihrer Geschichte nach dem Krieg gestellt, hatten über das nachgedacht, was geschehen war. Sie hatten versucht, aus ihren Fehlern zu lernen.

»In dieser Hinsicht sind sie anders als die Japaner«, seufzte er, und dann fügte er hinzu: »Und auch anders als wir.«

Am Fuß des Mahnmals hingen frische Blumenkränze. Ich blickte zu Tianjiao hinüber. Sie sah nachdenklich aus.

»Kennst du Anne Frank?«, fragte ich sie.

Ich sprach den Namen deutsch aus, weil ich mir nicht sicher war, wie er auf Chinesisch wiedergegeben wurde.

Sie blickte mich fragend an.

»Das Mädchen mit dem Tagebuch«, sagte ich.

»Ach, Anni!«, sagte sie. »Natürlich kenne ich die.«

»Die kam von hier, aus Frankfurt. Und in diesem Konzentrationslager« – ich zeigte auf den Namen Bergen-Belsen –, »ist sie gestorben.«

»Oh«, sagte Tianjiao, »wo ist das?«

»Etwa eine Stunde von dort, wo ich herkomme.«

Sie blickte mich betroffen an, und auch die anderen um uns herum sahen aus, als ob sie nicht genau wussten, was sie sagen sollten.

In Beijing hatte ich Reiseleiter Huang gefragt, ob bei seinen Touren auch Besichtigungen von Konzentrationslagern angeboten wurden. Er hatte geseufzt und den Kopf geschüttelt. Die Leute wollten so etwas nicht. Sie wollten einkaufen und sich schöne Dinge anschauen. Konzentrationslager waren keine schönen Dinge.

Wir verließen das Mahnmal und gingen zum Römerberg. Die Fassaden der Häuser sahen hübsch aus, und wir fotografierten sie im Vorbeigehen, dann kamen wir zum Eisernen Steg über den Main.

»Diese Brücke ist fast hundertfünfzig Jahre alt«, erklärte Reiseleiter Huang, »aber sie wurde im Zweiten Weltkrieg zerstört, genau wie der Rest der Stadt.«

»Dann ist das hier also eine Nachbildung?«

»Ja, die Deutschen haben gleich nach dem Krieg damit begonnen, ihre Monumente wieder aufzubauen. Und dabei haben sie, wie sie als Deutsche eben so sind, viel Wert auf Originaltreue gelegt.«

Wir blickten uns um. Es war eine alt aussehende Brücke, deren Stahlstreben mit Graffiti bemalt und mit Vorhängeschlössern behängt worden waren.

»Liebesschlösser!«, rief Tianjiao. »Wie bei uns zu Hause!«

Wir machten pflichtbewusst unsere Fotos, dann setzten wir uns endlich in Richtung der Einkaufspassage in Bewegung.

Bruder Hou ging neben mir.

»Weißt du, ob es hier einen Laden von Hugo Boss gibt?«, fragte er.

»Bestimmt«, sagte ich und versprach, notfalls im Internet danach zu suchen.

Er lächelte.

Überhaupt lächelten alle.

In Deutschland, da stimme beim Einkaufen nicht nur die Qualität, sondern auch der Preis, hatte uns Reiseleiter Huang im Bus verkündet.

»Reisekoffer!«, hatte der Riesenjunge gesagt.

»Elektrorasierer!«, die Schicke Mutter.

»Schallzahnbürste!«, die Kunststudentin.

»Halt!«, rief Reiseleiter Huang plötzlich. »Das hier müssen wir uns noch eben schnell angucken.«

Wir standen vor zwei Statuen. Die eine war ein Bär, die andere ein Bulle. Hinter ihnen erhob sich ein Gebäude, das mit Baugerüsten umstellt war.

»Dies ist die Deutsche Börse«, sagte Reiseleiter Huang und grinste. »Als ich das letzte Mal hier war, wurde sie auch schon renoviert!«

Wir lachten und machten Fotos. Allerdings nicht von der Börse und auch nicht von dem Bären. Stattdessen stellten wir uns einer nach dem anderen neben dem Bullen auf.

»Auf der Wall Street muss man ihm die Hand auf die Eier legen«, hörte ich mich plötzlich sagen: »Das bringt Glück!«

Es dauerte einen Moment, bis mir klar wurde, dass ich »Eier« gesagt hatte. Es hatte auf Chinesisch die gleiche Bedeutung wie im Deutschen.

Ich blickte in überraschte Gesichter. Einige schienen amüsiert zu sein, andere eher verlegen.

»Hihi, Eier!«, wiederholte der Große Freund kichernd.

Bruder Hou kam zu meiner Rettung.

»Auf der Wall Street wird das tatsächlich so gemacht«, brummte er. »Es reicht aber auch, wenn man einfach nur die Hörner streichelt.«

Wir entschieden uns für die Hörner. Als die Reihe an mich kam, verzichtete auch ich auf den Hodengriff. Stattdessen legte ich dem Bullen eine Hand auf den Kopf und spreizte Zeige- und Mittelfinger der anderen zu einem V. Dazu grinste ich.

»Warum tust du das eigentlich immer?«, fragte der Große Freund mit einem kritischen Gesichtsausdruck. »Ich dachte, nur Chinesen machen das so.«

»Chinesen vom Land«, berichtigte Tianjiao.

»Unser Alter Lei ist eben schon lange kein ganzer Deutscher mehr«, erklärte Reiseleiter Huang, und die anderen lachten gutmütig.

Als wir in der Einkaufsstraße ankamen, machten wir einen Treffpunkt und eine Zeit aus, dann stoben wir auseinander.

Die meisten gingen in einen Kaufhof, und ich stellte fest, dass es neben der Rolltreppe ein Schild für uns gab: SPORTWELT, KINDERWELT, HERRENWELT, alles stand dort schön ordentlich auf Deutsch, Englisch und Chinesisch. Wir gingen zunächst in die HAUSHALTSWELT.

Die Schicke Mutter suchte nach einem elektrischen Rasierer für ihren Mann. Ich übersetzte zwischen ihr und dem Verkäufer.

»Welcher ist der beste?«, wollten wir wissen.

Der Verkäufer machte eine elegante Bewegung, die unsere Blicke auf ein bestimmtes, sehr beeindruckend aussehendes Modell lenken sollte.

»Der Neuner ist auf jeden Fall am leistungsfähigsten«, erklärte er. »Hat ihr Mann denn starken Bartwuchs?«

»Eigentlich nicht.«

»Dann würde ich den Siebener empfehlen, der reicht aus.«

»Geben Sie mir den Neuner!«

»Gute Wahl! Der ist auch bis zu fünf Meter wasserdicht.«

»Fünf Meter?« Sie blickte mich ungläubig an, und ich blickte den Verkäufer ungläubig an.

»Das ist nur ein Wert, der besagt, dass das Gerät unter Wasser wirklich nicht kaputtgeht«, erklärte er. »Natürlich geht aber niemand damit schwimmen.«

In diesem Moment kam der Riesenjunge um die Ecke.

»Ah«, sagte er, »den Neuner habe ich auch!«

In der Zwischenzeit hatte sich die Kunststudentin eine elektrische Zahnbürste ausgesucht. Sie hielt eine futuristisch anmutende Packung in der Hand und blickte mich fragend an.

»Ist die hier gut?«, fragte sie.

Ich wusste nicht viel über Zahnbürsten, hatte aber zu Hause eine ähnlich aussehende, also sagte ich: »Meine sieht so ähnlich aus.«

»Und?«

»Ich bin ganz zufrieden damit.«

Sie strahlte, und mit ihrer Klammer und der Packung in ihrer Hand sah sie ein bisschen aus wie eine Werbefigur für Zahnpflege.

Der Riesenjunge und seine Mutter wollten einen Schnellkochtopf haben und einen Koffer. Der Topf war schnell gekauft. Edelstahl, ein deutscher Markenname und eine Verkäuferin, die sich in die Brust warf und behauptete: »DIES ist ein guter Topf!«

Wir brauchten nicht lange zu überlegen.

Mit dem Koffer war es da schon etwas vertrackter. Vor allem musste er von Rimowa sein und nur von Rimowa, das hatte mir der Riesenjunge so erklärt.

Als wir die Reisegepäckabteilung fanden, kam von irgendwoher ein Verkäufer angeschossen. Er begrüßte uns mit einem Lächeln und einem freundlichen »*Ni hao*«. Ein Profi, erkannte ich.

Wir erklärten, was wir wollten, und der Profi schritt zur Tat. Mit elastischen Bewegungen angelte er uns einen Koffer nach dem anderen von einem Regal und legte sie auf einem Podest ab, damit wir sie begutachten konnten.

Während der Riesenjunge und seine Mutter sich berieten, beugte er sich zu mir herüber.

»Die Leute aus China lieben unsere Koffer«, sagte er leise.

Wir blieben eine Weile und sahen uns verschiedene Modelle an: große und kleine, blaue und rote, Schalen aus Aluminium und aus Polycarbonat.

»Manchmal habe ich das Gefühl, dass es vielleicht gar nicht so praktisch ist, einen Koffer zu haben, der so viel kostet«, murmelte der Riesenjunge irgendwann.

»Warum nicht?«, fragte seine Mutter.

»Weil er vielleicht gerade deswegen am Flughafen besonders achtlos herumgeschmissen wird. Du weißt ja, wie die Leute manchmal sind.«

»Hm ...«, machte sie.

Am Ende nahmen wir trotzdem einen der teuren Koffer, und da wir ja auch noch unseren neuen Topf dabeihatten, stopften wir ihn einfach hinein.

Dann ging ich mit Tianjiao in die Fußgängerzone. Sie hatte vor, für eine Freundin eine bestimmte Tasche von Louis Vuitton zu kaufen. Und sie lief schnell. Als wir den Laden gefunden hatten, hielt ich links und rechts Ausschau nach chinesischen Schmuggeltanten, doch ich sah keine. Vielleicht hatten sie in den letzten Jahren ihr Geschäftsmodell geändert, oder vielleicht hatten sie heute einfach frei.

Das Geschäft sah bombastisch aus. Als wir uns der Tür näherten, schwang sie auf, nicht etwa automatisch, sondern geöffnet von einem gut gekleideten Mann, der uns entgegenlächelte. Tianjiao rauschte an ihm vorbei, und wir kamen erst wieder in der Mitte des Raumes zum Stehen. Alles erinnerte mich an den Uhrentempel von Luzern: Glas, Polster, Edelholz, leise umherschleichende Kunden und Angestellte. Nur eins war anders, und es dauerte einen Moment, bis ich erkannte, was es war. Ich konnte nirgendwo chinesisches Personal entdecken.

Eine Dame erschien. Tianjiao hielt ihr den Bildschirm ihres Telefons entgegen. Die Dame lächelte und flüsterte jemandem etwas zu, und plötzlich erschien vor uns auf einem Tisch die Tasche, die wir haben wollten. Wir durften sie einen Moment lang bestaunen, bevor Tianjiao ihre Kreditkarte überreichte und die Tasche in einer schicken Einkaufstüte verschwand, zusammen mit einer Quittung und einem Beleg, mit dem wir am Flughafen die Steuer zurückverlangen konnten.

Die Dame lächelte. Ob wir noch etwas wünschten? Nein, sagten wir, und sie geleitete uns zur Tür, hielt sie für uns auf und blickte uns hinterher, während wir auf die Straße hinaus schritten wie Könige oder wie Millionäre.

»Jetzt habe ich aber Hunger«, sagte Tianjiao und ließ die Einkaufstüte lässig von ihrem Handgelenk baumeln.

Das Abendessen war das beste der ganzen Reise.

»Heute ist das Neujahrsfest«, erklärte Reiseleiter Huang: »deshalb haben wir – das heißt, der Reiseveranstalter und ich – uns überlegt, ein kleines Dinner mit etwas Wein zu veranstalten. Zur Feier des Tages. Das ist für euch natürlich mit keinerlei Extrakosten verbunden!«

Er führte uns in ein chinesisches Restaurant in der Innenstadt. Zunächst sah es bis auf einige halbherzig angebrachte, rote Dekorationen nicht besonders festlich aus, doch dann wurden wir in ein Separee geführt und erblickten unseren Tisch: Er war mit Porzellangeschirr und Gläsern gedeckt.

»Oh!«, machten wir, und es hörte sich ein bisschen an wie damals auf dem Boot in Venedig oder auf dem Berg in der Schweiz. Es gab sogar eine richtige Tischdecke!

Reiseleiter Huang und Boris setzten sich mit uns zusammen an den Tisch. Eine Bedienung schenkte Wein ein, eine andere brachte Speisen in schönen Schalen: doppelt gebratenes Schweinefleisch, Huhn auf Gongbao-Art mit Chili und Erdnüssen, scharf angebratene Buschbohnen, auf Yuxiang-Art sautierte Aubergine, hauchdünne Kartoffelstreifen und dazu wie immer Kohl und Reis. Und es gab Shrimps. Als alles aufgetragen war, stand Reiseleiter Huang auf und erhob sein Glas. Wir taten es ihm nach.

»Ich hoffe, es ist okay, wenn ich mit Saft anstelle von Wein anstoße?«, bat er.

Ja, sagten wir, natürlich war das okay.

»Also, ich möchte mich hiermit persönlich, aber auch im Namen des Reiseveranstalters bei euch allen dafür bedanken, dass ihr eine so tolle Gruppe gewesen seid! Es war für mich eine sehr angenehme Fahrt, und ich hoffe, für euch war das auch so. Ich wünsche euch allen ein frohes neues Jahr!«

»Frohes neues Jahr!«, wiederholten wir, nippten an unseren Weingläsern und nahmen wieder Platz.

Das Essen war gut. In Beijing wäre es vielleicht nicht der Rede wert gewesen, doch hier, nach all dem, was wir in den letzten zwei Wochen zu uns genommen hatten, erschien es uns hervorragend.

Bald schwebte das Wort *baijiu* im Raum. Es wurde mal hierhin und mal dorthin geworfen, und da es uns gefiel, dieses Wort, das Schnaps bedeutete, brennenden, aromatischen Schnaps, fassten wir gemeinsam den Entschluss, uns eine Flasche zu kaufen.

Tianjiao verschwand und kam mit einer Bedienung zurück. Wir erhielten ein Dutzend kleiner Gläser und eine schmucklose Flasche.

Ich wartete, bis allen eingeschenkt worden war. Dann stand ich auf und hielt mein Glas hoch, so wie Reiseleiter Huang es vorher getan hatte. Die anderen lächelten und erhoben sich mit ihren Gläsern.

»Auch ich möchte euch danken«, sprach ich und bemühte mich um einen feierlichen Ton. Was folgte, war eine kurze, aber verwirrte Ansprache. An ihrem Ende hörte ich mich einen Gedanken aussprechen, der bereits seit einiger Zeit in meinem Kopf herumgegeistert war: »Vielleicht sehen wir uns ja noch einmal wieder. Wenn nicht in Europa, dann eben in China!«

»Bestimmt«, versprach Reiseleiter Huang, und die anderen nickten.

»Frohes neues Jahr!«, wünschten wir einander, dann setzte ich mein Glas an die Lippen und warf den Kopf nach hinten. Der Schnaps brannte durch mich hindurch wie flüssiges Metall. Mit leicht geröteten Gesichtern nahmen wir wieder Platz und aßen weiter.

Wir aßen und unterhielten uns über unsere Einkaufserfahrungen.

Tianjiao war an einer Kasse in Bedrängnis gekommen.

»Ich stehe da und will mit der Karte bezahlen«, erzählte sie, »also zieht die Kassiererin sie durch, und ich tippe die Nummer ein. Doch dann will sie plötzlich, dass ich es noch einmal mache. Aber ich will doch nicht zweimal bezahlen!«

»Und dann?«

»Na ja, irgendwann kam ein Manager, und hinter mir stand eine alte Dame, die sehr laut auf Englisch gesagt hat, dass ich doch jetzt bitte schön endlich die Geheimzahl noch einmal eingeben sollte.«

»Hast du es gemacht?«

»Klar, was sollte ich denn sonst tun?«

»Das Einkaufen ist hier allgemein anders als in China«, erklärte Reiseführer Huang, »den Europäern ist Service nicht so wichtig.«

»Das stimmt«, sagte der Riesenjunge, »im Erhabenen Buddha zum Beispiel, da sind die Verkäufer zwar Chinesen, aber sie sind total unterkühlt. Du zeigst auf etwas, sie geben es dir, und dann ziehst du damit ab. So einfach, so unspaßig.«

»Als würde man Fleisch kaufen!«, sagte seine Mutter.

»Wenn man da einen Moment lang verweilt, ohne etwas haben zu wollen«, fuhr er fort, »dann gucken die gleich komisch. Bei uns in China machen sie dir in Luxusläden mit Handschuhen die Tür auf und sind total überfreundlich, hier ist das aber irgendwie nicht so.«

»Der Kofferverkäufer war aber doch nett heute«, wendete seine Mutter ein.

Tianjiao grinste: »Und bei Louis Vuitton wurde uns die Tür aufgehalten, nicht wahr, Alter Lei? Sogar mit Handschuhen!«

Alle waren sich einig, dass das Einkaufen in Deutschland entspannter war als in Frankreich.

»In Paris sind einfach zu viele Chinesen!«, entschied der Große Freund.

»Besonders in den Kaufhäusern«, fügte die Schicke Tochter hinzu.

»Das ist mir auch aufgefallen«, sagte der Riesenjunge, »das Durcheinander und der Lärm, besonders in dem Bereich, wo man seine Steuern zurückerstattet bekommt! Da habe ich mich gefühlt, als wäre ich in China.«

»Aber warum gehen dann alle dahin?«, wollte ich wissen.

»Ich glaube, die Leute denken, sie seien nicht in Paris gewesen, wenn sie nicht im Erhabenen Buddha etwas gekauft hätten!«

»Und du, hast du auch etwas gekauft?«

Er lächelte etwas verschämt: »Ein Gucci-Portemonnaie.«

Als wir wieder im Bus saßen, waren wir satt, träge und auch ein bisschen angeschickert. Jedes Mal wenn ich aufstoßen musste, hatte ich wieder den Geschmack von unserem Schnaps im Mund. Er erinnerte mich entfernt an ein Aquarium.

Plötzlich bemerkte ich, dass wir durch die Taunusstraße fuhren. »Hier ist das Rotlichtviertel!«, rief ich.

Alle drehten sich zu mir um. Meine Stimme musste sehr laut gewesen sein.

Reiseleiter Huang lachte: »Alter Lei, wenn du der Gruppe kurz die Gegend vorstellen möchtest, ist das kein Problem, aber ich als Reiseleiter kann da leider nichts zu sagen. Das wäre unpassend.«

»Was ist das, ein Rotlichtviertel?«, fragte der Große Freund.

Ich spürte die Blicke der anderen auf mir lasten. Bruder Hou grinste.

»Nun«, fing ich an und suchte einen Moment nach Worten, »sieh mal die Häuser dort drüben, da hängen doch diese ganzen leuchtenden Schilder, von denen sind einige rot. Und auch in den Fenstern ...«

»Ein Viertel mit roten Lichtern ist also ein Rotlichtviertel? Dann ist China ja voll von Rotlichtvierteln!«

Einige kicherten. Ich musste an die Visitenkarten denken, die ich in meinem Hotel in Beijing bekommen hatte.

»Nicht alle roten Lichter sind gleich«, versuchte ich zu erklären, »an diesem Ort bedeuten sie, dass es hier *xiaojie* gibt.«

Xiaojie war ein sehr praktisches Wort. Es bedeutete Fräulein, konnte aber auch für eine Bedienung im Restaurant stehen oder für eine Prostituierte, je nach Situation.

»*Xiaojie*?«, fragte der Große Freund. Sie sah unzufrieden aus.

»Ja, die arbeiten hier.«

»Und was tun sie?«

»Na, *xiaojie* sein!«

Ich blickte mich zu den anderen um. Niemand schien mir zu Hilfe kommen zu wollen, nicht einmal die Mutter des Großen Freundes. Plötzlich war mir sehr warm.

»Guck mal, die Imbissbude da!«, sagte ich, um das Thema zu wechseln. »Erinnerst du dich an das leckere Grillfleisch, das wir in Paris gegessen haben?«

Sie nickte, und wir schauten nach draußen. Um den Imbiss herum lag überall Müll. Wir sahen Männer, die in kleinen Gruppen verschwörerisch herumstanden, dazwischen einzelne, taumelnde Gestalten.

»Und wo sind jetzt diese *xiaojie*?«, fragte sie.

»In den Häusern, nehme ich an.«

Einen Moment war sie still, und es wirkte, als hätte sich das Thema nun doch irgendwie erschöpft. Wir rollten am Roten Haus vorbei, am Sex Inn, am Frankfurter Corner.

»Warum machen die das?«, fragte sie schließlich.

»Wer?«

»Na, die *xiaojie*!«

»Ich nehme an, die wollen einfach Geld verdienen.«

Da endlich kam Tianjiao zu meiner Rettung: »Sag mal, Alter Lei«, fragte sie, »meinst du eigentlich, unsere Internetbestellungen sind schon im Hotel angekommen?«

Ich nickte dankbar: »Ja, die sind bestimmt da.«

»Der Werkzeugkasten für meinen Vater!«, rief der Große Freund. »Und die Schokolade!«

Als wir unser Hotel in der Nähe des Flughafens erreichten, musste Boris eine ganze Weile rangieren, bis der Bus unmittelbar vor dem Eingang zum Stehen kam.

»Sicher ist sicher«, sagte Reiseleiter Huang auf Deutsch zu mir, und da erst erinnerte ich mich daran, was er mir am Beijinger Flughafen erzählt hatte: das Hotel in Frankfurt, die chinesische Reisegruppe, die Männer mit den Waffen, der Raubüberfall.

»Wir werden genau in dem Hotel übernachten, wo das passiert ist«, hatte er damals gesagt.

»Aber warum?«, hatte ich gefragt.

»Weil wir da immer übernachten.«

Ich blickte mich um. Der Bereich vor dem Hoteleingang war von mehreren Lampen erhellt. Neben unserem Bus stand noch ein Taxi. Die anderen waren in einem bunten Gewusel damit beschäftigt, ihr Gepäck auszuladen, und dabei redeten sie durcheinander und lachten, genau wie immer. Sie wussten ja nichts von dem Überfall.

Als wir in der Eingangshalle standen und darauf warteten, dass Reiseleiter Huang die Zimmerschlüssel holte, fühlte ich mich ein bisschen erleichtert. Unsere Koffer, Taschen, Uhren, Handschuhe, Halsketten, Töpfe, Rasierer und Zahnbürsten waren sicher. Ganz zu schweigen von unserem Milchpulver.

»Das da sind die Sachen, die wir bestellt haben, oder?«, fragte der Große Freund, als die Dame an der Rezeption plötzlich damit begann, einen Haufen Kartons vor Reiseleiter Huang aufzustapeln. Er drehte sich zu uns um und hob einen Daumen: Es waren unsere Bestellungen.

»Wir haben uns schon gefragt, was da wohl drin sein mag«, gab einer der Rezeptionisten zu, als ich den obersten Karton hochhob, um ihn wegzutragen.

»Schokolade«, sagte ich, »Schokolade und Werkzeug.«

»Ach was!«

»Und Messer.«

»Messer?«

»Und Fischöl.«

Er blickte mich an, als ob er auf eine Pointe wartete, auf einen Witz, der alles erklären würde. Ich grinste und schleppte den Karton zu meinem Zimmer.

Das Auspacken unserer Bestellungen war ein bisschen wie Weihnachten: funkelnde Schätze ohne Ende. Fast alle hatten etwas bestellt. Wir saßen auf dem Bett und auf dem Boden, während der Große Freund die Kartons aufmachte und ihre Mutter die Gaben verteilte. Bald waren wir in einer Flut aus Papier, Pappe und Plastikfolie versunken.

Der Werkzeugkasten sah schön und stabil aus. Außerdem stand deutlich MADE IN GERMANY darauf, was ja eine entscheidende Bedingung für den Kauf gewesen war. Ich stellte mir den Vater des Großen Freundes vor (in meiner Einbildung sah er genauso aus wie der Große Freund selbst, nur größer). Er würde den Kasten erhalten, vor Freude strahlen und dann in der Wohnung auf die Jagd nach kaputten Dingen gehen.

Das Verteilen der Schokoladentafeln war unübersichtlich, weil es so viele waren. Tianjiao und die Kunststudentin probierten ihre Erdbeer-Käsekuchen-Schokolade, lachten und boten allen anderen davon an. Ich war mir nicht ganz sicher, ob sie sie nicht einfach nur loswerden wollten.

Als die Messer verteilt wurden, sah ich auf dem Gesicht des Riesenjungen einen Anflug von Enttäuschung. Sie waren nicht schön verpackt. Die meisten kamen in schmucklosen Pappschächtelchen, einige nur in Plastiktüten.

»So kann man sie ja gar nicht richtig verschenken«, maulte er.

»Soll ich sie umtauschen?«, fragte ich.

»Nur, wenn die anderen das auch wollen.«

Die anderen wollten es nicht.

Aber sie bestanden darauf, mir mein ausgelegtes Geld sofort wiederzugeben. Als alles verteilt war, bekam ich einen Batzen Scheine in die Hand gedrückt, dann räumten wir den Verpackungsmüll auf und wünschten einander eine gute Nacht.

Ich ging zu Reiseleiter Huangs Zimmertür.

»Was gibt's?«, fragte er und bat mich hinein.

Er saß inmitten von Einkaufstüten, die allesamt nur von den teuersten Marken zu sein schienen: Louis Vuitton, Prada, Hermès, Chanel.

»Du bist aber reich!«, rief ich, und er lachte.

»Das ist doch nicht für mich, Alter Lei!«

»Für Freunde von dir?«

»So ungefähr. Du weißt doch, wie es in China ist.«

»Und du hast keine Angst vor dem Zoll?«

»Nein, den deutschen Zoll betrifft das ja nicht, und in China, na ja ... die arbeiten nicht ganz so korrekt wie die Deutschen.«

Er lachte. Dann fragte er: »Aber sag mal, was kann ich eigentlich für dich tun?«

»Ich will bezahlen.« Ich kramte meinen Geldbatzen hervor und wedelte damit herum.

»Ach, Quatsch, was willst du denn bezahlen?«

»Na, die Trinkgelder und die Extra-Aktivitäten!«

»Das gilt doch nur für die normalen Teilnehmer!«

»Aber, Reiseleiter Huang, ich bin doch ein normaler Teilnehmer!«

»Jaja, das bist du.« Er lachte wieder: »Aber ich würde mich trotzdem schlecht fühlen, wenn ich dich das bezahlen ließe. Wir sind doch jetzt Freunde!«

»Sind wir nicht alle Freunde?«

»Siehst du! Und genau deshalb war es mir auch unangenehm, als Tianjiao meinte, dass ihr unbedingt selbst für den Ausflug zur Tour Montparnasse bezahlen wollt. Das war doch mein Fehler damals, dafür kann ich euch wirklich nicht bezahlen lassen.«

»Nein, Reiseleiter Huang, das hat die Gruppe bereits so entschieden.«

»Das hat Tianjiao auch gesagt.« Er ließ in gespielter Verzweiflung die Schultern sinken. »Alter Lei«, sagte er dann, »wenn du unbedingt bezahlen möchtest, ist das okay. Aber können wir uns dann wenigstens darauf einigen, dass du nur den Einkaufspreis für die Aktivitäten bezahlst?«

»Nein, ich will ein normaler Teilnehmer sein.«

Er grinste: »Ihr seid wirklich eine nette Gruppe, aber etwas stur seid ihr schon, oder?«

Ich saß auf dem Bettrand und sah ihm zu, während er ausrechnete, wie viel ich bezahlen durfte. Neben mir lag eine Chanel-Tüte.

»Deine Freunde müssen ja ganz schön Kohle haben«, bemerkte ich.

»Na ja, die meisten sind eher so etwas wie Bekannte.« Er machte eine vielsagende Pause. »Wenn du verstehst, was ich meine.«

Ja, plötzlich verstand ich tatsächlich. Ich hatte überall gesucht: vor dem Erhabenen Buddha, vor dem Frühling, vor dem Laden von Louis Vuitton. Doch nirgends hatte ich sie finden können, die verschwörerisch flüsternden, Luxusläden leer kaufenden Schmuggeltanten. Und jetzt saß ich einer gegenüber: meinem eigenen Reiseleiter.

»Warum grinst du so?«, fragte er.

»Ach, die Reise hat mir einfach Spaß gemacht. Aber sag mal, meinst du, unsere Gruppe ist insgesamt zufrieden?«

»Ja, das glaube ich schon. Das sind weltoffene Menschen, die einfach nur ein bisschen etwas von der Welt sehen wollen. Schwierig ist es eher, wenn man mit Leuten unterwegs ist, die nur ihren eigenen Vorstellungen hinterherreisen.«

»Wie meinst du das?«

»Na ja, du weißt ja, dass viele Chinesen ein bestimmtes Bild von Europa im Kopf haben, bevor sie herkommen. Europa soll reich sein und sauber, überall sollen Schlösser stehen, und die Menschen sind am besten alle blond und blauäugig.« Er grinste. »Das ist jetzt natürlich ein bisschen übertrieben formuliert. Aber wenn man an diesen Dingen festhält, dann wird man unterwegs enttäuscht sein. Da kann ich als Reiseleiter auch nichts machen.«

Das war umgekehrt auch so. Ich erzählte ihm von einem Buch, das ich gelesen hatte. Der Autor, ein niederländischer Sinologe, schrieb davon, dass viele Touristen in Städten wie Shanghai nach dem »echten China« hinter den Neonfassaden suchten, was für ihn die Frage aufwarf, was die Neonfassaden denn dann waren, wenn nicht chinesisch?

Reiseleiter Huang nickte: »Genauso ist das. Auf jeden Fall war es eine schöne Reise mit unserer Gruppe.«

»Aber wir haben weniger Geld ausgegeben als andere, oder? Nur Tianjiao hat etwas von Louis Vuitton gekauft.«

»Bruder Hous Uhr hast du nicht gesehen?«

»Ach ja, die Uhr für viertausend Franken!«

»Das war nur die billige.«

»Die billige? Du meinst, es gab noch eine teure?«

»Aber ja! Die hat er am gleichen Tag gekauft.«

»Das habe ich gar nicht mitbekommen.«

»Er hat sie ja auch in der Tasche gelassen.«

»Aber was muss denn die teure Uhr gekostet haben, wenn die billige schon so teuer war?«

Er lachte: »Über zwanzigtausend.«

»Das ist ja so viel wie ein Kleinwagen!«

»Völlig normal. In anderen Gruppen werden noch teurere Sachen gekauft.«

Er überlegte einen Moment: »Sag aber bitte den anderen nichts davon, auch Bruder Hou nicht. Ich hätte es als Reiseleiter eigentlich niemandem erzählen sollen.«

Da fiel mir noch etwas ein.

»Sorry übrigens wegen des Rotlichtgesprächs im Bus heute«, sagte ich, »das war ein Versehen.«

»Ach was, das war doch nicht schlimm! Die anderen fanden das lustig! Ich kann halt nur als Reiseleiter nicht über diese Dinge reden, weil das ein seltsames Licht auf die Firma wirft.«

»Aber hast du nicht manchmal auch Teilnehmer, die so etwas erleben wollen?«

»Ständig!« Er lachte: »Fast immer will irgendjemand in den Puff!«

»Und was machst du dann?«

»Ich sage: Geh zur Hotelrezeption und frag da! Ich kann für dich übersetzen, aber mehr auch nicht.«

»Und dann gehen die allein dahin?«

»Manchmal begleite ich sie, um zu übersetzen.«

»Nicht im Ernst!«

»Doch, natürlich! Als Reiseleiter warte ich dann im Vorraum, und meistens bieten die Betreiber sogar noch eine Provision an.« Er grinste.

»Und hast du das Gefühl, dass den Leuten ihre Erfahrungen im Puff hier gefallen?«

»Das ist unterschiedlich. Die meisten sind grundsätzlich zufrieden, aber sie finden es natürlich schade, wenn es zwischen ihnen und den Damen kaum eine Möglichkeit der Verständigung gibt.«

Als ich in mein Zimmer zurückkehrte, begrüßte mich in der Mitte des Raums der Werkzeugkasten. Das Team Großer Freund hatte ihn zurückgelassen, da ich angeboten hatte, ihn für sie mit nach Beijing zu nehmen. In meinem schwarzen, günstigen, noch nicht auseinandergefallenen Koffer war genug Platz, seit ich meine Bücher in dem Frankfurter Restaurant abgegeben hatte, damit sie ein Freund für mich dort abholte.

Ich blieb stehen und betrachtete den Kasten. Einen Moment lang überlegte ich, ob ich nicht einen der Schraubenschlüssel herausnehmen und damit irgendwo im Zimmer etwas nachziehen könnte. Dann verwarf ich den Gedanken.

Am nächsten Morgen fuhren wir mit einem neuen Bus und einem neuen Fahrer in die Innenstadt. Boris war nicht mehr da. Er hatte einen dringenden Auftrag bekommen und war deshalb schon am Vorabend weggefahren. Es war ein kurzer Abschied geworden: ein Händedruck für Reiseleiter Huang, ein Lächeln und ein Winken für die anderen. Dann hatte er sich auf seinen Fahrersitz geschwungen und den Motor aufbrummen lassen. Und während er davonfuhr, fiel mir auf, dass wir immer noch nicht wussten, wie der Film denn nun hieß, den er so unglaublich komisch fand.

Unser neuer Fahrer war ein älterer Herr, der nicht viel sprach. Er fuhr uns nach Frankfurt hinein, und dabei fühlte es sich an, als ob unsere Reise eigentlich bereits vorbei wäre. Dabei hatten wir noch einen halben Tag Zeit.

Er ließ uns in der Nähe des Römers aus dem Bus.

»Die meisten haben bereits alles, was sie kaufen wollten«, erklärte mir Reiseleiter Huang, »also werden sie heute wahrscheinlich einfach nur ein bisschen bummeln gehen.«

Ich landete mit einer kleinen Gruppe in einem Spielzeugladen. Wir entdeckten Knete, die beim Verformen die Farbe wechselte.

»Ein gutes Geschenk für Kinder«, sagte die Schicke Mutter, »aber ist es auch sicher?«

»Wenn die das hier in Deutschland verkaufen, dann wird es schon in Ordnung sein!«, sagte ihre Tochter.

Mittags ging ich mit Tianjiao und dem Großen Freund in einen Dönerladen. Die anderen wollten nicht mitkommen, sie hatten vor, auch die letzte Möglichkeit zum Einkaufen zu nutzen. Doch wir hatten Hunger.

Ich bestellte »dreimal mit alles und scharf«, dann setzten wir uns draußen in die Sonne. Obwohl es immer noch Februar war, war es nicht sehr kalt. Eine fette Taube stolzierte vor uns auf dem Bürgersteig. Sie streckte beim Gehen den Kopf vor und zurück, guckte hierhin und dorthin und sah ziemlich arrogant aus.

»Die wartet bestimmt auf etwas zu essen«, sagte Tianjiao.

»Tauben warten immer auf etwas zu essen«, sagte ich.

»Dann warten wir eben zusammen«, sagte der Große Freund.

Eine Weile später waren wir am Flughafen und sahen Reiseleiter Huang dabei zu, wie er uns eincheckte.

Bruder Hou stand neben mir. Er hatte sich noch einen weiteren Anzug gekauft. Insgesamt waren es jetzt drei: einer von Boss und zwei von Zegna. Außerdem noch T-Shirts in allen erdenklichen Farben. Und einen Stapel Hemden, einfach nur, weil sie so billig waren.

»Neununddreißig Euro in Frankfurt statt eintausendsiebenhundert Yuan in Shanghai, kannst du dir das vorstellen?«, fragte er leise.

»Das ist ja nur noch ein Fünftel!«

»Eher ein Sechstel. Unter uns gesagt: Ich glaube, die Kosten der Reise habe ich allein schon durch den Kauf der Anzüge wieder raus.«

»Das stimmt wahrscheinlich«, sagte ich und versuchte, das leuchtende Band zu ignorieren, das auf der Innenseite meiner Stirn ablief: ZWANZIGTAUSENDFRANKENUHR stand da, ZWANZIGTAUSENDFRANKENUHR, ZWANZIGTAUSENDFRANKENUHR.

Er seufzte: »Nur leider sind die Anzüge hier ein bisschen anders geschnitten als bei uns. Ich glaube, wenn die einen Schnitt für Kunden aus Asien im Angebot hätten, könnten die viel mehr verkaufen.«

»Das kann sein.«

ZWANZIGTAUSENDFRANKENUHR.

»Ich meine, der Stoff ist gut und die Verarbeitung auch«, fuhr er fort, »aber ich werde alle drei Anzüge zu Hause anpassen lassen müssen. Das ist doch schade, oder?«

»Schade, ja.«

ZWANZIGTAUSENDFRANKENUHR.

Ich blickte auf sein Handgelenk und sah die grüne Uhr, die billige. Die für viertausend Franken. Das Schweizer Wasser mit dem alkalischen Dingsbums, was hatte das noch mal gekostet? Fünfzig Franken die Flasche? Und damit hätte ich immerhin den pH-Wert meines Körpers ändern können!

»Auf zum Zoll!«, rief Reiseleiter Huang.

Er gab uns unsere Bordkarten und unsere Reisepässe, dann zogen wir zu einem etwas abgelegenen Bereich des Flughafens weiter. Dutzende von Menschen standen dort mit ihrem Gepäck in einer Schlange. Es war eng und durcheinander.

»Jetzt bitte die Belege der Einkäufe herausholen und darauf achten, dass auch wirklich alle Gegenstände, für die wir die

Steuer zurückbekommen können, in den Koffern sind. Wenn ihr etwas habt, das ihr lieber im Handgepäck mitnehmen wollt, sagt mir bitte Bescheid, denn das müssen wir woanders anmelden!«

Sofort fingen alle damit an, Formulare auszufüllen und mit Zetteln zu hantieren. Ich durfte nicht mitmachen, denn nur Leute, die nicht in der EU wohnten, waren dazu berechtigt, sich Steuern erstatten lassen. Ein bisschen neidisch schaute ich zu.

Reiseleiter Huang war als Erster fertig. Er hatte zwar die mit Abstand meisten Zettel, doch er hatte das Ganze schon so oft gemacht, dass er mittlerweile ein Profi war.

»Warum ist das alles so kompliziert?«, fragte ich ihn.

»Na ja, die wollen sichergehen, dass unsere Einkäufe auch wirklich die EU verlassen.«

»Das heißt, wenn du denen einen Beleg für eine Handtasche gibst, muss in deinem Koffer auch genau diese Handtasche sein?«

»Richtig.«

»Und kontrollieren die das streng?«

»Das kommt auf ihre Laune an. In Frankreich sind sie am schlimmsten, aber auch hier in Deutschland sind sie meistens ein bisschen griesgrämig.«

Ich blickte zu den beiden Beamten am Schalter hinüber. Sie hatten zwei Japaner vor sich. Dahinter war eine lange Schlange, und am Ende der Schlange standen wir. Die Japaner lächelten und nickten immer wieder aufgeregt mit dem Kopf, und die Beamten blickten tatsächlich ein bisschen griesgrämig drein.

»Ich glaube manchmal, die sind einfach nur neidisch, weil die Touristen sich hier immer so teure Sachen kaufen«, sagte Reiseleiter Huang und grinste, »vor allem wir Chinesen!«

Als die Reihe schließlich an uns kam, lief dann doch alles glatt. Einzeln oder paarweise traten wir mit unserem Gepäck unter die Augen der Griesgrämigen. Diese vollzogen ein mystisches Ritual, an dessen Ende ein Papier gestempelt wurde und der Koffer auf einem überquellenden Gepäckwagen landete. Damit war dieser Teil beendet, und wir gingen zu einem anderen Schalter, wo uns eine freundlich lächelnde Dame die Steuern zurückerstattete.

Irgendwann kamen wir dann endlich an unserem Gate an.

Reiseleiter Huang hatte uns erklärt, dass es in europäischen Flughäfen leider keine Wasserspender gab wie zu Hause in China. Das bedeutete für uns: Wir konnten keinen Tee trinken. Verwundert gaben wir in einem der Duty-free-Shops viel Geld für winzige Getränkeflaschen aus und setzten uns damit in den Wartebereich.

Es war noch eine Weile hin bis zu unserem Abflug. Wir saßen an einer Fensterwand, durch die wir die Flugzeuge auf dem Rollfeld sehen konnten. Ein paar von uns dösten, ein paar plauderten, ein paar spielten mit ihren Smartphones herum.

Ich saß neben dem Riesenjungen.

»Was wirst du jetzt machen?«, fragte er.

»Erst fliege ich mit euch nach Beijing, und nach ein paar Tagen kehre ich wieder nach Hamburg zurück.«

»Das ist viel Fliegerei.«

Ich zeigte auf Reiseleiter Huang, der die Augen geschlossen hatte: »Nicht so viel wie bei ihm.«

»Hast du vor, bald wieder nach China zu kommen?«

»Ich glaube schon.«

»Dann besuch uns doch in Tangshan!«

»Das werde ich. Aber sag mal, ich habe da eine Frage, die mich schon lange interessiert: Was hast du damals in Beijing gedacht, als du mich zum ersten Mal gesehen hast?«

Er lächelte: »Das war komisch! Bis zum Boarding war ich mir überhaupt nicht sicher, ob du jetzt mitfliegen würdest oder nicht. Und als du mich dann im Flugzeug gefragt hast, ob wir nicht in einer Gruppe sind, habe ich nicht einmal dein Gesicht wiedererkannt. Also habe ich einfach nur genickt, und dann bist du eingeschlafen und bis zur Landung nicht mehr aufgewacht.«

Wir blickten nach draußen, wo unser Flugzeug vorbereitet wurde. Bald würden wir wieder in Beijing sein. Dort würden wir so gut essen und trinken können, wie wir wollten. Wir würden unsere Einkäufe auspacken und den Daheimgebliebenen ihre Geschenke überreichen. Die meisten Fotos von unserer Reise hatten wir zwar bereits im Internet veröffentlicht, auf Weibo oder auf anderen Plattformen, doch das ein oder andere Bild würden sie sich wohl trotzdem noch einmal anschauen müssen: Neuschwanstein vielleicht. Oder die Maskierten von Venedig. Oder unser gehüpftes Gruppenfoto auf dem Schweizer Schneeberg.

Zwölf Stunden später standen wir zwischen unseren Koffern am Flughafen in Beijing. Ich überreichte der Mutter des Großen Freundes ihren Werkzeugkasten, während Reiseleiter Huang sich daranmachte, von den anderen die Reisepässe und die Bordkarten einzusammeln.

Als er meinen fragenden Blick bemerkte, lächelte er geduldig: »Darüber haben wir doch in Florenz schon gesprochen. Ich muss das alles bei den Konsulaten einreichen, damit die wissen, dass auch wirklich alle aus unserer Gruppe wieder nach China zurückgekommen sind. Alle außer dir natürlich.«

»Ich bin denen egal?«

»Völlig egal.« Er grinste.

Ich hörte kleine Freudenschreie von Tianjiao. Sie hatte im Getümmel ihre Eltern entdeckt, zwei kleine, leicht untersetzte Leute, die genauso ansteckend lächelten wie sie selbst.

Es war Zeit für unseren Abschied. Tante Ju würde einen Anschlussflieger nach Taiyuan nehmen, Bruder Hou musste nach Shanghai, die Kunststudentin Yumeng nach Chongqing, der Riesenjunge Yuming mit seiner Mutter nach Tangshan. Der Rest wohnte in Beijing.

»Vergiss nicht, mich besuchen zu kommen!«, sagte Tante Ju.

»Mich auch, Alter Lei!«, sagte Yuming.

»Wenn ihr nicht vorsichtig seid, komme ich euch noch alle besuchen!«, rief ich zum Abschied, und sie lachten.

Dann gingen wir auseinander.

Es war der erste Tag des neuen Jahres. Es war das Jahr des Schafes oder das der Ziege, so genau nahm das niemand. Es verhieß Glück, das war das Einzige, was zählte.

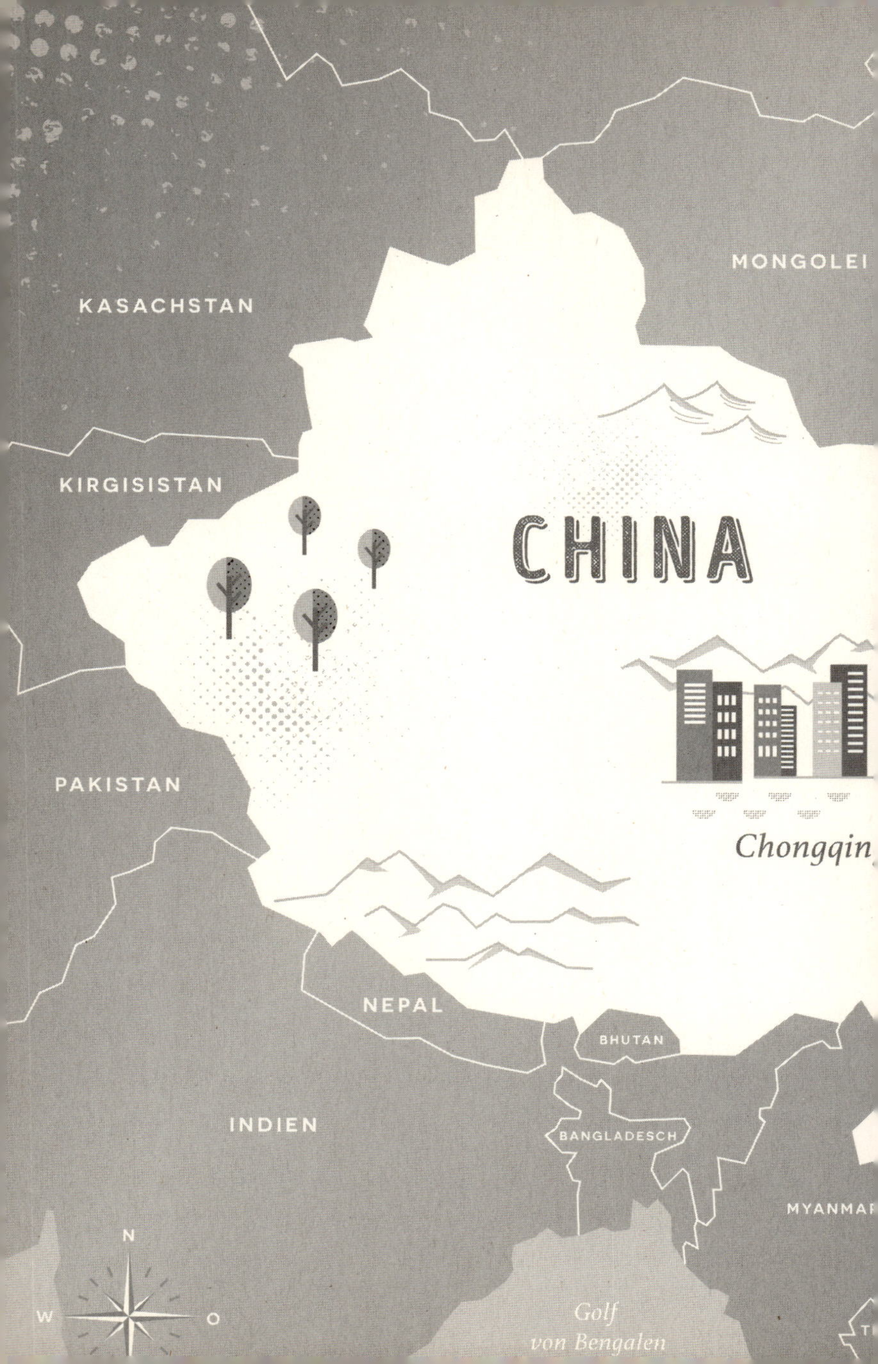

KASACHSTAN
MONGOLEI
KIRGISISTAN
CHINA
PAKISTAN
Chongqin
NEPAL
BHUTAN
INDIEN
BANGLADESCH
MYANMA
N
W
O
Golf
von Bengalen

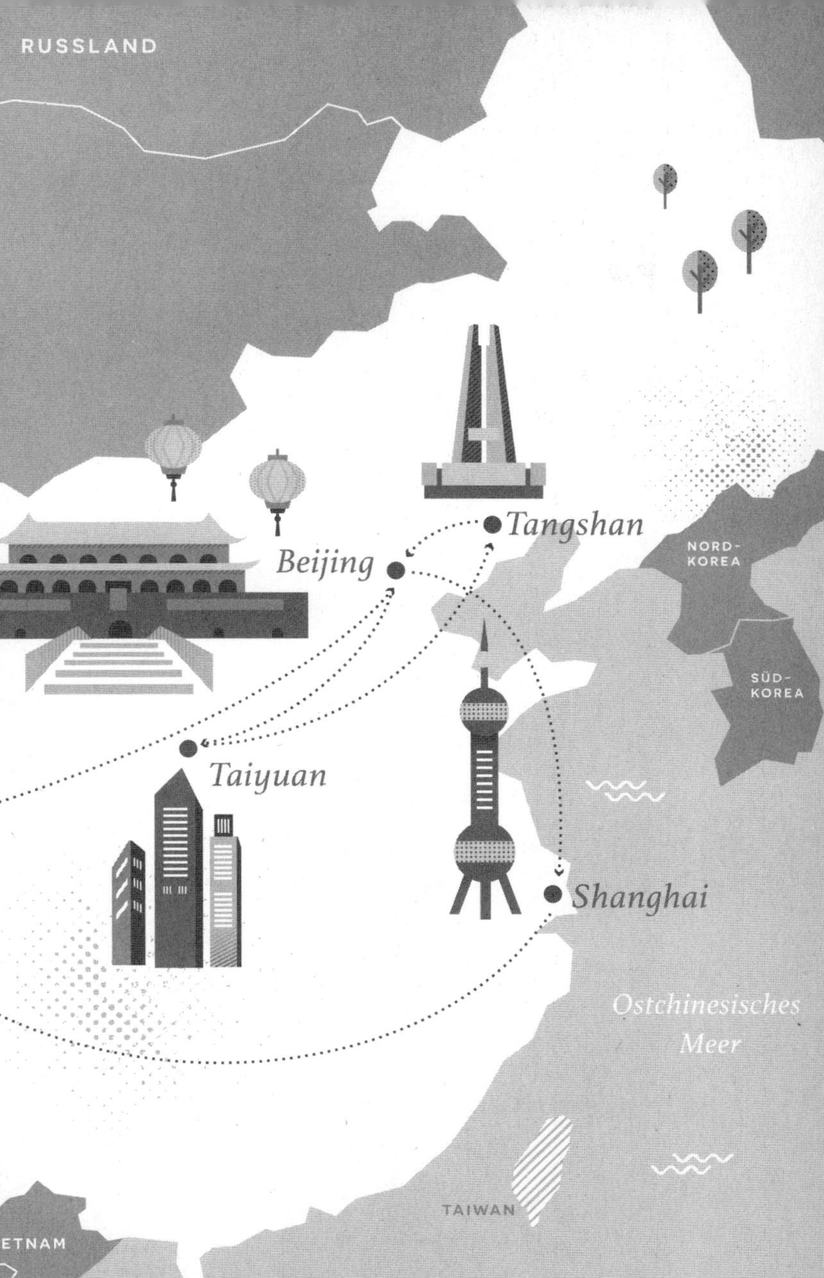

RUSSLAND
Tangshan
Beijing
NORD-
KOREA
SÜD-
KOREA
Taiyuan
Shanghai
Ostchinesisches
Meer
TAIWAN
VIETNAM

Drei Monate vergingen, dann war ich wieder da. In Beijing. Diesmal war ich mit meinem Rucksack gekommen, nicht mit dem günstigen schwarzen Koffer.

Ich nahm mir ein Zimmer in meinem alten Hotel, warf mein Gepäck ab und legte mich aufs Bett. Auf dem Display meines Telefons leuchteten mehrere Nachrichten. Wir, die Europareisenden, hatten einen Gruppenchat gebildet. Irgendjemand hatte ihn SCHRITT FÜR SCHRITT DIE CHINESISCHEN KÖSTLICHKEITEN EUROPAS PROBIEREN genannt, und der Name hatte allen sofort gefallen. Nun tat sich etwas: Tianjiao wollte wissen, wie mein Flug gewesen sei, und Tante Ju schrieb, dass sie bereits in Taiyuan auf mich warte. Ich war nach China gekommen, um sie zu besuchen, nicht nur Tante Ju, sondern auch die anderen der Gruppe. Ich wollte sie besser kennenlernen, besonders wollte ich wissen, wie sie waren, wenn sie nicht gerade mit einer Reisegruppe durch die Welt fuhren.

Doch zunächst verließ ich das Hotel, um Beijing mit einem Spaziergang zu begrüßen. Es war Ende Mai, und die Stadt war nicht mehr kalt und grau, sondern warm, und der Himmel war blau. Die Straßen waren voller Leute. Als ich an dem Reisebüro Nordreisen vorbeikam, überlegte ich einen Moment, ob ich nicht vielleicht hineingehen und nach einer Reise in die schöne Provinz Yunnan fragen sollte. Ich verwarf den Gedanken.

Irgendwann stand ich in dem Park, in dem ich wenige Monate zuvor spazieren gegangen war. Er war vollkommen ergrünt: die Bäume, das Gras, selbst das Wasser in seinem Kanal war grün. Und überall waren Menschen. Ich sah Familien mit Kindern am Wasser entlanglaufen, ich sah junge Paare, die sich an den Händen hielten. Die Rentner saßen wie früher in kleinen Grüppchen herum und unterhielten sich, einige von ihnen trugen Hüte gegen das Sonnenlicht.

Und auch die einzelnen Männer waren da. Sie taten das Gleiche wie immer: Sie schlenderten zwischen den Bäumen umher und sahen dabei unauffällig aus. Irgendwo hatte ich gehört, dass es hier einmal eine große Razzia gegen sie gegeben hatte, mit Dutzenden von Polizeifahrzeugen, doch das war bereits mehrere Jahre her, und seitdem war es ruhig geblieben.

Ich ließ den Park hinter mir und spazierte zurück in Richtung meines Hotels. Die Sonne schien, die Straßen waren belebt, und Beijing wirkte entspannt. Es war gut, wieder hier zu sein.

Ich schlief eine Nacht, dann setzte ich mich in einen Zug nach Shanghai. Er hatte eine Geschwindigkeitsanzeige, die bis auf dreihundert Stundenkilometer hochging. Am Fenster raste China vorbei. Es war durchsetzt mit Strommasten und Gebäuden, und aus den Städten ragten Hochhäuser empor. Einmal blieben wir für vierzig Minuten liegen, weil vor uns ein anderer Zug kaputtgegangen war. Ich fühlte mich an die Deutsche Bahn erinnert.

Shanghai war beeindruckend. Der Bahnhof von Hongqiao sah aus wie ein Flughafen. Da war nichts von dem Mief, von den Zigarettenstummeln und den herumstolzierenden Tauben, die ich von den deutschen Bahnhöfen kannte. Ich sah keine Snackautomaten und keinen einzigen Bettler. Man betrat die Bahnsteige nur zum Ein- und Aussteigen, sonst waren sie leer, bis auf ein paar verloren herumstehende Mädchen in Bahnuniformen. Als wäre der Bahnhof neu geboren. Noch nicht einmal Kies lag im Gleisbett.

In einer großen Wartehalle sah ich dann doch noch ein paar arme Leute. Sie hatten sich auf dem Boden ausgebreitet, zwei alte Männer mit nackten Füßen und Plastiktüten, und sie sahen ein bisschen aus wie Schauspieler, weil sie so gar nicht hierherpassen wollten.

Ich nahm die Metro in die Innenstadt, fuhr an sauberen Stationen und an Bildschirmen vorbei, auf denen Werbefilmchen liefen. Blümchen in Rosé flackerten auf, schöne Frauen, die für Kosmetik warben, Luxusautos.

Am Tag zuvor, in einem Taxi in Beijing, hatte mich der Fahrer darüber aufgeklärt, dass früher alles besser gewesen sei. Unter Mao hätten die Leute noch ihren Glauben gehabt. Ihren Glauben an Mao. Da hätte man alten Damen noch über die Straße geholfen.

Ich suchte ein Hotel, nahm mir ein Zimmer und legte mich aufs Bett. Der Raum war klein und hatte keine Fenster. Die Klimaanlage summte, manchmal ging irgendwo eine Tür.

Ich wurde aus tiefem Schlummer aufgeschreckt. Es war der Alarm meines Telefons. Ich duschte hastig und aß etwas, dann ging ich in eine Fußgängerzone in der Stadtmitte. Links und rechts waren Cafés und Bars, überall waren Menschen, und alle sahen sehr schick aus. Bruder Hou wartete bereits auf mich. Er trug Anzughose und Hemd, denn er war gerade von einem Geschäftsessen gekommen. Er lächelte sein leicht verblüfft wirkendes Lächeln.

»Danke, dass du gekommen bist«, sagte ich.

Er winkte ab: »Das ist doch selbstverständlich!«

Nein, ganz so selbstverständlich war es nicht. Erst vor Kurzem hatte er sich über mich geärgert. Ich hatte ein Video auf Weibo veröffentlicht, in dem ich über den chinesischen Straßenverkehr sprach: über die Rücksichtslosigkeit der Fahrer, über die vielen Autos ohne Nummernschilder, über das Recht des Stärkeren, das auf chinesischen Straßen herrschte. Ich hatte kein Blatt vor den Mund genommen, und das Video hatte eingeschlagen wie eine Bombe. Chinesische Medien hatten es übernommen, innerhalb von zwei Tagen wurde es mehr als zwanzig Millionen Mal abgerufen. So landete es auch irgendwann auf dem Smartphone von Bruder Hou.

»Als Journalist sollte man immer unvoreingenommen und höflich bleiben, Alter Lei«, hatte er mir enttäuscht geschrieben.

»Es tut mir leid, Bruder Hou, aber ich bin doch gar kein Journalist«, war meine Antwort gewesen, »ich bin nur ein Freund.«

Dann war erst einmal Funkstille.

Jetzt stand er vor mir, und wir lächelten einander etwas verlegen an.

Wir beschlossen, uns in eine der Bars zu setzen und Bier zu trinken. Es gab belgisches Bier.

»Hoffentlich ist es so gut wie das, das wir in Italien getrunken haben«, sagte er lächelnd.

»Italien war schön, oder?«

»Die ganze Reise war schön.«

»Und was hat dir am besten gefallen?«

Er überlegte einen Moment. »Ich glaube, da würde ich sagen: unser erstes Hotel. Das hatte eine ganz besondere Atmosphäre. Draußen lag der Schnee, und drinnen war es zwar nicht übermäßig luxuriös, aber doch sehr gemütlich. Außerdem noch der Weg im Bus durch die Schweizer Berge, den fand ich auch toll!«

»Aber in China gibt es doch auch viele Berge, und im Zweifel sind die noch deutlich höher?«

»Ja, ich bin mal in Yunnan gewesen« – ich musste an den Mann mit der Handtasche aus dem Reisebüro denken –, »da waren die Berge tatsächlich ziemlich hoch. Aber der ganze Straßenbau hat sie ruiniert. Die sahen aus wie geschälte Äpfel! Das war in der Schweiz anders.«

Mein Blick fiel auf sein Handgelenk. »Bist du eigentlich mit der Uhr zufrieden, die du damals gekauft hast?«

»Welche meinst du?«, fragte er. »Die grüne?«

»Gab es etwa noch eine andere?«

Er lachte: »Ja, aber die war unvernünftig teuer.«

»Ach, wie viel denn?«

»Zweiundzwanzigtausend Franken.«

Er zog an seiner Zigarette. »Ich mag Uhren. Sie laufen ohne Unterlass, immer in dieselbe Richtung.« Er hielt eine Hand hoch und machte mit dem Finger der anderen Hand eine kreisende Bewegung darin. Mir fiel auf, dass ich diese Geste schon öfter gesehen hatte. Sie schien für ihn Stetigkeit zu bedeuten.

»Außerdem kann ich sie später meinem Sohn hinterlassen«, fügte er hinzu, »der Winzigkeit.«

»Dann hat sich dieses Mal Europa für dich ja gelohnt.«

»Na ja, ich wollte schon immer mal dorthin«, sagte er lachend, »und jetzt war ich da. Man könnte also sagen, es hat sich gelohnt, ja.«

Nachdem er gegangen war, blieb ich noch eine Weile in der Bar. Am Tisch neben mir saßen zwei Mädchen. Die eine trug einen Minirock, war geschminkt, und ihr Haar fiel in langen Wellen über ihre Schultern. Die andere sah aus wie ein Junge: Unterhemd und kurze Haare, eine gewisse Ruppigkeit im Gebahren. Als irgendwann der Kellner mit der Rechnung kam, kramte das ruppige Mädchen ein paar Geldscheine hervor und ließ sie auf den Tisch fallen. Dann nahm es seine Freundin an der Hand, und die beiden verschwanden draußen in der Nacht.

Am nächsten Morgen wachte ich spät auf. Es war vollkommen finster. Ich kniff die Augen zusammen, als ich in den Tag hinaustrat, dann irrte ich eine Weile durch die Stadt. Früher hatte ich einmal hier gewohnt, einen schweißdurchtränkten Sommer lang, doch viele der Orte hatten sich seitdem so sehr verändert, dass ich sie nicht wiedererkannte. In dieser Hinsicht war Shanghai anders als München: Beide waren reich, beide zogen Menschen aus aller Welt an, und von den Einwohnern beider Städte wurde behauptet, dass sie sich für etwas Besseres hielten. Doch Shanghai erfand sich immer wieder neu, während München versuchte, so zu bleiben, wie es war.

Abends traf ich mich wieder mit Bruder Hou. Ich wartete an der östlichen Nanjing Lu auf ihn, der bekanntesten Einkaufsstraße der Stadt. Immer wieder tauchten Damen aus der Menge auf und fragten, ob ich eine Massage wolle. Ich verneinte, und sie lachten. Sie und ich wussten, dass sie Betrügerinnen waren.

Bruder Hou kam in Jeans und T-Shirt. Er führte mich in ein Hotelrestaurant. In diesem Hotel hatte er früher auf Geschäftsreisen immer übernachtet, wenn er aus Tianjin hierherkam. Seine Zimmernummer war dabei fast immer die gleiche gewesen:

1111. Lauter Einsen, sagte er. Ganz so, als müsste er für immer allein bleiben. Er lachte trocken.

Das Restaurant war leer und teuer. Haifischflossen standen auf dem Menü und Seegurken. Wir bestellten Fisch, Innereien, Fleisch, Gemüse, Teigtaschen. Eine Flasche Schnaps wurde auf den Tisch gestellt: Zhuyeqing, achtunddreißig Prozent. Ich verschluckte mich daran, und es brannte.

Bruder Hou begann zu erzählen.

Er war 1970 geboren, ein Jahrzehnt nach seinen beiden älteren Schwestern. Seine Eltern waren Bauern im Nordosten, und sein Vater kam mit der Volksbefreiungsarmee nach Tianjin. Er hatte dabei nicht gegen die Japaner gekämpft, aber gegen die Nationalisten, in drei großen Schlachten von Norden nach Süden. Als das vorbei war, zog er in den Koreakrieg.

Bruder Hou machte eine Bewegung mit beiden Händen: sein Vater war Maschinengewehrschütze.

Ich bemerkte, dass in Deutschland viele Männer nach dem Krieg verstört gewesen waren und ihre Kinder mit übertriebener Strenge erzogen hatten.

Ja, sagte er, das war bei ihm wohl auch so.

»Hat dich dein Vater manchmal umarmt?«, fragte ich.

»Nie.«

»Und umarmst du deinen Sohn?«

»Natürlich, ich bin doch sein Papa.«

Wir stießen mit unseren Schnapsgläsern an und kippten den Inhalt hinunter.

Bruder Hous Kindheit war unproblematisch. Die Familie war weder arm noch reich, und ihr politischer Hintergrund war sauber. Er war ein guter Schüler, wenngleich etwas faul und undiszipliniert. Doch einmal, bei einem Mathewettbewerb, erreichte er den ersten Platz. Da wusste er, wie es sich anfühlte, der Beste zu sein.

Und dieses Gefühl wollte er wieder haben.

Nach dem Studienabschluss Anfang der Neunziger fing er in einer Bank an. Er machte Geld auf dem Aktienmarkt und verlor es wieder, insgesamt eine Million Yuan, eine beträchtliche Summe damals. Aber ab der Jahrtausendwende ging es dann stetig aufwärts.

Es war die Zeit, als sein Vater starb.

»Mein Vater hat weder meinen Erfolg gesehen noch meinen Sohn«, sagte er, »das bedauere ich.«

»Vielleicht sieht er euch jetzt?«

»Das weiß ich nicht. Ich habe zwar ein paar buddhistische Texte gelesen, glaube aber nicht so recht an Religion. Aber ein schönes Grab für meine Eltern habe ich trotzdem gekauft. Es steigt übrigens im Wert!«

Inzwischen war das Hotelrestaurant fast leer, und die Bedienungen sahen aus, als ob sie nur darauf warteten, dass wir gingen. Ein paar von ihnen spielten mit ihren Telefonen.

»Weißt du eigentlich, warum du so erfolgreich bist?«, fragte ich.

»Ich bin ein unauffälliger Typ«, sagte er lächelnd, »ich spreche leise und falle nicht auf, auch auf den Meetings und im Büro nicht. Ich mache einfach nur meine Investments. Und am Ende ist meine Bilanz die beste.«

Da war es wieder, dieses Gefühl, ein Gewinner zu sein. Am Anfang hatten seine Kollegen noch behauptet, sein Erfolg beruhe auf Glück. Doch er wusste es besser.

»Ich plane langfristig, schnelle Gewinne interessieren mich nicht. Es geht darum, erst ganz am Ende der Beste zu sein.« Wieder machte er mit dem Finger die kreisende Geste in seiner Handfläche: Stetigkeit.

Im zweiten Jahr war er erneut die Nummer eins. Im dritten Jahr sprengte seine Bilanz alle Erwartungen. Sein Sohn wurde geboren, fünf Jahre später zerbrach seine Ehe. Das war 2007.

»In dem Jahr bin ich von Beijing aus losgelaufen«, sagte ich.

Er seufzte: »Dann hat uns die Zeit damals wohl beiden eine Veränderung gebracht.«

Ob seine Frau mittlerweile einen neuen Partner hatte, wusste er nicht. Sie war in Tianjin geblieben, und er wohnte seit Langem fest in Shanghai. Zimmer 1111 brauchte er nicht mehr, seit er eine Wohnung in der Nähe der Einkaufsstraße mietete: achtzig Quadratmeter für sechstausend Yuan im Monat.

Die Winzigkeit sah er etwa alle zwei Monate. In Tianjin. Dort besaß er noch drei Eigentumswohnungen und ein Auto. Es war zwar schon zehn Jahre alt, das Auto, und er brauchte es eigentlich nicht, doch er behielt es weiterhin, damit das Nummernschild nicht verfiel.

»Nummernschilder können in China teurer als Neuwagen sein, das weißt du, oder?« Er schüttelte verständnislos den Kopf.

Irgendwann war unsere Schnapsflasche leer.

Wir wechselten in eine Bar, kauften uns Bier, Pommes, Popcorn und Soda. Bettler erschienen. Um uns herum saßen viele Ausländer.

Wir redeten über Politik: Demokratie, Europa, Amerika, China. Wenn ich etwas sagte, mit dem er nicht einverstanden war, dann ließ er mich ausreden und sagte anschließend: »Das sehe ich anders.«

Er sah vieles anders.

»Ich habe über deine Frage nachgedacht, wer meine Lieblingsperson aus der Geschichte sein könnte«, bemerkte er irgendwann, und dann nannte er einen Namen, bei dem ich mich verschluckte: »Mao.«

»Im Ernst? Aber du bist doch Banker!«

»Nun, er war bestimmt kein Wirtschaftsfachmann, der alte Mao, aber ein großer Staatsmann war er schon. Ohne ihn würde es China wahrscheinlich gar nicht mehr geben!«

»Und was ist mit den Millionen Toten?«

Er sagte nichts, und während wir einen Moment lang in unsere Biere hineinschwiegen, dachte ich, dass es vielleicht auch besser so war. Wir waren beide nicht mehr nüchtern.

Als wir die Bar verließen, war es bereits spät. Die Neonlichter der Einkaufsstraße leuchteten zwar noch, doch die Leute waren bereits weg. Eine Dame suchte Kunden für ihre Massage. Wir winkten ab.

»Gehen wir doch zu mir«, sagte Bruder Hou, »aber ich muss dich vorwarnen: Ich wohne allein. Es ist unordentlich und ziemlich verraucht.«

»Ach komm, wie schlimm kann es schon sein?«, fragte ich lachend.

Die Antwort war: schlimm. Bruder Hou lebte im Verfall. Asche auf dem Tisch, Asche auf dem Boden, Schnapsflaschen dazwischen. Das Bett war ein Knäuel, daneben stand ein mit Wäsche überhäuftes Fitnessrad. Im Bad schimmelten die Ecken, sogar der Wasserhahn war schwarz angelaufen. Das Klo war voller Teeblätter.

Ich musste an Kifferwohnungen denken. Nein, dort hätte es zumindest irgendeine Form von Dekoration gegeben.

Bruder Hou stand in der Mitte seiner Wohnung und sah irgendwie klein aus.

»Willst du meine Uhren sehen?«, fragte er.

Die grüne Sportuhr, die er sich in Luzern gekauft hatte, war aus Titan. Das war gut, weil er auf andere Metalle allergisch reagierte. Die richtig teuren Uhren konnte er nur im Winter tragen, wenn er nicht schwitzte. Sonst eben andere aus Titan. Die grüne hatte er haben wollen, seit er sie einmal in Singapur gesehen hatte. Dort kostete sie sechsunddreißigtausend Yuan, und er zögerte. In China gab es sie nur in einem einzigen Laden am Flughafen von Beijing. Er zögerte weiter. In Luzern sollte sie dann nach der Steuererstattung nur noch dreiundzwanzigtausend Yuan kosten. Da zögerte er nicht mehr.

Doch dann, als er in dem Laden war, sah er noch eine andere Uhr, für die fast das Zehnfache verlangt wurde. Die nahm er auch noch mit.

»Warum hast du uns dann nur die grüne gezeigt?«, fragte ich und versuchte, ihn mir als heimlichen Shoppinggewinner vorzustellen, als jemanden, der triumphierend in sich hineingrinste und an einen verborgenen Schatz in seiner Tasche dachte.

Nein, sagte er, er habe gesehen, was die anderen sich so gekauft hatten, da habe er nicht als Protz dastehen wollen. Er lächelt schief.

Die Uhr lag in seinem Schlafzimmer im Regal, uneingepackt zwischen einem halben Dutzend anderer Uhren. Im Schrank hatte er in einer Schachtel noch eine weitere Uhr, die aus Singapur kam und noch ein bisschen teurer gewesen war.

»Für den Preis kaufen sich andere ein Auto«, sagte ich.

Er lächelte: »Autos langweilen mich.«

Ich blickte mich in seiner Wohnung um. Auf dem Tisch lagen Münzstapel: zehn, zehn, zehn, immer zehn Münzen aufeinander. Außerdem eine schicke Holzschachtel.

»Die ist von meiner Bank«, sagte er und grinste.

Die Kreditkartenabteilung hatte sie ihm zum Geschenk gemacht, weil er so viel Geld ausgegeben hatte.

Er öffnete die Box und holte eine Broschüre hervor. Ich blätterte sie auf und sah sorgfältig eingeklebte Geldscheine in verschiedenen Größen.

»Fällt dir nichts auf?«, fragte er.

»Nein.«

»Achte auf die Registriernummern.«

Jeder der Scheine hatte die Nummer 19700416.

»Mein Geburtsdatum«, sagte er.

Hinten auf der Broschüre war ein Gesamtpreis angegeben: achtzehntausendachthundert Yuan.

Er winkte ab: »Der Preis ist natürlich von denen ausgedacht. Aber ein schönes Geschenk war es trotzdem.«

Zigarettenrauch waberte durch die Wohnung. Wir tranken Tee, denn unsere Augen waren bereits rot, ich wusste nicht, ob vom Alkohol oder vom Rauch. Ich dachte an seinen Sohn in Tianjin.

»Wenn Eltern sich scheiden lassen, ist das für die Kinder, als ob die Familie ein bisschen stirbt«, sagte ich, »für mich war es jedenfalls so.«

Er seufzte: »Ja, das war nicht einfach für die Winzigkeit.«

Er steckte sich noch eine Zigarette an.

Irgendwann verabschiedete ich mich. Es war weit nach vier Uhr morgens. Bruder Hou brachte mich zur Wohnungstür und winkte mir hinterher. Ich bildete mir ein, dass ich eine Wolke sah, die an ihm vorbei auf den Gang hinausquoll, dann fuhr ich mit dem Fahrstuhl nach unten und trat hinaus in die Nacht.

Sie war kühl und dunkel. Nur ein paar einzelne Taxis fuhren noch herum. Eine Gruppe Betrunkener torkelte über den Bürgersteig, doch sie waren seltsam still: taumelnde, stimmlose Gestalten. Ich blickte an dem Gebäude nach oben. Alle Lichter waren erloschen, alle bis auf eins. Es musste die Wohnung von Bruder Hou sein. Ich verharrte einen Moment, dann ging auch dieses letzte Licht aus.

Meine nächste Etappe war die Stadt Chongqing im Südwesten Chinas. Ich wäre am liebsten mit der Bahn dorthin gefahren, doch das hätte zu lange gedauert.

Als ich aus dem Flughafen von Chongqing kam, war ich einen Moment lang verwirrt, wie es weitergehen sollte. Die Innenstadt war weit entfernt. Es gab Busse, und es gab Taxis. Überall liefen Menschen durcheinander. Ich fand den Eingang zur Stadtbahn und stellte mich an einer Sicherheitskontrolle an. Vor mir wartete ein Ehepaar. Als unser Gepäck am anderen Ende der Kontrolle wieder ausgespuckt wurde, fiel der Koffer der Dame um, also griff ich danach und stellte ihn wieder aufrecht hin. Sie fuhr herum und blickte mich erschrocken an, dann sah ich so etwas wie Erleichterung in ihrem Gesicht.

»Thank you«, sagte sie zu mir und dann, in Richtung ihres Mannes: »Ausländer sind immer so höflich!«

Ich betrat einen der Züge und stellte mich mit meinem Rucksack in die Mitte des Waggons. Das entpuppte sich als Fehler. Die Fahrt schien ewig zu dauern, und es kamen immer mehr Leute dazu, bis ich mich irgendwann nur noch mit Mühe aus der Tür hinausquetschen konnte. Ich landete auf einer Plattform, die über dem Nichts hing, beugte mich über ein Geländer und blickte nach unten. Betonstreben und Bäume wuchsen mir entgegen. Ich sah Straßen und Häuser und dahinter den Fluss, träge und breit. Es war der Jangtsekiang, der Lange Fluss. Ein paar Jahre zuvor hatte ich dort unten gestanden, an seinem felsigen Ufer im Schatten der Hochhäuser. Ich hatte Steine ins Wasser geworfen und mich daran erfreut, sie eintauchen zu sehen in den längsten Strom Asiens.

Ich stieg in eine andere Stadtbahn um. Auch sie krallte sich in die Flanken von Hügeln und Bergen, auch sie war sehr voll. Irgendwann führten die Gleise auf Stelzen hoch über einer Einkaufsstraße entlang. Ich sah Menschen unter mir, Kaufende und Verkaufende, Spazierende und Pausierende, und ich wusste, ich war angekommen.

Am Ausgang der Bahn schwebte ein Mädchen an mir vorbei. Sie trug ein T-Shirt mit dem Aufdruck: I AM DIFFERENT FROM YOU.

Ich suchte mir ein Hotel, legte meine Sachen im Zimmer ab und nahm ein Taxi. Der Fahrer nickte, als er die Adresse hörte, dann schraubten wir uns einen Hang hinauf, höher und höher, in Linkskurven und Rechtskurven, und irgendwann sagte er, wir seien da.

Die Gebäude auf beiden Seiten der Straße waren bunt bemalt mit Pandabären und farbigen Mustern. Das war kein Zufall, denn hier oben, am Hang des Berges hoch über dem Fluss, lag Sichuans Hochschule der Künste. Yumeng erschien, die Kunststudentin. Sie sah genauso aus wie das letzte Mal, als ich sie gesehen hatte. Ein Rest von Färbung in ihrem Haar, und auch die Zahnklammer war noch da, ein Blitzen in ihrem Lächeln.

Sie führte mich in ein winziges Restaurant.

»Magst du scharfes Essen?«, fragte sie, und als ich heftig den Kopf schüttelte, lachte sie.

»Aber hier in Chongqing isst man doch scharf, Alter Lei!«

»Und du verträgst das? Ich dachte, du kämst eigentlich aus dem Norden?«

»Ja, aus der Nähe von Beijing, aber ich studiere ja schon länger hier. Also?«

Ich konnte durchsetzen, dass wir nur Dinge bestellten, die nicht scharf waren: kross frittierte Kartoffelstreifen, dazu doppelt gebratenes Schweinefleisch und sautiertes grünes Gemüse. Und Limonade. Durch die Tür konnte ich sehen, dass die Wände in der Küche schwarz waren, doch das Essen schmeckte hervorragend. Wir einigten uns darauf, dass unsere Reise noch mehr Spaß gemacht hätte, wenn das Gruppenessen nur halb so lecker gewesen wäre wie das Essen hier.

Yumeng erzählte, dass ursprünglich nur ihre Mutter hatte mitfahren wollen. »Eigentlich war es ihre Reise. Doch dann meinte sie, da ich Kunst studiere, solle ich auch mit. Mal etwas Neues kennenlernen! Außerdem«, sie lächelte, »war das auch eine schöne Gelegenheit, mit ihr etwas Zeit zu verbringen.«

»Und dein Vater?«, fragte ich.

»Papa ist bei der Armee, der darf nicht ins Ausland.«

»Nie?«

»Nein, nicht einmal nach Hongkong. Und er kann jederzeit einfach so versetzt werden. Vor einiger Zeit war er für anderthalb Jahre in der Wüste von Xinjiang.«

»Hast du ihn dort besuchen dürfen?«

»Ja, das war toll!«

Reisen machte ihr Spaß, besonders, wenn es in die Natur ging. Sie träumte davon, einmal in einem der Häuschen auf dem Schweizer Berg zu wohnen. Und noch etwas hatte einen besonders tiefen Eindruck bei ihr hinterlassen.

»Neuschwanstein?«, fragte ich ungläubig. »Warum denn das?«

»Das hatte so etwas Mystisches!« Ihre Augen leuchteten. »Und die ganze Zeit habe ich gedacht: Wow, das alles hat sich also dieser eine König ganz allein ausgedacht!«

»Okay, eine kreative Leistung mag es wohl sein. Aber ist es auch schön?«

»Die Schwäne zum Beispiel, hast du die bemerkt? Die waren überall: in den Türen, in den Fenstern, in den Möbeln, in den

Vorhängen. Das ganze Schloss war voller Schwäne. Ist das nicht wunderbar?«

Ich lächelte, denn irgendwie freute ich mich, dass es anscheinend doch gute Gründe dafür gab, Neuschwanstein zu mögen.

Am nächsten Tag trafen wir uns, um eine Gemäldeausstellung ihres Jahrgangs zu besichtigen. Sie fand in einer sauberen weißen Halle auf dem Hochschulgelände statt. Wir waren die einzigen Besucher. Am Eingang stand ein Schild mit dem Thema der Ausstellung: DER CHINESISCHE TRAUM. Ich schluckte. Da war sie wieder, die Regierungsdevise von Xi Jinping, dem neuen Chef des Landes.

Fast alle der Werke erschienen heiter und zuversichtlich. Yumeng wollte mir zunächst nicht verraten, welches Werk von ihr war, deshalb schaute ich mir einfach alle an.

Auf einem sah ich Figuren in traditionellen Trachten, darüber die chinesische Flagge, außerdem noch die Flagge der Partei. Das Ganze befand sich auf einem Schiff im Meer, und daneben standen noch andere Figuren im Wasser herum.

Auf einem anderen Bild sah ich Dampflokomotiven, die zu Schnellzügen wurden, welche sich wiederum in Hochgeschwindigkeitszüge verwandelten.

Überall waren Drachen und Phönixe, Karpfen und Pandas.

Eins der Bilder sah aus wie ein auf niedlich gemachtes Propagandaposter aus der Mao-Zeit, doch in der Mitte stand: MY DREAM. Auf Englisch.

»Was hat sich der Künstler wohl dabei gedacht?«, fragte ich.

Yumeng grinste: »Gar nichts, das weiß ich zufällig. Das ist nur deshalb auf Englisch, weil es auf Chinesisch ein bisschen albern rübergekommen wäre.«

Yumengs Bild war ein Mann mit einem Kofferradio. Er hatte einen langen, grünen Bart.

»Sieht ein bisschen so aus, als ob er am Kotzen ist, was?«, meinte sie verlegen.

»Du meinst, so wie gewisse Leute in Ausstellungen von Jeff Koons?«

Sie lachte hinter ihrer Zahnklammer hervor. Sie hatte sie im Januar bekommen, kurz vor unserer Reise. Am Anfang hatte sie ihr wehgetan, doch mittlerweile hatte sie sich daran gewöhnt. Einmal hatte sie einen Drachen mit Zahnklammer gezeichnet, doch der Lehrer hatte es abgelehnt.

Dafür malte sie Pilze, wo immer sie konnte. Aus dem Kofferradio auf ihrem Bild wuchs eine Wucherung hervor, die mich an eine Amöbe erinnerte. Man konnte sie von der Seite sehen, so dick hatte sie sie aufgetragen.

Warum?, fragte ich, und sie strahlte: »Ich liebe Pilze! Ein bisschen schön und ein bisschen eklig. Ich würde gern in einen Wald voll bunter Giftpilze gehen und sie alle abmalen. Das ist ein Traum von mir!«

Als wir mit dem Besichtigen der Ausstellung fertig waren und hinaus vor die Uni traten, umfing uns wieder die Stadt. Wir sahen einen jungen Mann, der auf dem Bürgersteig auf einer Kiste saß und zu seiner Gitarre sang. Auf der gegenüberliegenden Straßenseite spielten zwei Frauen Federball. Sie trugen Kochschürzen. Ein kleiner Hund lief mitten auf der Straße herum. Ein Hahn krähte, er saß in einem Käfig vor einem Geschäft. Es roch nach Essen, und es war laut.

»Willst du einen Panzer sehen?«, fragte Yumeng.

Ich dachte an Reiseleiter Huangs Vorliebe für Kriegsgerät und nickte.

Der Panzer stand auf dem Gelände der Hochschule. Er war klein und verrostet und irgendwie erbärmlich, wie er da versteckt zwischen zwei Gebäudereihen kauerte. Um ihn herum waren die Ateliers der Professoren, die dort als Lehrer und Künstler in einem arbeiteten. Es gab auch ein Café mit Wein auf der Karte, die Preise schienen mir allerdings für Studenten etwas zu hoch zu sein. Eine Wand war mit Sprüchen aus der Mao-Zeit bemalt.

»Ist die Wandbemalung original?«, fragte ich.

»Vielleicht auch nur auf alt gemacht«, antwortete Yumeng.

Direkt neben dem Panzer, unter ein paar Bäumen, war ein Badmintonnetz aufgespannt. Manchmal kämen sie und ihre Freunde hierher, sagte Yumeng, aber nicht oft, denn es sei finster hier unter den Bäumen.

Ich betrachtete den Panzer eine Weile. Sein Kanonenrohr zeigte auf eine Lücke zwischen zwei Gebäuden. Irgendwo dahinter musste der Fluss liegen.

Im Arbeitsraum waren ein paar von Yumengs Mitschülern dabei, Eierschalen auf Holzplatten zu Mustern zusammenzukleben. Das Ganze wurde dann bemalt. Als wir eintraten, blickten sie kurz von ihrer Arbeit auf und ignorierten uns dann. Yumengs Werk lag auf ihrem Tisch. Sie hatte aus den Eierschalen Pilze geformt, natürlich! Und dabei hatte sie helle und dunkle Schalen miteinander vermischt. Das fand der Lehrer nicht gut. Noch schlimmer aber war, dass sie Metalldrähte in das Werk mit aufgenommen hatte. Das fand der Lehrer gar nicht gut.

»Wir sind Schüler«, sagte sie, »vielleicht müssen wir erst einmal nur die Technik lernen.«

Trotzdem, sie fand ihr Bild mit den Drähten schöner. Niemand aus der Klasse hatte es so gemacht.

Ich fragte: »Hat sonst noch jemand von euch eine Zahnklammer?«

»Ja«, sagte sie, »noch zwei andere. Warum?«

»Weil auch eine Klammer aus Metalldrähten besteht.«

Sie lachte überrascht.

Ich musste an das Mädchen aus der Stadtbahn denken: I AM DIFFERENT FROM YOU.

Wir gingen in ein Café, das wir uns leisten konnten. Bis auf ein paar Studenten an einem anderen Tisch war es leer. Wir bestellten Chrysanthementee.

Ich dachte über die Ausstellung nach, über den Chinesischen Traum, über die Bilder mit den Flaggen und den Eisenbahnen.

»Ist Freiheit in der Kunst wichtig?«, fragte ich Yumeng.

»Ja«, sagte sie.

»Erinnerst du dich an den chinesischen Künstler, von dem ich dir erzählt habe?«

»Du meinst Ai Weiwei?«

Ich erzählte ihr von den Schultaschen, aus denen er einen Spruch geformt hatte: SIE HAT AUF DIESER WELT SIEBEN JAHRE LANG GLÜCKLICH GELEBT.

Sie blickte mich fragend an.

»Das hat eine Mutter über ihr Kind gesagt, nachdem es in dem Erdbeben von Sichuan umgekommen war, weil das Schulgebäude über ihm einstürzte«, erklärte ich.

»Oh«, sagte sie betroffen.

»Findest du es nicht merkwürdig, dass du als Kunststudentin nichts über einen der berühmtesten chinesischen Künstler erfährst, nur weil er mit der Regierung Ärger hat?«

»So ist das nun mal«, sagte sie, »da kann man nichts machen.«

Sie erzählte mir, dass sie gern im Ausland studieren würde. Ihre Eltern ermutigten sie sogar dazu. Doch sie haderte mit sich selbst, denn sie wollte sie nicht weiter finanziell belasten.

»Als Zwanzigjährige muss ich schon ein bisschen an die Zukunft denken, oder?«, fragte sie, und ich zuckte mit den Schultern.

Wir tranken unseren Tee. Das Café war hübsch eingerichtet, mit alten Holzmöbeln und vielen Büchern. Auf unserem Tisch stand ein kleiner Kaktus. Die Studenten am anderen Tisch unterhielten sich halblaut, manchmal lachten sie leise auf.

»Ich glaube, es ist wichtig, die Jugend auch ein bisschen zu genießen, wenn es möglich ist«, sagte ich, und sie nickte.

»Warst du als Kind glücklich?«

Sie überlegte einen Moment. Glücklich schon, sagte sie. Aber nicht so, wie sie selbst es gewollt hätte. Die Erziehung ihres Vaters war streng. Als sie klein war, ließ er sie nicht fernsehen, zwang sie,

Klavier zu lernen. Wenn sie Fehler machte, bekam sie Ärger. Umarmungen gab es von ihm nur selten und auch kaum Fragen danach, wie es ihr ging.

»Ein Zuhause sollte warme Farben haben«, sagte sie, »verstehst du, was ich meine?«

Wir saßen noch eine kleine Weile in dem Café. Irgendwann gingen die Studenten, und dann verabschiedete sich auch Yumeng. Es war spät, und sie wollte noch an einem Projekt arbeiten.

»Etwas mit Pilzen?«

»Natürlich!«, sagte sie und lächelte ihr Kinderlächeln.

Als sie gegangen war, wartete ich einen Moment, dann bestellte ich ein Bier und trat auf die Straße hinaus. Es war dunkel, die Geschäfte waren geschlossen und die Lichter erloschen. Der Mann mit der Gitarre, der Hund, die Federball spielenden Frauen und der Hahn – sie alle waren verschwunden. Ich ging auf der Straße bergab, an einzelnen Spaziergängern und an schwach beleuchteten Hauseingängen vorbei. Die Luft war kühl und feucht, und manchmal konnte ich zwischen den Häusern tief unten im Tal ein Glitzern erkennen. Es war der Lange Fluss, der längste Strom Asiens.

Ich blieb noch einen Tag und spazierte durch die Hügel der Stadt, dann flog ich nach Beijing zurück und nahm ein Zimmer in meinem gewohnten Hotel. Die Rezeptionisten lächelten, als sie mich sahen. Sie kannten mich bereits, den Ausländer mit dem viel zu großen Rucksack.

Ich traf Weiqian am Fuß eines glänzenden Hochhauses im Stadtzentrum. Weiqian, das war die Schicke Tochter. Ich hatte mich mit ihr und ihren Eltern zum Mittagessen verabredet. Als ich ihren Vater sah, stellte ich fest, dass er perfekt in die Familie passte, denn er war gut aussehend und schwungvoll, und er war Pilot. Kurz: Er war der Schicke Vater.

Wir gingen in ein Feuertopfrestaurant im Erdgeschoss des Hochhauses.

»Ich habe schon gehört, was für einen schönen Urlaub ihr hattet«, sagte der Vater mit einem stolzen Lächeln, »und über meinen Rasierer aus Deutschland habe ich mich natürlich sehr gefreut!«

Er selbst war mit seiner Fluggesellschaft schon mehrmals in Europa gewesen, doch auf unsere Reise hatte er leider nicht mitkommen können, wegen der Feiertage.

»Es ist immer das Gleiche«, lachte er, »am Neujahrsfest will plötzlich das ganze Land nach Hause oder in den Urlaub, und wer muss dann die Leute transportieren? Wir. Und natürlich die Lokführer. Und die Busfahrer.«

Weiqian sprach nicht viel, deshalb fragte ich sie, ob sie nicht Lust hätte, am nächsten Abend einen Tee trinken zu gehen. Sie schlug einen Starbucks in der Nähe ihrer Arbeit vor.

Die Filiale lag weit im Osten der Stadt.

Ich fuhr eine Dreiviertelstunde mit der U-Bahn, dann stieg ich aus und reihte mich in einen Strom von Menschen ein, der seinem Feierabend entgegenschlurfte. Irgendwann kam ich zu einer Öffnung in einer Mauer. Als ich sah, dass die meisten Leute einfach hindurchgingen, folgte ich ihnen. Ich fand mich zwischen zwei Bahngleisen wieder. Sie waren links und rechts von Mauern gesäumt, dahinter erhoben sich die Wohnblocks der Stadt. Ich blieb einen Augenblick stehen. Die Abendsonne leuchtete blassgelb, und in der Ferne sah ich einen Mann in Hemd und Anzughose auf den Gleisen laufen. Einen Moment lang fühlte ich mich, als wäre ich aus Beijing herausgefallen.

Weiqian wartete bereits in dem Starbucks auf mich. Sie trank Jasmintee, und sie lachte, als sie sah, dass ich mir ein Schokogetränk in der größten Größe bestellte und dazu einen Keks mit Schokosplittern.

Sie war gerade von ihrer Arbeit gekommen. Eigentlich hatte sie einmal Lehrerin werden wollen, wegen der vielen Ferien, doch in der Schule war sie nicht sehr gut, und sie hatte Zeichentalent, also hatte sie Comicdesign gelernt. Danach war sie zum Fernsehen gegangen und hatte dort beim Dreh gearbeitet.

»Das hat mir Spaß gemacht«, sagte sie, »besonders die Vorbereitung der Interviews. Nur die Überstunden waren zu viel, deshalb bin ich in die Nachbearbeitung gegangen. Jetzt mache ich Videoschnitt. Das ist zwar nicht so spannend, aber ich habe mehr Zeit für mich.«

Sie erzählte mir, dass sie nach Europa gefahren waren, weil ihre Mutter das unbedingt wollte.

»Meine Mutter ist eine riesige Romantikerin«, lachte sie, »sie liebt alle möglichen Filme und Geschichten, und sie war total aufgeregt, als wir losgefahren sind!«

»Echt? Das habe ich gar nicht bemerkt.«

»Sie gibt sich nach außen etwas kühl, aber es hat sie alles sehr begeistert. Es war ja auch schön, besonders Italien.«

»Italien hat dir am besten gefallen?«

»Ja, vor allem Venedig und Florenz. Ich wäre dort am liebsten noch ganz lange durch die Gassen spaziert und hätte mir alles angeguckt. Aber das geht mit einer Reisegruppe ja nicht. Da muss man immer den anderen hinterherlaufen!«

»Hört sich an, als ob dir das Reisen mit der Gruppe nicht sehr gefallen hätte.«

»Ach, schlimm war es nicht. Das war ja mein erstes Mal, und wirklich überrascht hat mich eigentlich nur die Verpflegung. Ich meine, wenn wir schon schlecht essen müssen, können wir dann nicht zumindest europäisch schlecht essen? Und den Eiffelturm hätte ich auch gern ein bisschen mehr aus der Nähe gesehen!« Sie lächelte. »Aber so sind Reisegruppen nun mal: dauernd nur Fotos machen und einkaufen.«

Sie selbst hatte nur wenig von unserer Reise mitgebracht. Einen Schal für sich, eine Tasche für eine Freundin. Und Kühlschrankmagneten, denn die mochte sie schon immer. Luxussachen kaufte sie nur selten, ihre Mutter fand das unpassend.

»Das einzig Teure, was wir in Europa gekauft haben, war ein Gürtel für Papa«, sagte sie.

Ich nahm einen Schluck von meinem Schokogetränk. Es hatte so viel gekostet wie ein Essen in einem kleinen Restaurant.

Das nächste Mal wollte sie gern mit ihren Freundinnen in den Urlaub fahren, erzählte Weiqian, ohne Eltern und ohne Reisegruppe. Vielleicht noch einmal nach Europa. Oder nach Japan. Sie liebte japanische Comics, und es war ein Traum von ihr, einmal die Originalschauplätze zu sehen. Sie seufzte. »Aber meine Mutter lässt mich bestimmt nicht allein hin.«

»Warum nicht?«

»Ach, sie macht sich ständig Sorgen! Das war schon immer so. In der Schule sind ein paar meiner Mitschüler zusammen in einen Ort am Meer gefahren, keine zweihundert Kilometer von hier. Da durfte ich nicht mit, und das nur, weil eine Übernachtung eingeplant war.«

»Aber jetzt bist du doch schon über zwanzig!«

»Das schon, aber ich wohne ja noch zu Hause. Da haben meine Eltern das Sagen. Ich muss zum Beispiel jeden Abend um elf Uhr zu Hause sein, sonst ruft meine Mutter an. Bei vielen von meinen Freundinnen ist das anders, die sind von außerhalb und können tun, was sie wollen. Da bin ich manchmal schon ein bisschen neidisch.«

»Warum ziehst du nicht einfach in eine eigene Wohnung?«

»Zu teuer.«

»Und eine Wohngemeinschaft?«

»Zu unpraktisch.« Sie hielt einen Moment inne. »Außerdem findet meine Mutter es besser, wenn ich bei ihr bin. Sie macht sich sonst schnell Gedanken.«

Warum das so war, wusste Weiqian auch nicht.

»Mein Vater ist da ganz anders«, sagte sie, »er ist nicht so schnell besorgt. Aber als Pilot ist er ja auch oft unterwegs.«

Einen Moment lang waren wir still. Sie hatte ihren Tee fast ausgetrunken, und auch ich hatte mein Schokogetränk geschafft. Um uns herum saßen lauter Leute, die meisten in Bürokleidung und mit Smartphones in der Hand.

»Manchmal denke ich, dass es bei meiner Mutter vielleicht einfach an den Erfahrungen liegt, die sie in ihrer Kindheit gemacht hat«, fuhr sie fort. »Als sie klein war, fand in China gerade die Kulturrevolution statt, und meine Oma war Lehrerin. Du kannst dir ja vorstellen, wie das war.«

»Nur schwer«, sagte ich. Der Kampf aller gegen alle, den Mao zum Ende seines Lebens ausgerufen hatte, erschien mir bisweilen ähnlich unfassbar wie die Nazizeit in Deutschland. »Redet ihr da offen drüber?«

»Ja, sehr offen.«

»Und hast du schon mal versucht, ihr zu erklären, dass sie sich um dich keine Sorgen machen muss?«

»Natürlich habe ich das. Aber jedes Mal streiten wir uns dann, und am Ende weint sie, und ich fühle mich wie ein schlechtes Kind.«

Sie lächelte ein bisschen hilflos, und ich hatte das Gefühl, dass wir lieber über etwas anderes reden sollten.

»Und was machst du so in deiner Freizeit?«, fragte ich schließlich.

Sie lächelte. »Ich habe einfach gern Zeit für mich, dann bin ich schon zufrieden.« Vor ein paar Monaten hatten ihre Eltern einen Urlaub in Japan gemacht, und sie war allein zu Hause geblieben. Das hatte sie genossen, allerdings nicht, indem sie ausging und sich amüsierte, sondern indem sie morgens lange im Bett blieb, vor dem Fernseher Instantnudeln aß und nicht gleich wieder hinter sich aufräumte.

»Das war toll!«, schwärmte sie.

Ein paar Tage später stand ich am Südbahnhof von Taiyuan, in der Provinz Shanxi, der rußigen Lunge Chinas. Auch dieser Bahnhof sah eher aus wie ein Flughafen, und auch er lag ein ganzes Stück außerhalb der Stadt.

Ich hatte einen befreundeten Journalisten in Beijing gefragt, warum das so war.

»Das ist ganz einfach«, hatte er gesagt und gelacht. »Die Regierung will, dass ihre neuen Züge möglichst schnell sind. Also haben sie viele der neuen Bahnhöfe einfach außerhalb der Städte gebaut, damit die Bahnlinien gerader sind und die Züge höhere Geschwindigkeiten fahren können. Je schneller die Bahn, desto höher das Ansehen der Regierung!«

Es war eins dieser Gespräche, bei dem am Ende alle Beteiligten den Kopf schüttelten.

Ich trat aus dem Bahnhofsgebäude und war überrascht: Der Himmel war blau und die Luft klar. Als ich das letzte Mal hierhergekommen war, in einem Winter sieben Jahre zuvor, hatte das Land Kohlenstaub gehustet, und der Schnee war schwarz geworden, bevor er auch nur die Erde erreichte.

Ich nahm ein Taxi in die Innenstadt. In Taiyuan waren die Straßen eigentlich zu breit für den Verkehr, und wir rauschten mehr oder weniger ungebremst bis zu meinem Hotel durch.

»Warum ist die Luft hier neuerdings so gut?«, fragte ich den Fahrer.

»Viel Regen in den letzten Tagen«, antwortete er.

Es war das Gleiche in Beijing. Wenn es geregnet hatte, dann freuten sich die Leute, denn das Wasser wusch den Smog aus der Luft.

Am Abend lud mich Tante Ju zum Essen ein. Ihre Tochter, deren Ehemann und ihr Enkel waren auch dabei. Alle drei waren Wonneproppen, besonders die Tochter. Sie hielt ihr Baby im Arm und strahlte so vergnügt, dass sie aussah wie eine Werbung fürs Kinderkriegen.

Als wir das Restaurant erreichten, erschreckte ich mich ein bisschen. Es hatte eine goldene Treppe, und von der Decke hingen mehrere glitzernde Kronleuchter. Ich versuchte, Tante Ju beim Bestellen zu bremsen, doch sie winkte großzügig ab, und bald war der Tisch überfüllt mit leckeren Sachen. Es gab viele Teiggerichte. Die Leute in Shanxi waren gut im Nudelmachen, und darauf waren sie stolz.

Tante Ju wirkte aufgedreht. Sie lachte oft, und sie schien sehr darum bemüht zu sein, dass mir alles gefiel. Wir unterhielten uns über die gute Luft in Taiyuan, über meine Zugfahrt. Sie hatte drei Stunden gedauert. Jahre zuvor, bei meinem ersten Besuch in der

Stadt, hatte ich für die gleiche Strecke mehr als einen Monat gebraucht.

»Was ist besser: zu Fuß oder mit der Bahn?«, fragte Tante Jus Tochter, und als ich sofort »Bahn!« sagte, lachten alle zufrieden.

Irgendwann tauchte eine andere Dame mit einem Baby auf. Sie hatte Tante Jus Enkel entdeckt und wollte den beiden eine Gelegenheit geben, um miteinander zu spielen.

Die Säuglinge beäugten einander misstrauisch.

Während Tante Ju und die andere Dame beschäftigt waren, unterhielt ich mich mit der Tochter und ihrem Mann. Sie betrieben eine Tanzschule. Es war zwar nicht ganz einfach, damit Geld zu verdienen, aber es machte ihnen Spaß.

»Außerdem können wir bei Mama wohnen, und sie nimmt uns öfter mal den Kleinen ab.«

Sie grinste ihr Die-Welt-ist-super-Grinsen.

»Ach übrigens, deine Videos finde ich gut«, sagte sie.

»Die kennst du?«

»Na ja, Mama hat gesagt, dass du irgendwie bekannt bist im Internet, da haben wir nachgeguckt.«

»Ich finde, es ist wichtig, dass Leute aussprechen, was sie denken«, sagte ihr Mann, »eigentlich weiß ja jeder, dass viele Dinge besser laufen könnten. Aber kaum einer sagt etwas. Und die Nachrichtensendungen, na ja …«

»Die gucke ich schon lange nicht mehr!«, sagte sie.

»Aber wo bekommt ihr dann eure Informationen her?«, wollte ich wissen.

»Aus dem Internet. Von Weibo zum Beispiel. Oder wir leiten uns gegenseitig Videos und Artikel weiter.«

Als ich am nächsten Morgen mein Telefon einschaltete, sah ich eine Kurznachricht von meinem Anbieter. Sie hörte sich dringend an: IHR GUTHABEN IST UNGENÜGEND, BITTE UMGEHEND AUFLADEN stand da.

Ich trat auf die Straße vor meinem Hotel. Sie war schnurgerade, und sie schien in beiden Richtungen kein Ende zu haben. Ich beschloss, nach rechts zu gehen. Ich ging eine Viertelstunde. Eine halbe Stunde. Eine Dreiviertelstunde. Ich fragte hier und da in kleinen Läden nach Prepaidkarten, aber ohne Erfolg. Irgendwann fand ich ein Servicezentrum meines Netzanbieters.

»Ihre Nummer ist aus Beijing?«, fragte die Dame, nachdem ich ihr mein Anliegen geschildert hatte. »Da wäre es am einfachsten, Sie würden draußen in einem der Geschäfte eine Prepaidkarte kaufen!«

Ich beschrieb ihr meine Odyssee, und sie seufzte und machte sich an das geheimnisvolle Ritual des Aufladens. Es erinnerte mich ein bisschen an die Steuererstattung am Frankfurter Flughafen. Während sie auf ihre Tastatur einhackte, blickte ich mich im Raum um. Irgendwann bemerkte ich einen kleinen Zettel am unteren Rand ihres Bildschirms. Es war ein Ausdruck der KERNWERTE DES SOZIALISMUS, mit denen seit ein paar Jahren das ganze Land zugekleistert war.

»Wozu ist der?«, fragte ich und deutete auf den Zettel.

»Ach«, sagte sie und zuckte müde mit den Schultern, »das mussten wir auswendig lernen.«

Am Nachmittag fuhr ich zur Universität. Als ich am Eingangstor aus dem Taxi stieg, goss es in Strömen.

Tante Ju war mit einem Regenschirm gekommen, um mich abzuholen. Wir hatten uns verabredet, um ihren Laden zu besichtigen.

»Eigentlich gehört er nicht mir, sondern meiner Mutter«, sagte sie, »ich bin ja schließlich in Rente.«

Ich blickte sie überrascht an.

Der Laden lag unter der Tribüne eines Sportplatzes. Er war so gut versteckt, dass ich ihn übersehen hätte, wenn nicht vor seinem Eingang zwei Schirme mit Eisteewerbung und ein Kühlschrank von Coca-Cola gestanden hätten. Über der Tür klebte ein Spruch, in goldenen Schriftzeichen auf rotem Grund: DAS LAND GEDEIHT UND DAS VOLK LEBT IN FRIEDEN.

Tante Ju machte eine einladende Bewegung, und ich trat ein. Es war wie ein Abstieg in eine Höhle: Schummriges Licht umfing mich, der Raum war eng, die Wände dunkel und kahl. Es gab keine Fenster. Wie auch, dachte ich, wir befanden uns schließlich direkt unter der Sportplatztribüne. Eine Glühbirne bemühte sich, den Raum auszuleuchten. Ich sah Regale, gefüllt mit Schokoladenriegeln, Instantnudeln, Taschentüchern, Getränkeflaschen, Chipstüten und Zahnpastatuben, alles in kleinen Einheiten. Auf einem Tisch stand ein Fernseher, davor stand ein Hocker, und von dem Hocker hatte sich gerade eine winzige Gestalt erhoben, die mich anlächelte: Tante Jus Mutter.

Wir sagten Hallo, und ich bekam einen Stuhl hingeschoben. Eine Cola-Flasche erschien in meiner Hand. Ich bemerkte, dass hinter einem der Regale eine Pritsche stand, ein Holzgestell mit einer dünnen Matratze und einer Decke. Hoffentlich ist das für die Mittagspause, dachte ich. Bei meinen Wanderungen in China hatte ich oft Ladenbesitzer noch spät in der Nacht von solchen Pritschen aufspringen sehen, um ihre Kunden zu bedienen.

»Das ist unser Bett«, erklärte mir Tante Ju, als wir den Laden verließen, um etwas zu essen, »dort schlafen wir jeden Abend.«

Ich war fassungslos: »Ihr schlaft dort? Beide?«

»Natürlich, ich kann meine Mutter doch schlecht allein lassen in ihrem Alter!«

»Aber warum geht ihr denn abends nicht nach Hause?«

»Sie möchte das nicht.«

»Warum nicht?«

»So ist sie halt.« Sie zuckte seufzend mit den Schultern. »Da kann man nichts machen.«

Ich drehte mich um und blickte zu dem Laden zurück. Ich musste an das Foto denken, das ich von Tante Ju in Pisa gemacht hatte: oben auf dem Poller, die Sonnenbrille auf, hinter sich das Blau des Himmels und das Weiß des Schiefen Turms. Ich konnte sie mir beim besten Willen nicht dabei vorstellen, wie sie tagein, tagaus in der Dunkelheit dieses kleinen Kiosks verbrachte. Und dann auch noch dort schlief.

»Das Schlimme ist, dass der Laden nicht einmal mehr viel abwirft«, sagte sie.

»War das früher anders?«

»Ja, damals waren wir direkt am Eingang der Universität, da sind alle bei uns vorbeigekommen, und viele haben dann auch etwas gekauft. Doch irgendwann wurde das Gebäude abgerissen, und wir mussten unter die Tribüne umziehen. Dorthin, wo uns keiner mehr findet.«

Sie führte mich in die Mensa. Es war wie in der Filmakademie in Beijing: ein großer Saal mit am Boden festgeschraubten Tischen und Stühlen, an den Wänden lange Reihen von Ständen, an denen man verschiedene Gerichte bekam.

Tante Ju empfahl mir ein Nudelgericht aus der Provinz mit Rind, Tomate und Ei. Wir bestellten uns jeder einen Teller davon. Es war Kantinenessen, aber es schmeckte gut.

»Viel besser als das Essen auf unserer Reise!«, schwärmte ich.

»Ja, natürlich. Reisegruppenessen soll ja nie gut sein. Aber weißt du, was ich nicht verstanden habe? Unser italienisches Dinner – das hatte ich mir anders vorgestellt. Oder war es nur meine Erwartungshaltung, die da nicht gestimmt hat? Es kann ja nicht ganz verkehrt sein, das italienische Essen, sonst wäre es wohl nicht bis zu uns nach China gekommen.«

»Ich fand es auch schlecht.«

»Ach wirklich?« Sie sah überrascht aus. »Dann bin ich ja beruhigt.«

Tante Ju hatte ein Faible für Europa.

»Ich bin zwar Chinesin«, sagte sie, »aber meine Wohnung habe ich europäisch eingerichtet. Am liebsten würde ich gleich wieder nach Europa fahren.«

»Was gefällt dir denn so daran?«

»Der Stil. Die Höflichkeit. Die Natur. Zum Beispiel der Schweizer Schneeberg mit dem blauen Himmel. Und die netten Skifahrer, die die Fotos von uns gemacht haben! Seit ich denken kann, mag ich Europa. Viele sagen, mit meinen Locken und meinen Gesichtszügen sähe ich ein wenig fremd aus. Als ich klein war, hieß es immer, ich käme aus Albanien.«

Ich musste lachen. »Warum ausgerechnet Albanien?«

»Das war damals einfach so. China war irgendwie mit Albanien befreundet, deshalb stand Albanien in den Augen der Leute stellvertretend für das ganze Ausland. Das ist jetzt anders. Jetzt sagen viele, ich käme aus Indien. Stell dir vor, bei unserer Einreise in Beijing wurde ich sogar auf Englisch angesprochen!« Sie lachte und hielt sich verschämt die Hand vor den Mund: »Dabei kann ich das doch gar nicht!«

Die Reise mit unserer Gruppe war ihre erste Fahrt ins Ausland gewesen. Sie liebte es zu verreisen, seit sie einmal ihren Bruder in der Provinz Shandong besucht hatte, mit dreizehn Jahren, mit dem Zug, ganz allein.

»Damals war das Leben hier noch sicher«, sagte sie. »Die Leute waren ehrlich zueinander, es gab kaum Betrug und Diebstahl. Bei uns zu Hause war die Tür nie verschlossen, kannst du dir das vorstellen? Wir waren arm, aber glücklich!«

Ich dachte an das, was mir Weiqian von der Kindheit ihrer Mutter während der Kulturrevolution erzählt hatte. Doch ich sagte nichts.

»Heute interessieren sich die Menschen gar nicht mehr füreinander«, fuhr Tante Ju fort, »und damit meine ich nicht, dass sie schlecht geworden sind, aber kalt sind sie. Ich helfe zum Beispiel gern anderen Leuten, aber das geht heutzutage gar nicht mehr, weil dann alle gleich denken, man wolle irgendetwas von ihnen.«

Ich erzählte ihr von meinem Erlebnis in der Sicherheitskontrolle in Chongqing. Von der Reaktion der Dame mit dem Koffer.

»Wenn du Chinese gewesen wärst, hätte sie gedacht, du wolltest ihr Gepäck stehlen«, seufzte Tante Ju, »wir vertrauen mittlerweile eher Ausländern als unseren eigenen Landsleuten!«

Die Mensa begann, sich zu leeren. Studenten in kleinen Grüppchen schlurften an uns vorbei, und ich fing den ein oder anderen neugierigen Blick auf. Wir blieben noch eine Weile sitzen, dann musste Tante Ju zurück in den Laden.

Am nächsten Morgen war es sonnig, und ich tat etwas, was ich lange vermisst hatte. Ich kaufte mir eine Tüte Obst, nahm einen Stuhl aus dem Hotel und stellte ihn an die Straße. Dann setzte ich mich hin und sah der Stadt zu.

Autos rollten vorbei, Lieferwagen, Motorroller, Fahrräder. Es gab nicht viel Verkehr, und die Leute schienen es nicht eilig zu haben. Ab und zu sah ich Fußgänger. Einmal sah ich einen Betrunkenen. Manche Leute blickten mich verwundert an, doch nach einer Weile schienen sich die meisten nicht mehr so richtig für mich zu interessieren. Ich tat ja auch nichts.

Ich las nichts, ich schrieb nichts, ich hatte mein Telefon im Zimmer gelassen. Ich aß meine Aprikosen und Bananen. Die Sonne schien, und Taiyuan wälzte sich um mich herum wie eine träge Masse. Ich hatte das Gefühl, dass ich wirklich da war an diesem Ort.

Als ich bei Tante Jus Laden ankam, hatte es wieder zu regnen begonnen. Wir saßen eine Weile zwischen den Regalen. Ab und zu kam ein Student zur Tür herein und kaufte eine Kleinigkeit. Eine Flasche Cola. Ein Stück Seife. Eine Packung Kaugummis. Mir fiel die Kristallkette ein, die Tante Ju sich in dem Glasbläserbetrieb in Venedig ausgesucht hatte.

»Ach, die habe ich noch nie getragen«, winkte sie ab, »die passt nicht zu meiner Arbeit hier. Außerdem trage ich sowieso nur ungern Schmuck. Vielleicht schenke ich sie irgendwann meinem Enkel.«

»Hast du sonst noch irgendetwas Größeres gekauft?«

»Nur eine Handtasche für meine Tochter. Eigentlich wollte sie eine von Gucci haben, eine für zehntausend Yuan, aber so viel Geld hatte ich nicht, da habe ich ihr eine für viertausend mitgebracht.« Sie lächelte triumphierend: »Aber eine aus dem Erhabenen Buddha!«

Irgendwann erschien eine ältere Dame, eine Freundin der Familie. Sie würde den Rest des Tages mit der Mutter im Laden verbringen, was für uns bedeutete, dass wir zu Tante Jus Wohnung gehen konnten.

Es hatte aufgehört zu regnen, und überall waren Pfützen. Der Himmel war tiefblau. Die Frische nach dem Regen, dachte ich und atmete tief ein. Wir kamen an einem Kiosk vorbei und sahen mehrere Studenten in einer Schlange davor stehen.

»So war das früher bei uns auch einmal«, sagte Tante Ju.

»Hättet ihr mit eurem Laden nicht woanders hinziehen können, in eine bessere Lage als die unter der Tribüne?«

Sie schüttelte den Kopf. »Du weißt ja, wie die Dinge manchmal sind.«

»Da kann man nichts machen?«

»Da kann man nichts machen.«

Ihr Apartment befand sich in einer aus mehreren Blocks bestehenden Wohnanlage, die zu der Universität gehörte. Wir mussten durch ein kolossales, mit Säulen geschmücktes Tor. JAHRHUNDERTGARTEN VON KEDA stand in goldenen Schriftzeichen darauf. *Keda* war der abgekürzte Name der Universität. Im Inneren waren Grünflächen und geschwungene Pfade. Wir trafen auf eine Gruppe von Rentnern mit einem kleinen Kind.

»Auch mal wieder hier?«, fragten die Rentner.

»Ja, mit einem Freund aus Deutschland«, sagte Tante Ju, und wir rauschten an ihnen vorüber, ohne unsere Schritte zu verlangsamen.

Ihre Wohnung lag im zweiten Obergeschoss. Die Tür war aus schwerem Metall.

»Es ist ein bisschen schmutzig«, sagte sie verlegen, dann schloss sie auf und gab den Blick frei auf eine auffallend saubere Wohnung. Wir zogen die Schuhe aus, bevor wir eintraten. Die Räume waren groß und hell und hätten vielleicht etwas leer gewirkt, wenn von der Decke nicht an einigen Stellen rote Girlanden und Herzen gehangen hätten: Hochzeitsschmuck ihrer Tochter. Hier und da lag Babyspielzeug herum. Ich sah Familienfotos, außerdem eine kleine Statue, die mich an die Venus von Milo erinnerte.

»Du weißt ja, ich mag europäische Dinge«, sagte Tante Ju, als sie meinen Blick bemerkte. »Die Wohnung gehört eigentlich meiner Mutter. Aber sie ist ja ständig im Laden und ich auch. Also wohnt jetzt meine Tochter mit ihrem Mann und dem Baby hier. Deshalb sieht es auch nicht mehr so europäisch aus. Die haben ihren eigenen Geschmack, da möchte ich mich nicht einmischen.«

Ich nickte.

»Die Jugend hat ja heutzutage ganz andere Dinge im Kopf«, seufzte sie, »die interessieren sich auch nicht mehr für die Nachrichten, das ganze Weltgeschehen geht einfach an denen vorbei!«

Ich nickte und dachte an das, was ihre Tochter mir darüber erzählt hatte.

»Alles ändert sich«, sagte Tante Ju. »In meiner Kindheit zum Beispiel, wenn wir da Besuch hatten, dann haben die Kinder an einem anderen Tisch gegessen oder eben erst später. Heutzutage fangen die mit dem Essen an, bevor die Erwachsenen überhaupt ihre Stäbchen angefasst haben.«

»Hast du deine Tochter streng erzogen?«

»Nicht zu streng. Man geht mit der Zeit. Aber auch ich habe Fehler gemacht.« Sie zögerte einen Moment. »Ich war manchmal zu hart, glaube ich. Einmal kam sie zu mir und sagte: Mama, die anderen sagen oft, dass ich schön bin, nur du sagst es nie! Und weißt du, was ich geantwortet habe? Ich habe zu ihr gesagt: Die Worte der anderen sind nichts als Schmeichelei, nur deine Mutter ist ehrlich zu dir!«

»Das ist wirklich ein bisschen hart. Findest du sie etwa nicht hübsch?«

»Ach!« Sie winkte mit einem gutmütigen Lächeln ab. »Seit ihrer Schwangerschaft hat sie zugenommen! Und außerdem:

Will nicht jede Mutter, dass sich das eigene Kind immer weiter verbessert?«

Wir setzten uns ins Wohnzimmer und tranken Tee.

»Weißt du, in meinem Leben habe ich immer alles selbst machen müssen«, erzählte Tante Ju. »Einmal hat mich jemand gefragt, an was ich glaube. Eine komische Frage eigentlich. Aber meine Antwort hat ihn überrascht: Ich glaube an mich selbst! Ich versuche, so gut zu sein, wie es geht. Auf die meisten anderen Frauen blicke ich herab: auf ihre Kleinlichkeit und das Geläster. Aber auch auf die Männer! Denn alles, was die können, kann ich auch.«

Seit sie ihren Ehemann mit einer anderen Frau erwischt und ihn rausgeschmissen hatte, hatte sie ihre Tochter allein aufgezogen. Sie hatte unzählige Jobs gehabt, und sie war immer fleißig gewesen. In ihrer Zeit als Taxifahrerin hatte sie in einem Jahr über einhunderttausend Kilometer zurückgelegt, mehr als fast alle ihrer männlichen Kollegen.

Einen neuen Partner wollte sie nicht. Das würde nur bedeuten, dass es noch eine Schüssel mehr zu spülen und ein Paar Socken mehr zu waschen gäbe. Sie war gern frei.

»Ich hatte nie Zeit für mich selbst«, sagte sie. »Als mein Vater seinen ersten Schlaganfall erlitten hatte und Hilfe benötigte, blieb es an mir hängen, mich um ihn zu kümmern. Meine beiden älteren Geschwister wohnen weit weg, und mein jüngerer Bruder, na ja, der ist halt mein jüngerer Bruder.«

Dreizehn Jahre lang pflegte sie ihren Vater. Er lag im Bett und konnte nicht sprechen, und am Ende wirkte er bitter, als hätte er sich mit seinem Schicksal nicht abfinden können. Als er schließlich ins Koma fiel und die Familie im Krankenhaus an seinem Bett stand, war sie es, die den Ärzten sagte, sie sollten die Maschinen abstellen.

»Da haben die mich alle ganz seltsam angeguckt, als ob sie eigentlich erwartet hätten, dass einer meiner Brüder das sagen würde.«

Einen Moment lang tranken wir beide schweigend unseren Tee.

»Und jetzt wird meine Mutter langsam alt«, sagte sie, »und es bleibt wieder an mir hängen. Aber weißt du, was ich zu ihr gesagt habe? Ich habe gesagt: Ein paar Monate bleiben wir meinetwegen noch in dem Laden, aber dann geben wir ihn auf, ob du willst oder nicht!«

»Und dann?«

»Na, dann wird sie hier einziehen! Wenn sie erst einmal hier mit uns zusammenwohnt, dann ist immer jemand für sie da, und ich habe endlich meine Freiheit. Dann gehe ich auf Reisen und schicke ihr Bilder! Man soll doch etwas von der Welt sehen, solange man noch jung ist, oder?«

Ich nickte.

»Da fällt mir etwas ein«, sagte sie triumphierend. »Ich habe dir noch gar nicht erzählt, wo ich als Nächstes hinfahre!«

»Wohin denn?«

»Israel und Jordanien! Mit dem gleichen Reiseveranstalter wie bei unserer letzten Reise, aber diesmal mit einer Freundin zusammen.« Sie lächelte. »Dann muss ich nicht immer euch jungen Leuten auf die Nerven gehen.«

»Und wann geht es los?«

»Nächste Woche!«

Yuming, der Riesenjunge, wartete in Tangshan auf mich. Er war überrascht, als ich ihm meine Zugnummer nannte.

»Aber ist das nicht einer dieser alten grünen Züge? Die sind doch viel zu langsam!«, schrieb er mir.

»Das ist kein Problem für mich.«

Die Wahrheit war: Ich hing an den alten Zügen. Während meiner Zeit in China hatten sie mich durch das ganze Land gefahren, gemächlich ratternd, durch Tag und Nacht, durch dampfende Hitze und klirrendes Eis. Tee wurde in ihnen getrunken und oft auch Bier und Schnaps. Die Fahrgäste spielten Karten, aßen Instantnudeln, rauchten zwischen den Waggons und unterhielten sich miteinander. Oft hatte ich auf diese Weise schon Leute kennengelernt, die an einem Ort lebten, den ich noch gar nicht erreicht hatte.

»Ja klar, für dich als Reisenden sind die grünen Züge bestimmt unterhaltsam«, sagte Yuming, als er mich am Bahnhof abholte, »aber für jemanden wie mich, der die gleiche Strecke jede Woche fahren muss, sind die neuen Hochgeschwindigkeitszüge viel praktischer. Die sind nicht nur doppelt so schnell, sondern auch noch angenehm sauber!« Er lächelte versöhnlich und bot an, mir meinen Rucksack abzunehmen.

»Jetzt musst du dir noch überlegen, ob wir die nächsten Tage ein Hotelzimmer teilen oder ob ich dich einfach jeden Morgen abhole!«, sagte er.

»Für mich geht beides.«

»Gut.« Er grinste. »Ich habe sowieso schon ein Doppelzimmer gebucht!«

Er war mit dem Auto seines Vaters gekommen, einem weißen Buick, dessen Inneres nach Neuwagen roch und dessen Türen satt schmatzend ins Schloss fielen. Er setzte den Blinker und scherte vorsichtig in den Verkehr ein.

»Ich fahre eher wie ein Deutscher als wie ein Chinese«, erklärte er, und ich hob zuversichtlich einen Daumen.

Die Straße war breit und voller Autos, es ging nur langsam voran. Immer wieder kamen wir an halb fertigen Hochhäusern vorbei, an denen gebaut wurde. Es gab Bäume, und der Himmel war strahlend blau.

Ich war überrascht, denn ich hatte mir Tangshan eher wie eine Art Industrieruine vorgestellt, eine Kulisse aus *Bladerunner* vielleicht, nur nach einem Bombeneinschlag.

»Es ist schön hier«, sagte ich.

Yuming nickte: »Tangshan entwickelt sich.« Und nach einer Pause fügte er hinzu: »Aber ich mag die ganzen Hochhäuser nicht.«

»Wie, ich dachte, du findest die toll?«

»Zum Angucken schon, aber nicht zum Leben. Wir Tangshaner mögen keine hohen Gebäude, wir fühlen uns darin nicht sicher.«

Natürlich, dachte ich. Wie lange war das Erdbeben jetzt her?

Wir kamen an einem Rohbau vorbei, von dessen oberstem Stockwerk ein Schriftzug verkündete, dass er einmal ein GRAND HOTEL werden würde. Dann fuhren wir in die Tiefgarage eines anderen Gebäudes hinein, das bereits ein Grand Hotel war.

»Yuming, wir wollen doch nicht ernsthaft in einem Fünf-Sterne-Laden übernachten!«, flehte ich.

Er winkte ab: »Es ist eh schon alles bezahlt.«

In der Tiefgarage standen fast ausnahmslos Luxuswagen. Als ich eine S-Klasse sah, mit der jemand zwei Stellplätze zugeparkt hatte, grinste ich amüsiert, doch nur ein paar Meter weiter stand ein Cayenne derart schief, dass er zwei Plätze und ein Stück der Fahrbahn in Anspruch nahm.

Der Parkhauswächter, ein älterer Herr in Uniform, bemerkte meinen Gesichtsausdruck und bot ein »Da kann man nichts machen« als Erklärung an.

Wir fuhren mit dem Fahrstuhl in die Eingangshalle. Sie war groß genug, um darin einen kleinen Zeppelin zu montieren. Unser Zimmer lag im achten Stock: gemusterte Tapeten, dunkelblauer Teppich, schwere, hölzerne Möbel. Ich schob den Vorhang zur Seite und blickte auf einen Park und einen See hinaus. Daneben war eine Baustelle. Tangshan entwickelte sich.

»Ich habe für die nächsten Tage ein Programm zusammengestellt«, verkündete Yuming, »wir werden alles sehen, was der Ort so zu bieten hat!«

Doch zuerst fuhren wir in ein Restaurant. Seine Mutter wartete dort mit ein paar Freunden auf uns. Sie wirkte anders auf mich als noch während unserer Reise: selbstbewusster, fast schon ein wenig forsch.

»Da bist du ja, Alter Lei«, sagte sie, »wie gefällt dir unser Tangshan?«

Es gab eine lokale Spezialität: Fisch in einer dicken süßsauren Soße. Er war köstlich.

»Und dein Vater?«, fragte ich Yuming.

Er seufzte. »Der arbeitet viel.«

Am Abend ließen wir uns auf unsere Hotelbetten fallen und sahen fern. Draußen regnete es. Wir hatten uns Chips gekauft und Cola, und es kam eine Sendung, die *benpao* hieß, was so viel wie »Lauf« bedeutete.

»Davon habe ich schon mal irgendwo gehört«, sagte ich, und Yuming blickte mich ungläubig an.

»Sag bloß, du hast das noch nie gesehen!«, fragte er.

»Ich glaube nicht.«

»Aber das ist vielleicht die beliebteste Sendung in ganz China!«

»Ist sie gut?«

»Es geht.«

Benpao war eine Art Gameshow, bei der zwei Teams von Prominenten gegeneinander antraten und um die Wette rannten. Dabei mussten sie Prüfungen absolvieren und coole Sprüche machen. Alle waren jung und schön und total super drauf. Es war unausstehlich.

»Warum schickt ihr diese Leute nicht lieber in einen Dschungel und zwingt sie dazu, Käfer und Würmer zu essen?«, fragte ich.

Er blickte mich verwirrt an.

Als wir aufwachten, war der Himmel wieder blau. Yuming schlug vor, zu den Östlichen Gräbern der Qing zu fahren.

»Die Kaisergräber der Qing-Dynastie?«, fragte ich.

»Welche denn sonst?«, war seine Antwort.

Wir fuhren eine Stunde, bis wir in den Bergen bei einem Tickethaus ankamen. Die Dame, die uns die Eintrittskarten verkaufte, sah sehr gelangweilt aus. Vielleicht, weil wir die einzigen Besucher waren. Als wir unsere Karten erhalten hatten, holte uns eine Fremdenführerin ab und brachte uns zu einem golfcartähnlichen Wagen. Die Sitze waren mit einem Muster von Louis Vuitton bedruckt.

Als Erstes besichtigten wir ein Museum über mandschurische Geschichte. Legenden von Jungfrauen, die durch den Genuss von Beeren schwanger wurden, standen dort neben historischen Fakten über Bündnisse und kriegerische Auseinandersetzungen. Es war alles ein bisschen verwirrend, aber eins wurde klar: Nicht nur das Kaiserhaus der Qing war mandschurisch, sondern auch viele der Leute, die in dieser Gegend wohnten. Zum Beispiel unsere Fremdenführerin. Und mein Freund Yuming, der Riesenjunge.

»Das wusste ich lange Zeit selbst nicht«, sagte er, »denn wir haben in der Familie nie darüber gesprochen, und in meinem Ausweis stand, ich sei Han-Chinese. Aber irgendwann haben wir es wieder zurückändern lassen. Mein Opa war Mandschure. Heutzutage ist das in China nichts Schlimmes mehr.«

Die beiden tauschten sich darüber aus, zu welchen Stämmen und Bannern ihre Vorfahren gehört hatten, und ich saß daneben und hörte zu.

Irgendwann unterbrach ich sie: »Meine Oma behauptet immer, dass der ungarische Teil unserer Familie von den Hunnen abstammt!«

»Von den Hunnen?« Sie blickten mich fragend an.

»Na ja, sind das nicht alles irgendwie Völker aus Nordasien?«

Sie lachten, als hätte ich einen guten Witz gemacht. Leike, der weit entfernte Cousin aus Europa. Haha.

Der Höhepunkt unserer Besichtigung war das Grab von Cixi, der mächtigsten Frau der Qing-Dynastie. Sie war diejenige, die sich mit *laofoye* hatte anreden lassen: Erhabener Buddha. Ich musste an das Kaufhaus Lafayette in Paris denken. An die *makalong*.

»Wird Cixi heutzutage eher als gut oder als schlecht empfunden?«, fragte ich die Fremdenführerin.

»Teils, teils«, antwortete sie.

Dann zeigte sie uns etwas Bezeichnendes: ein mächtiges Relief von einem Drachen und einem Phönix.

»Der Drache steht für den Kaiser«, erklärte sie, »und der Phönix für seine weibliche Begleitung. Deshalb befindet sich der Drache in jeder Abbildung oberhalb des Phönix. Immer, ohne Ausnahme.«

»Nur hier nicht?«

»Richtig, nur hier nicht. Am Grab von Cixi.«

Yuming und ich sahen einander erstaunt an.

Auf der Rückfahrt kamen wir wieder auf den Straßenverkehr zu sprechen.

»Das ist tatsächlich das, was mir in Europa am besten gefallen hat«, sagte er, »dass die Leute dort vernünftig fahren.«

»Warum ist dir das so wichtig?«

»Weil ich Autos mag und darauf achte. Deutschland hat als einziges Land auf der Welt kein Tempolimit, und warum ist das so? Weil ihr dort ordentlich fahrt!« Er blinzelte listig: »Als ich nach unserer Reise wieder zurückkam, war es für mich am Anfang ganz ungewohnt, nicht mehr einfach so über einen Zebrastreifen gehen zu können.«

Wir fuhren auf einer Autobahn. Sie sah neu aus, und es gab kaum Verkehr. Yuming hatte den Tempomaten eingestellt. Wir rollten sanft dahin.

»Wenn wir jetzt bei euch in Deutschland wären, dann könnten wir so schnell fahren, wie wir wollen«, murmelte er versonnen.

Wir überholten einen Lieferwagen, der eine dicke Abgaswolke hinter sich herzog.

»Der Schweizer Schneeberg war auch toll!«, sagte er. »Das war nach der Hälfte unserer Reise, da kannten wir uns alle schon ein bisschen besser. Wenn wir das Gruppenfoto mit dem Hüpfen gleich am Anfang gemacht hätten, wäre die Aufnahme bestimmt nicht so gut geworden.«

»Das stimmt.«

»Die Schweiz hat mir ganz allgemein sehr gut gefallen. Das ist ein Land, das kaum in den Nachrichten vorkommt und sich eher um sich selbst kümmert. Aber ich hatte den Eindruck, dass nicht nur die Regierung dort reich ist, auch die Leute sind es. Die fahren in die Berge, vielleicht mit einer ihrer schönen Uhren am Handgelenk, und dann genießen sie die Aussicht. Die Aussicht dort war toll, oder?«

»Ja.«

»Fand ich auch. Weißt du, früher konnte ich überhaupt nicht verstehen, warum die Leute in China dauernd über die Luftverschmutzung redeten. Und dann war ich dort, in Europa, vor allem in der Schweiz, und ich habe gesehen, dass alles ganz anders war als hier. Der Himmel war strahlend blau, so etwas fällt einem ja erst durch den Vergleich auf. Wenn du hier ein Auto parkst, dann ist es nach drei Tagen voller Staub. Und dort? Vielleicht noch nicht einmal nach einem Monat! Das ist das Schöne am Reisen: Da erfährt man mehr als das, was einem sonst immer erzählt wird.«

»So, wie wir heute gelernt haben, dass Cixi vielleicht auf ihre Art eine Feministin war?«

Er lachte: »So ungefähr.«

Am nächsten Morgen besichtigten wir ein Denkmal. Es stand in der Mitte der Stadt auf einem weiten Platz, und ich konnte nicht genau erkennen, was es darstellen sollte. Es sah aus wie eine in der Mitte auseinanderklaffende Säule.

»Das soll an das Erdbeben von 1976 erinnern«, sagte Yuming.

Ja, dachte ich, dafür war Tangshan schließlich im ganzen Land bekannt: für eine der verheerendsten Katastrophen der Menschheitsgeschichte.

Wir standen stumm vor der Säule. Ihr Fundament bildete ein Relief aus gekrümmten, aber eigenartig kräftig aussehenden Körpern, die dabei waren, einander aus den Trümmern zu befreien. Ich hörte ein Geräusch und blickte mich um: zwei kleine, bunt bezopfte Mädchen liefen lachend hintereinander her. Sie spielten Fangen.

Wir fuhren zu einem Park am Stadtrand. Auch er war dem Erdbeben gewidmet. Es gab eine Fabrikruine, die man nach der Katastrophe stehen gelassen hatte, oder vielmehr das, was von ihr übrig geblieben war. Und es gab ein Denkmal: zwölf schwarze Mauern, jede so hoch und so breit wie eine Kinoleinwand, von oben bis unten mit Namen beschrieben. Es waren die Namen der Toten.

»Wie viele sind es insgesamt?«, fragte ich.

Yuming atmete tief aus: »Das kommt darauf an, wem du glauben willst. Die offizielle Zahl liegt bei über zweihunderttausend. Aber die Menschen in Tangshan sagen etwas anderes.«

»Weniger oder mehr?«

»Viel mehr. Vielleicht doppelt oder dreimal so viel.«

»Warum sollte die Regierung die Zahlen fälschen wollen?«

»Das weiß ich nicht. Ich weiß ja nicht einmal, ob sie sie wirklich gefälscht haben oder ob ihre Zahlen nicht vielleicht doch stimmen. Aber eins wissen alle: Damals haben viele andere Länder ihre Hilfe angeboten, doch die wurde grundsätzlich abgelehnt. Es war ja noch zu Maos Zeiten.«

Außer uns waren kaum andere Besucher da. An einigen Stellen lagen Blumen, und hier und da befanden sich über den Namen der Verstorbenen kleine, mit Klebeband befestigte Fotos. Ich blieb vor einem stehen, das einen alten und einen jungen Mann zeigte. Beide trugen Pelzmützen, und beide blickten ernst in die Kamera. Sie hatten den gleichen Familiennamen.

»Schrecklich«, sagte ich.

Yuming nickte.

»Du weißt, dass Mao nur wenige Wochen nach dem Erdbeben gestorben ist, oder?«, fragte er.

»Ja.«

»Und du weißt auch, was *peizang* bedeutet?«

»Wenn ein Kaiser stirbt und seine Dienerschaft mit ihm begraben wird?«

»Genau. Es gibt Leute, die behaupten, dieses Beben sei eine Art himmlisches *peizang* für Mao gewesen.«

»Wenn ich das höre, könnte ich kotzen!«

Er lächelte beschwichtigend: »Du nimmst immer alles so ernst, das ist mir bei deinen Videos im Internet auch schon aufgefallen.«

»Aber macht dich das denn nicht sauer? Dass die Regierung andauernd versucht, die Leute für dumm zu verkaufen? Und dass dann auch noch solche Legenden über einen Diktator verbreitet werden?«

»Ach, Politik ist doch immer kompliziert!«

»Aber das muss sich doch irgendwann mal ändern. Weißt du, was für ein Tag morgen ist?«

»Donnerstag.«

»Das Datum, meine ich.«

»Der vierte Juni.«

»Genau, morgen ist 6–4. Der Jahrestag der Proteste von 1989.«

»Ich habe davon gehört, aber Genaueres weiß ich nicht.«

»Damals sind in Beijing viele Menschen umgekommen, keiner weiß genau, wie viele. Und jetzt, mehr als ein Vierteljahrhundert später, nach all den Veränderungen und all den Erfolgen, nach der Olympiade und der Öffnung zur Welt, schafft die Regierung es immer noch nicht, damit umzugehen. Im Gegenteil: sie scheint nur noch ängstlicher zu werden!«

Wir standen vor der Wand mit den Namen. Ihre Oberfläche war so glatt, dass ich unsere Spiegelung darin erkennen konnte: zwei dunkle Schemen, die an ihren Füßen mit dem Boden verschmolzen.

»Hast du Hunger?«, fragte Yuming und lächelte. »Ich glaube, es ist Zeit, dass wir etwas essen gehen!«

An diesem Abend stand wieder *benpao* auf dem Programm. Wir lagen im Hotelzimmer auf unseren Betten, teilten Bananen, Litschis und eine Ananas, und ich erfuhr, dass eine der Teilnehmerinnen aus der Show so etwas wie der Traum aller jungen Männer Chinas war.

»Auch deiner?«, fragte ich Yuming, und er grinste: »Schlecht sieht sie jedenfalls nicht aus.«

Die Traumfrau nannte sich Angelababy. Auf Englisch. Sie war Model und Schauspielerin, und anscheinend kam ein Teil ihrer Familie aus Deutschland, auf jeden Fall wusste jeder, dass sie zu einem Viertel deutsch war.

»Vielleicht kannst du ja auf dieser Schiene versuchen, bei ihr zu landen«, schlug Yuming vor, und wir lachten.

Plötzlich fiel mir ein Wortspiel ein.

»Guck mal auf mein Weibo«, sagte ich kichernd, während ich auf dem Smartphone ein Bild von Angela Merkel und einem Säugling zusammenmontierte und meine Follower fragte, was das wohl bedeuten mochte.

Ich schickte das Bild um kurz nach Mitternacht los.

»Na ja, okay«, befand Yuming, als er es gesehen hatte, und ich nickte etwas beschämt. In meiner Vorstellung hatte es irgendwie geistreicher gewirkt.

Doch dann kamen die ersten Antworten.

WAS SOLL DAS SEIN?, fragte jemand in den Kommentaren.

DIE DEUTSCHE BUNDESKANZLERIN, sagte jemand anderes, WAS DIE MIT DEM KIND ZU TUN HAT, WEISS ICH AUCH NICHT.

MANN, DER MEINT ANGELA + BABY = ANGELABABY!, schrieb wieder eine andere Person.

ANGELABABY, IST DIE NICHT IM JAHR 1989 GEBOREN?

1989, DAS JAHR VON 6–4!

OH MEIN GOTT, 6–4!

6–4!!

Wenig später war mein Bilderrätsel von Merkel und dem Säugling verschwunden, gelöscht von einem Zensor oder automatisch durch das System, genau wusste das niemand zu sagen. Doch alle waren sich einig: Es hatte eine halbe Stunde lang auf Weibo überlebt, das war eine lange Zeit für ein derart subversives Rätsel.

Yuming hatte alles mitverfolgt und sah mich betroffen an: »Die denken jetzt wirklich, du hättest gerade wer weiß was für eine Anspielung gemacht, oder?«

Ich blieb noch einen weiteren Tag in Tangshan. Wir besichtigten eine Kohlemine, eine der ersten in ganz China. Sie war stillgelegt und bunt beleuchtet, und wir bekamen jeder einen Bauhelm aufgesetzt. Wir lachten viel.

Dann brachte er mich zum Bahnhof. Da die Strecke nach Beijing nicht sehr lang war und der Preis eher gering, hatte ich einen Platz in der Business Class gebucht.

»Das wird bestimmt angenehmer als der grüne Zug«, versprach Yuming.

Wir standen vor der Sicherheitskontrolle am Bahnhof.

»Eine Frage habe ich noch«, sagte ich. »Welches ist eigentlich dein Lieblingsauto?«

Er wiegelte ab: »Ich interessiere mich bei Autos grundsätzlich eher für die Technik als für das Aussehen, und dann auch eher für Modelle, die ich mir vielleicht irgendwann einmal selbst leisten kann.«

»Zum Beispiel?«

»Ich meine, natürlich findet jeder Ferrari toll, und ich mag auch Königsegg, aber ich beachte solche Marken nicht so sehr, weil das unrealistisch ist.«

»Aber wenn wir jetzt einmal ganz unrealistisch denken würden, welches wäre dann dein Traumauto?«

Er überlegte einen Moment. »Vielleicht der F650 von Ford«, sagte er dann.

Ich hatte keine Ahnung, was das sein sollte.

Er grinste: »Such mal im Internet danach!«

Die Business Class befand sich am Kopfende des Zuges. Es gab rote Ledersitze mit ausfahrbaren Fußstützen, und zur Begrüßung bekam ich eine kleine Tüte mit Knabbersachen und Wasser überreicht. Während der Zug Fahrt aufnahm und Tangshan draußen hinter dem Fenster verschwand, suchte ich im Internet nach Yumings Lieblingsauto. Es war ein Pick-up, der so absurd riesig war, dass man einen Kleinwagen auf seiner Ladefläche hätte transportieren können. Ich musste lachen.

Als ich wieder in Beijing ankam, stellte ich fest, dass mein Hotel ausgebucht war.

»Es muss auch nicht unbedingt eins der Zimmer mit Blick auf das schöne Werbeschild sein«, bettelte ich, doch die Rezeptionistin schüttelte den Kopf. In der Stadt finde gerade ein Kongress statt, sie könne bestenfalls versuchen, mir etwas anderes zu vermitteln.

Ich wurde in ein Partnerhotel geschickt. Mein Zimmer war im Keller, und es hatte keine Fenster. Es war so klein, dass ich mich von der Dusche direkt ins Bett legen konnte, ohne zwischendurch den Boden zu berühren. Es erinnerte mich an einen Sarg. Als ich morgens aufwachte und mit einem Blick vor die Tür feststellte, dass ich noch nicht einmal Karten von Prostituierten bekommen hatte, war ich endgültig deprimiert.

Ich beschloss, so viel Zeit wie möglich draußen zu verbringen.

»Ich habe übrigens auch einen englischen Namen«, sagte der Große Freund. Sie stand an einem U-Bahn-Eingang etwas außerhalb der Stadt, in einem knallroten T-Shirt und einer kurzen Hose. Auf dem Kopf trug sie einen blauen Hut, und sie lächelte breit. Sie sah aus wie der Sommer.

»Nancy!«, sagte sie.

»Das ist ein guter Name. Hast du den von deinem Lehrer bekommen?«

»Ja. Jeder aus unserer Klasse hat einen.«

»Das war bei mir auch so, als ich in der Schule war. Ich hieß Harry.«

»Harry?« Sie lachte. »Wie Harry Potter!«

»Den gab es damals noch nicht.«

»Dann musst du aber alt sein!«

Ihre Mutter grinste. Sie waren gemeinsam gekommen, um mich von der U-Bahn abzuholen. Es war still in diesem Vorort, voller Bäume und niedriger Steinhäuser. Einzelne Leute saßen untätig am Straßenrand. Ich widerstand dem Impuls, mich zu ihnen zu setzen und zu faulenzen. Stattdessen folgte ich Nancy und ihrer Mutter zu ihrer Wohnanlage.

Es war eine Gruppe aus zwanzigstöckigen Hochhäusern mit blau getönten Fensterscheiben. Jedes hatte einen Namen. SYDNEY stand auf einem, VICTORIA auf einem anderen.

Wir gingen in ein Café und bestellten Chrysanthementee, während Nancys Mutter zurück zu ihrer Wohnung ging, um für die Großeltern Essen zu kochen.

»Und?«, fragte ich Nancy.

»Und was?«

»Hat sich Europa für dich gelohnt?«

»Klar!« Sie grinste: »Ich habe jetzt vier Stempel in meinem Pass! Aber hast du den Pass von Reiseleiter Huang gesehen? Der ist noch viel besser!«

»Hat der viele Stempel?«

»Total viele!«

»Und wie hat dir die Reise sonst gefallen?«

»Gut. Neuschwanstein war am besten! Ich habe vergessen, wie man das in eurer Sprache ausspricht, aber es war toll, wie im Märchen. Außerdem kann ich jetzt mitreden. Vor ein paar Wochen haben wir in der Schule einen Text gelesen, in dem es darum ging, dass Europäer ihre Fenster mit Blumen schmücken, damit sich andere Leute beim Vorbeigehen darüber freuen können. Da habe ich auch etwas zu gesagt.«

»Und was?«

»Ich habe berichtet, dass die Leute in Europa allgemein gute Umgangsformen haben. Das stimmt ja auch. Aber eins muss ich trotzdem mal sagen: Früher waren die Europäer eher schlecht.«

»Warum?«

»Die haben unseren schönen Beijinger Sommerpalast abgebrannt!«

»Das ist richtig. Aber wie kommst du jetzt darauf?«

»Wir waren vor ein paar Wochen mit der Schule dort. Unser Lehrer hat uns die Ruinen gezeigt, damit wir unsere nationale Schmach nicht vergessen.«

»Oha. Das war bestimmt schlimm.«

»Ja, der Sommerpalast war ein Wunder, so kostbar war der, und dann wurde der einfach kaputt gemacht! Und verändert haben sich die Europäer eigentlich auch nicht so richtig.«

»Du meinst, wir sind immer noch schlecht?«

»Also, so ganz genau weiß ich das nicht«, sagte sie zögernd, »eigentlich haben die Leute dort ja einen ganz netten Eindruck auf mich gemacht. Außerdem haben die viele nützliche Sachen erfunden. Und euer Bier ist auch lecker, das habe ich schließlich selbst probiert!« Sie grinste.

Ich bewunderte die rote Uhr, die sie in Luzern bekommen hatte. Sie mochte sie so gern, dass sie sie nie abnahm, außer zum Schlafen oder beim Sport.

»Bei uns in China wird auch alles immer besser!«, sagte sie. »Denn unser Vorsitzender Xi packt vieles an. Zum Beispiel hat er das Rauchverbot in Restaurants eingeführt, das finde ich super!«

»Ich auch.«

»Früher gab es viel mehr schlechte Leute, die anderen schaden wollten. Jetzt gibt es sie zwar auch noch, aber sie sind weniger geworden, dank unserem Vorsitzenden Xi. Er ist ein gutes Staatsoberhaupt, sogar noch besser als der Vorsitzende Mao.«

»Ach was«, sagte ich, überrascht von so viel Mitteilungsbedürfnis. »Und was ist mit den anderen Vorsitzenden dazwischen?«

»Die anderen?« Sie überlegte einen Moment. »Die haben nicht besonders viel bewirkt, glaube ich. Unser Vorsitzender Xi tut dagegen eine Menge. Sogar die Luft wird besser! Dass sie so schlecht ist, liegt ja vor allem am wirtschaftlichen Fortschritt.

Aber jetzt wird daran gearbeitet, sie wieder sauber zu machen. Und die technischen Errungenschaften, die bewahren wir uns trotzdem!«

Plötzlich fiel mir die Dame in Taiyuan ein, bei der ich das Guthaben für mein Telefon aufgeladen hatte.

»Sag mal, Nancy, Großer Freund«, fragte ich sie, »lernt ihr in der Schule eigentlich auch die Kernwerte des Sozialismus auswendig?«

»Ähem …« Sie setzte sich gerade auf und holte Atem: »Also, die Wertzielsetzung des Landes ist: Wohlstand, Demokratie, Zivilisiertheit und Harmonie. Die Wertausrichtung der Gesellschaft ist: Freiheit, Gleichheit …«

»Schon gut, schon gut, du kannst sie!«, rief ich lachend, als ich einen amüsierten Blick des Cafébesitzers auffing. Ich überlegte, ob Nancy und ich nicht vielleicht genug über Politik geredet hatten.

»Schöne Wohnanlage habt ihr«, sagte ich also.

Sie strahlte: »Es gibt alles hier: einen Supermarkt, das Café, noch einen koreanischen Supermarkt und außerdem ein Sportzentrum mit einem Schwimmbad!«

»Wohnt ihr schon immer hier?«

»Nein, früher haben wir in der Nähe der Stadt auf dem Land gelebt.«

»Du meinst, ihr wart damals näher an Beijing als jetzt?«

»Genau, nur eben in einem Dorf. Damals hatten wir noch einen Hund, den haben wir aber weggegeben.«

»Vermisst du das Leben dort?«

»Das weiß ich nicht genau, ich war damals ja noch klein. Ich finde es eigentlich ziemlich gut hier, aber eins weiß ich noch: Damals auf dem Dorf kannte jeder jeden. Und jetzt kenne ich nicht einmal mehr unsere Nachbarn!«

In diesem Moment lief draußen am Fenster ein kleines Mädchen vorbei. Sie erblickte Nancy, kam strahlend zur Tür hereingelaufen und sprang ihr in den Arm. Dann rannte sie wieder nach draußen und verschwand.

»Jemand, den du nicht kennst?«, fragte ich, und Nancy lachte.

»Die ist bei mir im Taekwondo! Manchmal spiele ich mit ihr, aber sie ist viel jünger als ich, deshalb ist es nicht das Gleiche wie mit meinem Cousin. Eigentlich traue ich mich nur mit ihm zusammen, so richtig ausgelassen zu sein.«

»Was macht ihr dann so?«

»Am liebsten spielen wir Polizei. Dann tun wir so, als ob wir Leute auf der Straße überwachen, und notieren alles, was sie tun. Wie im Fernsehen!«

»Das habe ich früher auch gemacht«, sagte ich. »Aber heutzutage« – ich versuchte mir den Gesichtsausdruck eines Kenners zu geben –, »heutzutage gucke ich lieber *benpao.*«

Nancy strahlte: »Ich auch! Das ist die einzige Show, die ich regelmäßig schaue.«

»Findest du sie so gut?«

»Bei uns in der Schule gucken das alle, da will ich mitreden können! Außerdem ist es doch toll, dass die Stars darin Spiele spielen. Wir Kinder machen ja nur noch Sport und spielen kaum noch.« Da fiel ihr etwas ein: »Willst du eigentlich unseren Fisch sehen?«, fragte sie.

»Einen Fisch zum Essen?«

Sie lachte: »Quatsch!«

Nancys Familie wohnte in einem Hochhaus mit der Aufschrift ROTTERDAM. Auf dem Weg vom Café dorthin kamen wir an einem Stand vorbei, an dem eine ältere Dame Waren zum Verkauf anbot. Eigentlich war es nur ein Klapptisch mit einem guten Dutzend Kartons darauf. Daneben stand ein Schild, auf das jemand DEUTSCHE PRODUKTE geschrieben hatte.

Ich blieb stehen und begutachtete das Sortiment. Es gab Wasserfilter und Kartuschen von Brita, Infrarotlampen von Beurer, Waschgel und Körpermilch von Bübchen, Gesichtsmasken von Murnauer und natürlich jede Menge Kamillenhandcreme, von welcher Marke konnte ich nicht erkennen.

Die Standbesitzerin starrte auf ihr Telefon. Sie bemerkte uns nicht.

»Deutsche Sachen sind eben beliebt!«, flüsterte Nancy und grinste.

Der Fisch, den sie mir in ihrer Wohnung zeigte, war dick und fett und einsam. Er schwamm in einem fast leeren Aquarium herum, das von Neonlicht bestrahlt wurde. Hinter ihm befand sich ein Drachenrelief.

Nancys Mutter und ihre Großeltern waren auch da. Die Oma war sehr herzlich, der Opa sehr still. Nancy hatte mir erzählt, dass sie nicht so recht wusste, über was sie mit ihm reden sollte. Sie vermutete, dass er ihren Cousin lieber mochte als sie, weil er Jungs besser fand als Mädchen und weil er ihn immer lobte und sie nie. Außerdem hatte er sie schon ein paarmal mit dem Namen ihres Cousins angesprochen.

Wir standen zusammen vor dem Aquarium und schauten Nancy zu, während sie mit dem Finger an der Scheibe entlangfuhr. Sie wollte die Aufmerksamkeit des Fisches gewinnen, und tatsächlich: Er schwamm ein Stückchen auf sie zu.

»Ah!«, machte ich entzückt, doch dann hielt der Fisch inne, drehte sich weg und ließ sich hochmütig in die andere Richtung treiben.

»So ist er manchmal, wenn Leute dabei sind«, sagte Nancy entschuldigend.

Im Hintergrund lief der Fernseher. Ich hörte hin und erkannte die Sendung: Es war nicht *benpao*. Es waren die Abendnachrichten.

Ich traf Tianjiao am nächsten Morgen in Dashanzi, einer Künstlerkolonie im Nordosten der Stadt. Es war hell und warm, und ich war froh, meinem Sargzimmer wieder für den Tag entkommen zu sein.

»Wozu sind wir hier?«, fragte Tianjiao grinsend, als sie aus dem Taxi stieg. »Wollen wir uns wieder lustige Sachen angucken, so wie damals in Paris?«

»So ähnlich.«

Wir gingen zu einer Galerie, in der eine Ausstellung von Ai Weiwei stattfinden sollte. Es war das erste Mal seit Jahren, dass ihm die Behörden dafür eine Genehmigung erteilt hatten. Warum, wusste niemand so genau.

Als wir die Galerie betraten, sahen wir zunächst nur eine Wand, auf der ein Zitat stand: STILL UND ENG UND RUHIG AUFGEZOGEN fing es an, und es erstreckte sich über mehrere Zeilen, einmal auf Deutsch und einmal auf Chinesisch. Es war aus einem Gedicht von Goethe.

»Guck mal, aus Deutschland!«, raunte Tianjiao mir zu, und ihrem Lächeln entnahm ich, dass sie einen Ausdruck großer Freude von mir erwartete.

Ich hob einen Daumen: Juhu, Goethe.

Die Ausstellungshalle war fast leer. Ein paar Besucher betrachteten eine Installation aus alten Vasen und etwas, was wie ein aus Schrott zusammengeklebter Drache aussah. In einer Ecke saß ein Museumswärter auf einem Stuhl. Er hielt den Kopf auf eine Hand gestützt und schlief. Um ihn herum stand ein Gerüst aus Holzpfählen, das sich oben zu einem Dach verband.

Tianjiao blickte mich fragend an.

Wir lasen, dass Ai irgendwo einen mehrere Hundert Jahre alten Ahnentempel gefunden und vor dem endgültigen Zerfall bewahrt hatte, indem er ihn mitgenommen und in dieser Halle wieder hatte aufbauen lassen. Zumindest sein inneres Holzgerüst. Zumindest einen Teil davon. Zumindest für die Zeit der Ausstellung.

Das Besondere war, dass er den Tempel mit der Halle verbunden hatte. Seine Querstreben führten an einer Seite direkt in eine Wand hinein und kamen dahinter wieder heraus.

Wir schlenderten eine Weile herum, begutachteten eine Vitrine voller Porzellanschalen und einen Raum voller Tonscherben. Dann stiegen wir eine Treppe empor und landeten in einem kleinen Raum zwischen lauter Holzpfählen und Querbalken. Es war das Innere des Tempeldaches. Wir setzten uns auf eine Stufe.

»Manchmal glaube ich, moderne Kunst ist einfach nichts für mich«, seufzte Tianjiao und machte ein betrübtes Gesicht.

»Du meinst diese Ausstellung?«

»Nicht nur. Im Centre Pompidou habe ich das auch schon gedacht. Ein paar von den bunten Sachen dort waren ja wirklich ganz witzig, aber verstanden habe ich sie nicht.«

»Ich auch nicht.«

Sie blickte mich überrascht an: »Aber was hat es dann alles für einen Sinn?«

Einen Moment lang betrachteten wir zwei Frauen, die beinahe an den Treppenstufen scheiterten, weil ihre Absätze zu hoch waren. Als sie oben angekommen waren, fotografierten sie aufgeregt in alle Richtungen.

»Im Louvre hat uns die Museumsführerin dieses eine Gemälde von der Sintflut gezeigt«, sagte Tianjiao, »erinnerst du dich daran?«

Ich schüttelte den Kopf.

»Das mit dem Mann darauf, der sich an einem Baum festhält und versucht, seine Familie zu sich nach oben zu ziehen.«

»Ah, jetzt weiß ich, welches du meinst. Was war damit?«

»Dieses eine Bild hat mich wirklich angesprochen. Ich bin lange davor stehen geblieben.«

»Was war daran so besonders?«

»Ich weiß auch nicht. Ich habe die Finger des Mannes angesehen, und je länger ich hingeguckt habe, desto mehr konnte ich erkennen, mit welcher Verzweiflung er sich und seine Familie festhielt.« Sie lächelte verlegen. »Das hat mich beinahe zu Tränen gerührt.«

Als die beiden Frauen genug Fotos gemacht hatten, begannen sie ihren Abstieg nach unten. Sie staksten und kicherten.

Tianjiao stand auf und legte eine Hand auf einen der Balken. »Ich glaube, diese Art von Kunst ist vielleicht einfach ein bisschen zu abstrakt für mich«, entschied sie.

Einen Moment lang stand sie still da, dann huschte ein Lächeln über ihr Gesicht.

»Sag mal, riechst du das?«, fragte sie.

»Was denn?«

»Das Holz!« Sie beugte den Kopf näher zu dem Balken, schloss die Augen und atmete tief ein. »Riech doch mal, wie das duftet! Das erinnert mich an unser altes Haus.«

Früher hatte ihre Familie in einem traditionellen *siheyuan* gewohnt, einem der einstöckigen Steinhäuser mit Innenhof, mitten im Zentrum von Beijing.

»Dort hat es genauso nach Holz geduftet«, erklärte sie und musste plötzlich lachen. »Außer, wenn mal wieder irgendein Viech zwischen die Decke und das Dach gekackt hatte!«

Im *siheyuan* hielten die meisten Leute Katzen, um der Nagetiere Herr zu werden. Auch Tianjiaos Familie hatte damals eine. Sie war lieb, weißgelb und hieß Sanmao. Doch irgendwann starben die Katzen in der Nachbarschaft, eine nach der anderen. Es wurde erzählt, ein gehässiger alter Mann habe Gift ausgelegt, weil er kleine Tiere nicht mochte.

»Sanmao ist irgendwann auf unser Dach gegangen«, sagte Tianjiao, »dort hat sie eine Zeit lang gerufen, und schließlich war sie still.«

»Oh nein!«

»Na ja, meine Eltern haben mir am Anfang erzählt, sie sei einfach nur weggelaufen. Aber weißt du, was seltsam war? Später habe ich erfahren, dass Sanmao sich zum Sterben so hingelegt hatte, dass sie mit dem Kopf direkt in die Richtung des bösen Nachbarn blickte.«

»Du meinst, sie wollte etwas damit sagen?«

»Das weiß ich nicht, aber es nahm tatsächlich kein gutes Ende mit ihm. Bald darauf war er gelähmt, und keins seiner Kinder kam jemals zu ihm nach Hause, um sich um ihn zu kümmern. Meine Mutter hat damals gesagt, das sei ausgleichende Gerechtigkeit.« Sie lächelte. »Meine Mutter glaubt nämlich an solche Dinge.«

Irgendwann hieß es, der *siheyuan* von ihrer Familie müsse abgerissen werden, oder vielmehr: Die ganze Nachbarschaft müsse weg. Beijing brauchte Platz für neue Hochhäuser. Tianjiaos Eltern gaben nach und kauften sich eine kleine Wohnung etwas außerhalb des Stadtzentrums. Auch ihre Tante und ihr Onkel zogen aus. Die alten Leute jedoch, Tianjiaos Großeltern, die wollten nicht fort.

»Wenn jemand so lange in einem *siheyuan* gelebt hat, dann ist es ihm nicht so wichtig, dass eine moderne Wohnung vielleicht ein bisschen praktischer ist und ein eigenes Klo hat«, sagte Tianjiao, »es geht um Erinnerungen und die eigene Art zu leben.«

»Haben deine Großeltern dort bleiben können?«

»Eine Zeit lang schon. Bis zu dem Tag, an dem mein Vater und meine Tante zum Gericht gerufen wurden, um etwas zu klären. Als sie dort ankamen, sperrte man sie ein und schickte jemanden zu meiner Oma, der ihr sagte: Solange du nicht unterschreibst, kommen sie nicht wieder raus. Also hat Oma unterschrieben. Und dann ist sie mit Opa ausgezogen, und der *siheyuan* wurde abgerissen.« Sie lächelte traurig: »So ist es manchmal einfach.«

Wir genossen noch einen Moment den Duft des Holzes, dann verließen wir die Ausstellung und spazierten draußen herum. Wir sahen Galerien, Geschäfte und Cafés. Wir sahen Kunstwerke, die hier und dort herumstanden. Wir sahen den Nike-Store, einen durchgestylten Kasten, der von all jenen gehasst wurde, denen die Künstlerkolonie längst schon zu kommerziell geworden war. Und wir sahen meine Lieblingsskulptur, einen großen Torso, der eine Jacke trug, wie Mao sie immer getragen hatte, und der in die Hände klatschte, wie Mao immer in die Hände geklatscht hatte. Doch diesem Mao fehlte etwas: Der Kragen seiner Jacke umschloss nicht etwa einen Hals mit einem Kopf darauf, sondern nur ein gähnendes Loch.

Tianjiao lachte.

Sie erzählte mir von ihrem Plan, nach Kanada zu gehen. Drei Monate noch, und sie würde dort sein. Für mehrere Jahre. Die Vorstellung erschien ihr beängstigend und verheißungsvoll zugleich.

»Bestimmt werde ich Heimweh haben!«, prophezeite sie. »Aber ich freue mich natürlich auch über diese Chance. Unsere Familie ist nicht besonders wohlhabend oder gut vernetzt, wenn du verstehst, was ich meine.«

Ihr Vater hatte früher als Fernfahrer gearbeitet, jetzt war er Chauffeur. Ihre Mutter arbeitete als Chefbuchhalterin in einer Firma.

»Meine Mutter verdient viel mehr als mein Vater!«, sagte Tianjiao grinsend.

Als ich sie fragte, was für ein Fach sie in Kanada studieren werde, sagte sie: »Wirtschaft.«

Aha, sagte ich. Davon verstand ich nichts.

»Ich auch nicht«, lachte sie, »vielleicht möchte ich insgeheim nur ein bisschen meiner Mutter nacheifern. Sie ist eine starke Frau, auch zu Hause. Das finde ich toll!«

Wir spazierten noch eine Weile über das Gelände der Künstlerkolonie. Wir fanden einen Laden, der Schnickschnack aus Holz anbot. Ich suchte mir zwei Kästchen aus und verhandelte zu Tianjiaos Vergnügen hart mit der Verkäuferin um den Preis.

»Gut, dass wir das auf unserer Reise nicht machen mussten!«, sagte sie. »Ich hätte ja nichts verstanden!«

Ich fragte sie, welcher Ort ihr unterwegs am besten gefallen habe, und sie beschrieb mir den Blick über den See von Luzern am frühen Morgen und den Abend, den sie mit ihrer Freundin zusammen verbracht hatte.

»Vielleicht wird Kanada ja ähnlich schön«, sagte sie. »Aber sag mal, meinst du, die Leute sind dort etwas offener als in der Schweiz?«

»Waren die Schweizer denn etwa nicht offen?«

»Doch, zu mir schon, aber ich war ja auch nur ganz kurz da. Meine Freundin hat mir erzählt, in der Schweiz seien die meisten Leute ein bisschen unterkühlt, alles sei furchtbar präzise, und sogar die Busse kämen auf die Sekunde genau. Das findet sie manchmal nur schwer erträglich!«

Kurz bevor wir den Ausgang der Künstlerkolonie erreichten, sahen wir Ai Weiwei. Er saß in einem Café an einem Tisch, ihm gegenüber saß ein europäisch aussehender Mann, der etwas in ein Notizbuch schrieb.

»Guck mal, das ist er«, flüsterte ich Tianjiao zu.

»Ai Weiwei?«, fragte sie. »Der sieht aber müde aus!«

Sie hatte recht. Er war weniger rund als auf seinen Fotos, und seine Haare und sein Bart waren grauer.

»Man kann sich kaum vorstellen, dass diesen Mann so viele Leute so wichtig finden, oder?«, sagte Tianjiao, und ich nickte. Es war wirklich nur schwer vorstellbar.

Als ich meinem Freund Xiaohei von meiner Hotelsituation erzählte, lachte er: »Heute geht doch niemand mehr irgendwohin und fragt nach einem Zimmer, sondern man nimmt eine App für so etwas!«

Wir saßen abends mit einer Gruppe von Leuten in einem Restaurant zusammen und aßen Garnelen. Dazu tranken wir Bier.

»Es hat also wirklich geklappt«, fasste er zusammen. »Du bist mit deiner chinesischen Reisegruppe durch Europa gefahren! Darauf müssen wir einen trinken.«

Wir tranken einen darauf.

»Waren sie nett?«, wollte er wissen.

»Sehr.«

Wir tranken einen drauf.

»Habt ihr auch schön viel eingekauft?«

»Manche schon.«

Wir tranken einen drauf.

»Und jetzt bist du wiedergekommen, um sie alle noch einmal zu treffen?«

»Nein«, sagte ich, »sondern um mit dir einen zu trinken.«

Er lachte und warf mir eine kleine Pappschachtel mit Tabletten zu. NEUN ENTSPANNUNGEN stand auf Chinesisch darauf und darunter, auf Englisch: HANGOVER RESCUER.

»Nimm eine davon!«, befahl er grinsend.

Am nächsten Morgen wachte ich in meinem Sargzimmer auf und fühlte mich dem Ende nahe. Wir hatten getrunken und gelacht, und irgendwann hatten wir uns vor dem Restaurant in den Armen gelegen und waren auf dem Boden herumgekugelt.

Ich schaltete das Telefon ein und sah eine Nachricht von Xiaohei. Auch ihm ging es schlecht. Aber er hatte mein Hotelproblem gelöst.

Das Gasthaus, das er für mich gebucht hatte, lag auf dem Gelände der Landwirtschaftsmesse, einer Anlage aus den ersten Jahren der Volksrepublik. Es war so gut versteckt, dass mein Taxifahrer mich an einer Straßenecke in der Nähe aussteigen ließ und unbestimmt in die Richtung wies, in die ich gehen sollte.

Ich schritt durch ein Tor und sah Häuser, die von Bäumen überragt wurden. Stromkabel wanden sich in dunklen Wülsten durch die Luft. Ich ging in den Schatten der Bäume hinein, und eine Dame kam mir auf einem quietschenden Fahrrad entgegen. Als sie hinter meinem Rücken verschwand, bemerkte ich die Stille.

Ich blieb fast eine Woche dort.

Mein Gasthaus war altmodisch, aber es war sauber und hell. Wenn ich schlief, dann ließ ich das Fenster einen Spalt weit auf, und wenn ich Hunger hatte, dann ging ich in ein nordwestchinesisches Restaurant um die Ecke und aß Gerichte, die mich an die Seidenstraßen erinnerten. Es waren ruhige Tage, und Beijing fühlte sich nicht an wie eine Metropole der Gegensätze, sondern wie ein kleiner, freundlicher Ort.

Einmal traf ich mich mit Yuanyuan in einer Bar in der Altstadt. Meinen Dank dafür, dass sie mir die Reise gebucht hatte, winkte sie gönnerhaft beiseite. Wir tranken und lachten. Sie freute sich darüber, dass meine Mitreisenden so nett gewesen waren, aber sie versicherte mir entschieden, dass sie NIEMALS mit einer Gruppe in den Urlaub fahren würde. Sie hatte ihren Job gekündigt und wollte nach Xinjiang, um die Wüste Gobi zu sehen.

»Ich habe meinen Eltern erzählt, dass ich mit Freunden zusammen fahren werde«, sagte sie.

»Aber in Wirklichkeit fährst du allein?«

Sie nickte: »Ich möchte einfach nicht, dass sie sich Sorgen machen.«

Zwei Tage vor meinem Rückflug nach Deutschland bekam ich eine Nachricht von Reiseleiter Huang. Er hatte gerade eine Gruppenreise abgeschlossen und war zurück in Beijing.

Wir verabredeten uns in einem Café in Sanlitun, dem Viertel mit der höchsten Ausländerdichte der Stadt. Es lag in Laufweite meines Gasthauses. Ich verließ die Stille und trat durch das Tor auf die große Straße hinaus. Sie war voller Menschen. Ich überquerte eine Kreuzung, dann folgte ich der Fußgängerschar, bis wir zu einem glitzernden Platz kamen. Ich sah einen riesigen Laden von Uniqlo. Daneben einen von Adidas. Dahinter einen von Apple. Ich fand das Café, es gehörte zu einem Geschäft für Edelschokolade. GODIVA BELGIUM 1926 stand über der Tür.

Reiseleiter Huang wartete bereits auf mich. Er saß an einem Tisch auf der Terrasse, und er strahlte. Noch bevor ich mich hingesetzt hatte, platzte es aus ihm heraus: »Wir bekommen ein Kind!«

Drei Jahre schon hatten sie darauf gehofft, nicht nur seine Frau und er, sondern auch ihre Eltern. Und jetzt, im März, nicht lange nach unserer Reise, hatten sie endlich die Bestätigung bekommen: ein Kind.

»In China werden die meisten Menschen als Skorpion oder Schütze geboren«, sagte er bedeutungsvoll, und als er merkte, dass ich mit dieser Information nicht viel anfangen konnte, lachte er: »Immer ungefähr neun Monate nach dem Frühlingsfest!«

Für ihn war es egal, ob es ein Mädchen oder ein Junge werden würde, er wollte sich überraschen lassen. Aber eins war ihm wichtig: »Mein Kind soll glücklich sein!«

»Wünschen sich das nicht alle Eltern?«, fragte ich.

Er lachte trocken: »Ich weiß nicht. Mein Vater war zum Beispiel furchtbar streng mit mir. Jedes Jahr in den Sommerferien musste ich einen genauen Plan machen: Wann ich aufstehe, wann ich lese, wann ich Kalligrafie übe, wann ich schlafen gehe. Hattest du so einen Plan, als du klein warst?«

»Nein.«

»Siehst du. Ich erinnere mich noch ganz genau daran, wie sich das anfühlte. Meine Freunde stehen draußen und rufen nach mir, und ich bin drinnen mit meinem Plan. Dabei hatte ich mich so auf die Ferien gefreut! Seitdem finde ich nichts schlimmer, als Pläne machen zu müssen!«

»Aber besteht deine Arbeit nicht genau daraus?«

»Was meinst du?«

»Als Reiseleiter bist du doch eigentlich die meiste Zeit damit beschäftigt, Pläne für dich und deine Gruppen zu machen, oder?«

Er blickte mich mit offenem Mund an.

»Das stimmt«, sagte er schließlich.

Einen Moment lang saßen wir schweigend da und tranken unseren Kakao. Die Terrasse war zur Seite hin offen, wir blickten in Baumkronen und hörten von unten die Geräusche des Verkehrs.

Neben uns steckte sich ein Mann eine Zigarette an, und sofort erschien eine Bedienung und ermahnte ihn freundlich, dafür lieber in einen anderen Bereich zu gehen. Da war es, das neue Rauchverbot, eingeführt unter dem Vorsitzenden Xi. China veränderte sich. Es waren Veränderungen, die für die einen nicht schnell genug kamen und für die anderen zu schnell, die manchmal in die richtige Richtung zu gehen schienen und manchmal in die falsche. Aber das Land veränderte sich.

»Bist du jetzt eigentlich schon mit dem Schreiben fertig?«, fragte Reiseleiter Huang.

Ich schüttelte den Kopf. »Ich habe noch nicht einmal damit angefangen.«

An einem Vormittag einige Monate später war ich immer noch nicht viel weiter. Ich war mit dem Zug von Hamburg nach München gefahren und hatte eine Nacht geschlafen, dann war ich zu einem Spaziergang durch die Stadt aufgebrochen. Es war einer dieser warmen Herbsttage, an denen die Luft so klar war, dass man in der Ferne die Hausberge sehen konnte, zumindest wenn man an einem Punkt stand, der hoch genug war. Die meiste Zeit stand ich nicht hoch genug.

München hatte sich kaum verändert. Es war kein Ort der hohen Häuser, der großen Autos und des schnellen Wandels, es war nicht Beijing oder Shanghai, und es war auch nicht Chongqing, Taiyuan oder Tianshan. Und doch: Auch hier blieb nicht alles gleich.

Als ich in die Straße kam, in der Barbaras Blumenladen lag, stellte ich fest, dass er einen neuen Namen trug. Ich ging hinein und fragte: Wo ist Barbara? Die Verkäuferin setzte zu einer Antwort an, und als sie fertig war, nickte ich still. Ich kaufte eine Blume und ging damit zum Ufer der Isar. Dort legte ich sie vorsichtig aufs Wasser.

Dann ging ich zum Marienplatz. Ich nahm den gleichen Weg, den meine Reisegruppe und ich an jenem Februarmorgen genommen hatten, als es so kalt war und wir uns noch kaum kannten: am Isartor vorbei und das Tal hinauf, unter dem alten Rathaus hindurch und dann auf den Platz hinaus. Alles war anders als damals. Ich dachte an das erste Foto, das ich von Tante Ju hier in der Dunkelheit gemacht hatte. An Bruder Hou mit seinem Selfie-Stick und dem Lächeln für die Winzigkeit. Daran, wie Yuming ohne Mütze gefroren hatte. Jetzt war es warm und hell, und alles war voller Menschen.

Vor dem neuen Rathaus blieb ich stehen und wartete. Ich sah Einkaufende, die mit ihrer Beute vorbeihasteten. Ich wartete. Ich sah Jugendliche, die am Fischbrunnen lehnten und auf ihre Telefone starrten. Ich wartete. Ich sah einzelne Touristen, die das Rathaus fotografierten. Ich wartete, ich lauerte.

Und dann hörte ich sie.

»Kleine Mei!«, rief eine Stimme, die mir irgendwie vertraut schien, ohne vertraut zu sein. »Stell dich doch dort einmal für ein Foto hin!«

Ich drehte mich um. Sie waren da. Auch sie waren vielleicht ein Dutzend, und auch sie hatten keine Reisegruppenfahne. Sie hielten ihre Smartphones und Kameras von sich gestreckt, um den Marienplatz und sich selbst und alles um sich herum zu fotografieren.

Neben ihnen stand ein junger Mann. »Zwanzig Minuten!«, verkündete er laut. »Dann müssen wir zurück zum Bus, und dann geht es auf nach Neuschwanstein!«

»Neuschwanstein!«, wiederholte eine Dame, und dann noch einmal leiser: »Neuschwanstein.«

Ihre Augen leuchteten.